Generis
PUBLISHING

Comptabilité Pratique d'Inventaire et des Etats Financiers des Entités à But Non Lucratif OHADA

Préface du Pr WANDJI Georges

MVOGO Jean

Title: **Comptabilité Pratique d'Inventaire et des Etats Financiers des Entités à But Non Lucratif OHADA**

Préface du Pr WANDJI Georges

ISBN: 979-8-89966-111-2

Author: MVOGO Jean

Cover image: Author

Publisher: Generis Publishing
Online orders: www.generis-publishing.com
Contact email: info@generis-publishing.com

« La comptabilité est l'outil qui permet de prendre des décisions éclairées »

(Robert Anthony, 1916-2006)

TABLE DES MATIERES

REMERCIEMENTS

L'accomplissement de cette étude n'aurait pas connu d'aboutissement propice si elle n'avait pas tiré parti de la coopération de certains esprits de bonne intention à qui j'ambitionne exprimer ma gratitude. Je pense, singulièrement, au professeur Georges WANDJI, Doyen de la Faculté des Sciences Economiques et de Gestion de l'Université de Dschang qui, après avoir apprécié et préfacé le premier Tome sur les opérations courantes que j'ai publié en 2023, a exigé le second Tome qui devait venir compléter le premier.

Ensuite, j'exprime les remerciements au professeur René Guy OMENGUELE, Coordonnateur de Master Recherche à la Faculté des Sciences Economiques et de Gestion de l'Université de Dschang, qui m'a encouragé après avoir lu mon premier ouvrage, au fait que j'étais le premier à s'intéresser au domaine comptable des entités à but non lucratif de l'OHADA en y rédigeant un ouvrage. Il avait donc nourri un intérêt scientifique particulier pour la suite de ce travail, en me conseillant de continuer à travailler dans ce domaine qui est encore moins exploré en comptabilité dans l'espace de l'OHADA.

Enfin, je suis reconnaissant vis-à-vis de ma famille qui m'a tenu par la main durant ces années de travail, malgré l'adversité rencontrée. Je dis fabuleusement merci à Marinette MVOGO dont le soutien m'est inconditionnel. Les permanentes et abondantes préoccupations et questions de Marie France MVOGO et Felijo René NNOMO ALIMA. J'espère combler en partie leur curiosité avec la publication de cet ouvrage.

PREFACE

Plus de deux décennies après l'entrée en vigueur du traité de l'Organisation pour l'Harmonisation en Afrique du Droit des affaires (OHADA), il peut paraître surprenant de voir resurgir, dans la pratique comptable, la problématique des entités à but non lucratif. Pour les entités à but lucratif, l'expérience de la comptabilité semble tellement acquise qu'elles pensent seulement à la consolider. La preuve en est que, l'Acte Uniforme relatif au Droit Comptable et à l'Information Financière (AUDCIF), Adopté à Brazzaville (CONGO) le 26/01/2017, est venue consolider les pratiques comptables de ces entités.
Les entités à but non lucratif de l'espace de l'OHADA, du moins celles dont la présentation des documents de synthèse n'a pas le plus souvent été obligée, n'ont jamais eu ni un cadre comptable spécifique ni un acte uniforme adapté à leurs réalités et, par conséquent, se contentent d'utiliser des cadres comptables différents pour formaliser leurs inventaires et l'établissement de leurs états financiers. Leur évocation donne ainsi l'impression que chaque entité à but non lucratif est libre d'utiliser un cadre comptable de son choix. Toutefois, l'OHADA ayant pris conscience de cet état des choses, a adopté à Niamey (Niger) le 22/12/2022, l'Acte Uniforme relatif au Système Comptable des Entités à But Non Lucratif. Ce Système Comptable des Entités à But Non Lucratif (SYCEBNL) est donc entré en vigueur, le 1er janvier 2024.
Dans cette optique, l'ouvrage que nous propose Jean MVOGO sur la comptabilité pratique d'inventaire et des Etats Financiers des Entités à But Non Lucratif, apparaît comme un guide pratique des organisations à but non lucratif pour les travaux de fin d'exercice et l'établissement des documents financiers de synthèse. Il nous enseigne sur les différents travaux comptables de fin de période annuelle à mener dans ces entités conformément au SYCEBNL. Cet ouvrage nous montre bien que, la comptabilité courante quotidienne soit indispensable pour les entités à but non lucratif, la comptabilité pratique d'inventaire des états financiers constitue une complémentarité de la première et représente des instruments qui permettent d'évaluer la gestion de ces entités. Cet ouvrage complète donc le premier tome écrit et publié par Jean MVOGO. Il est le premier à traiter de la pratique des inventaires et l'établissement des états financiers des entités à but non lucratif dans l'espace de l'OHADA.
Sur le plan pratique de la comptabilité d'inventaire des entités à but non lucratif, il a fait le tour de tous les travaux de fin d'exercice comptable et extracomptable. À cet, son ouvrage traite des particularités sur les travaux de fin d'exercice, des amortissements des immobilisations, des dépréciations et provisions, des sorties

des immobilisations, des régularisations des comptes de gestion et du bilan, et des opérations de clôture des comptes.

Sur le plan de la pratique comptable des Etats Financiers des Entités à But Non Lucratif, l'auteur montre comment monter les différents états financiers dans les associations et ordres professionnelles et les projets de développement dans le système normal et dans le système minimal de trésorerie.

L'étude de cette technique de gestion permet à Jean MVOGO de comprendre les spécificités comptables des entités à but non lucratif en matière d'inventaire et de montage des états financiers de synthèse qui sont plutôt marquées par des différences certaines avec la pratique qui se fait dans les entreprises. En effet, les états financiers des entités à but non lucratif sont différents de ceux des entreprises, aussi bien sur le fond que sur la forme.

L'ouvrage laisse clairement percevoir que les états financiers des associations et ordres professionnels sont très différents de ceux des projets professionnels. Aussi, le système minimal de trésorerie des entités à but non lucratif des états financiers plus modestes et bien varié par rapport à ceux du système normal des mêmes entités. Avec des cas pratiques complets corrigés adaptés à chaque type d'entité à but non lucratif, en plus des exercices corrigés d'application, cet ouvrage est certainement le premier à traiter des inventaires et des états financiers dans l'espace OHADA, après l'entrée en vigueur au 1er janvier 2024 du SYCEBNL. De ce fait, il est un outil indispensable pour apprendre, comprendre et pratiquer les techniques d'inventaires et d'établissement des états financiers, de toutes les formes d'entités à but non lucratif.

Pr Georges WANDJI
Doyen de la FSEG de L'Université de Dschang
Promoteur du Centre d'Expertise et de Conseil en Economie et
Gestion des Entreprises (CEGEC)

INTRODUCTION

La comptabilité financière dans sa forme complète ou intégrale et d'utilité aux différentes parties prenantes, dispose de deux composantes qui sont : la comptabilité des opérations quotidiennes et la comptabilité des travaux périodique d'inventaire. A cet effet, le Tome 1 du même auteur a traité le volet premier de la comptabilité financière des entités à but non lucratif. Par conséquent, ce deuxième tome a donc pour objectif de compléter le premier en traitant de manière intégrale et suffisante les questionnements pratiques liés aux travaux d'inventaire et d'établissement des états financiers dans les entités à but non lucratif. Ce travail est donc conforme à la référence en vigueur de l'Organisation pour l'Harmonisation en Afrique du Droit des Affaires qui est le Système Comptable des Entités à But Non Lucratif (SYCEBNL) et complété de plein droit en cas de vide légal de ce dernier, par l'Acte Uniforme relatif au Droit Comptable et à l'Information Financière (AUDCIF).

Selon ces référentiels, toute entité à but non lucratif, se trouve dans l'obligation de faire l'inventaire de la situation comptable, financière et économique de son activité et de présenter les documents de synthèse à la fin d'une période conventionnellement appelée « exercice comptable ». Cette exigence est reconnue par l'article 71 de l'AUDCIF de 2017 qui stipule que : « A la clôture de chaque exercice, les organes d'administration ou de direction, selon le cas, dressent l'inventaire et les états financiers, conformément aux dispositions des chapitres précédents, et établissent un rapport de gestion ainsi que, le cas échéant un bilan social. » L'acte uniforme des entités à but non lucratif de l'OHADA, conforte cette exigence en son article 16 alinéa 3 du SYCEBNL (2023) en ces termes : « à la clôture de chaque exercice, les organes d'administration ou de direction, selon le cas, dressent l'inventaire et les états financiers conformément aux dispositions de l'acte uniformes et établissent un rapport d'activité ; le rapport d'activité expose la situation de l'entité durant l'exercice écoulée, ses perspectives de développement ou son évolution prévisible et l'évolution de la situation de trésorerie ; les évènements importants survenus entre la date de clôture d'exercice et la date à laquelle il est établi, doivent également y être mentionnés ».

L'exigence de faire l'inventaire et de présenter les états financiers conformément aux normes comptables du SYCEBNL est davantage contraignante qu'elle implique des sanctions pénales. Car, l'article 24 de cet acte uniforme des entités à but non lucratif prévoit ceci : « encours une sanction pénale les dirigeants des entités à but non lucratif qui :

- n'ont pas pour un exercice, dressé l'inventaire et établi les états financiers annuels, ainsi que le rapport d'activité ;

- ont sciemment établi et communiqué des états financiers qui ne donnent pas une image fidèle du patrimoine, de la situation financière et du résultat de l'exercice ;
- n'ont pas tenu et mis à jour les registres des donateurs ».

Pour atteindre l'objectif assigné à cet ouvrage, deux parties sont traitées. La première partie travaille sur le processus l'élaboration des travaux d'inventaire dans les entités à but non lucratif alors que la deuxième partie élucide la structuration des états financiers de ces mêmes entités.

PREMIERE PARTIE

PROCESSUS L'ELABORATION DES TRAVAUX D'INVENTAIRE ET DE CLOTURE DES COMPTES DANS LES ENTITES A BUT NON LUCRATIF

La balance comptable à une date donnée (balance avant inventaire) propose une vue synthétique des comptes de situation et de gestion avant les travaux d'inventaire. Elle ne donne qu'une vue d'ensemble imparfaite de la gestion et de la situation du patrimoine de l'entité du fait que :

- Les comptes de gestion ne correspondent pas exactement à l'exploitation de l'exercice ;

- Les comptes de bilan ne reflètent pas nécessairement la réalité économique.

Or, l'article 49 de l'AUDCIF re commande vivement qu'« Il doit être procédé, dans l'exercice, à tous amortissements, dépréciations et provisions nécessaires pour couvrir les pertes de valeurs, les risques et les charges probables, même en cas d'absence ou d'insuffisance de bénéfice. Il doit être tenu compte des risques, charges et produits intervenus au cours de l'exercice ou d'un exercice antérieur, même s'ils sont connus seulement entre la date de clôture de l'exercice et celle de l'arrêté des comptes. »

Pour corriger ces imperfections observées et existantes dans les comptes de gestion et de patrimoine (situation), des travaux d'inventaire doivent être effectués au préalable avant de présenter une nouvelle balance (balance après inventaire), établie par reproduction de la balance avant inventaire mais corrigée de l'ensemble des écritures d'inventaire. Elle présente dont l'état des comptes en fin d'exercice fidèle et conforme aux principes comptables admis par l'OHADA pour ce qui est de la comptabilité des entités à but non lucratif. Ces travaux d'inventaire concernent notamment la constatation de la dépréciation de certains éléments d'actif, la mise à jour des stocks, de la régularisation des comptes de gestion pour l'ajustement de la comptabilité à la situation réelle de l'entité. Dès lors, il convient de clôturer les comptes pour déterminer le résultat de l'exercice et présenter les documents de synthèse.

par conséquent, l'exploitation de ce cette partie va reposer sur six chapitres à savoir : les particularités sur les travaux de fin d'exercice qui permettent de comprendre dans les moindres détails les différentes tâches d'inventaire, les amortissements des immobilisations, les dépréciations et des provisions qui traites des diminution des valeurs des éléments du patrimoines, les sorties des immobilisations de l'actif du bilan qui matérialisent la fin d'exploitation des biens de l'actif du bilan, les régularisation des comptes de gestion et du bilan qui permettent résoudre les incohérences présentes dans les comptes en fin d'exercice et finalement, la clôture des comptes qui marque l'arrêt des imputations dans les comptes pour un exercice clos.

CHAPITRE 1

PARTICULARITES SUR LES TRAVAUX DE FIN D'EXERCICE

Les prescriptions légales, la typologie et le classement des travaux d'inventaire ainsi l'exercice comptable, méritent d'être examinés pour avoir une assise nécessaire et suffisante à la compréhension des différents travaux de fin de période dans une entité à but non lucratif.

1 - PRESCRIPTIONS LEGALES

L'OHADA prescrit les travaux d'inventaire à toute entité au moins sur deux articles de l'AUDCIF (2017). Au terme de son article 16, « L'entité procède à l'opération d'inventaire par le relevé physique de tous les éléments de son patrimoine avec la mention de la nature, de la quantité et de la valeur de chacun d'eux à la date de l'inventaire. Les données d'inventaire sont organisées et conservées de manière à justifier le contenu de chacun des éléments recensés du patrimoine ». Son article 19 donne cette précision : « Les livres comptables et autres supports dont la tenue est obligatoire sont :

- le livre-journal, dans lequel sont inscrits les mouvements de l'exercice, enregistrés en comptabilité, dans les conditions exposées au paragraphe 4 de l'article 17 ci-dessus ;
- ... ;
- le livre d'inventaire, sur lequel sont transcrits le Bilan, le Compte de résultat et le Tableau des flux de trésorerie de chaque exercice, ainsi que le résumé de l'opération d'inventaire ».

2 – TYPOLOGIE DE TRAVAUX D'INVENTAIRE OU DE FIN D'EXERCICE

L'AUDCIF définit l'inventaire comme suit : « L'inventaire est un relevé de tous les éléments d'actif et de passif au regard desquels sont mentionnées la quantité et la valeur de chacun d'eux à la date d'inventaire. Le terme « inventaire » recouvre à la fois, d'une part, l'ensemble des opérations de recensement exhaustif des éléments actifs et passifs de l'entité et, d'autre part, l'ensemble des documents donnant l'état descriptif et estimatif de ce patrimoine ». Cette référence comptable de l'OHADA distingue trois types des travaux d'inventaires obligatoires qui sont : l'inventaire extra comptable, l'inventaire comptable et l'établissement des documents de synthèse.

2.1 – Inventaire extra comptable ou inventaire physique

Il consiste à recenser ou à évaluer physiquement tous les éléments du patrimoine de l'entité. Pour l'AUDCIF (2017), « L'inventaire physique (appelé aussi inventaire extra-comptable) est le recensement matériel (un dénombrement détaillé article par article) des existants. L'inventaire physique portera par exemple sur :

- les immobilisations ;
- les valeurs d'exploitation ;
- les effets ;
- les espèces. »

2.2 – Inventaire comptable

C'est l'inventaire qui se traduit par l'évaluation dans les comptes de tous les éléments patrimoniaux de l'entité. Cependant, l'AUDCIF (2017) donne l'orientation définitionnelle de l'inventaire comptable seulement pour ce qui est des stocks. A cet effet, il adopte les définitions suivantes :

« - L'inventaire comptable intermittent est une organisation comptable des stocks où seul un recollement périodique, au moins une fois par exercice, des existants chiffrés en quantité et en valeur est effectué ;

- L'inventaire comptable permanent est une organisation comptable des stocks qui, par l'enregistrement continu des mouvements, permet de connaître de façon constante, en cours d'exercice, les existants, chiffrés en quantité et en valeur. »

2.3 – Inventaire de synthèse : établissement des états financiers

Ce dernier type d'inventaire permet de connaître la situation synthétique (sur la base des documents de synthèse) de tous les comptes de l'entité à la fin d'un exercice comptable.

3 - CLASSEMENT DES TRAVAUX DE FIN D'EXERCICE

Du point de vue comptable, la fin d'exerce entraîne une série de travaux importants généralement désignés par l'expression « inventaire comptable ».

La chronologie de ces travaux est la suivante :

- vérification de l'exactitude arithmétique de la comptabilité au moyen d'une balance avant inventaire ;
- après une série d'opérations matérielles telles que le comptage des stocks et leur valorisation, l'inventaire des immobilisations et le calcul des amortissements, le pointage des droits, créances, obligations et dettes, il y a la passation d'écritures de redressement destinée à ajuter les comptes ;
- écriture de détermination du résultat des activités ordinaires, du résultat hors activités ordinaires et du résultat net ;
- nouvelle vérification d'exactitude arithmétique de la comptabilité par l'établissement d'une balance après inventaire ;

- établissement des états financiers de fin d'exercice.

4- EXERCICE COMPTABLE

L'exercice comptable est défini comme la période s'écoulant entre deux inventaires annuels. Cet exercice correspond donc à douze mois d'activité en principe.

L'AUDCIF (2017) dans son cadre définitionnel, définit l'exercice comptable comme étant un « Découpage de l'activité de l'entité en périodes de douze mois » ; et en son article 7 fait ces précisions : « L'exercice coïncide avec l'année civile. La durée de l'exercice est exceptionnellement inférieure à douze mois pour le premier exercice débutant au cours du premier semestre de l'année civile. Cette durée peut être supérieure à douze mois pour le premier exercice commencé au cours du deuxième semestre de l'année. En cas de cessation d'activité, pour quelque cause que ce soit, la durée des opérations de liquidation est comptée pour un seul exercice, sous réserve de l'établissement de situations annuelles provisoires. ». Pour ce qui est de l'exercice comptable dans le cadre des entités à but non lucratif, le SYCEBNL (2023) fait une précision complémentaire sur l'année civile comme suit : « Elle (année civile) part du 1er janvier au 31 décembre. Sa durée peut être exceptionnellement inférieur ou supérieur à 12 mois. La durée peut être inférieure à 12 mois si le premier exercice débute au cours du premier semestre de l'année civile ou supérieure à 12 mois si le premier exercice débute au cours du deuxième semestre de l'année civile. »

CHAPITRE 2

LES AMORTISSEMENTS DES IMMOBILISATIONS

Selon l'article 42 de l'Acte uniforme, à la clôture de chaque exercice, toute entité doit procéder au recensement et à l'évaluation de ses biens, créances et dettes à leur valeur effective du moment, dite valeur actuelle.

1- LES NOTIONS D'AMORTISSEMENT

1.1- Définition et rôle de l'amortissement

1.1.1- Définition

Selon l'article 45 de l'AUDCIF, l'amortissement est la répartition du montant amortissable du bien sur sa durée d'utilité selon un plan prédéfini. Amortir, c'est repartir le coût du bien sur la durée probable d'utilisation.

Seules les causes de dépréciation irréversible donnent lieu à des amortissements. En conséquence, parmi les immobilisations corporelles, seules celles qui s'usent normalement au cours du temps doivent être amorties. On exclut notamment : le fonds de commerce, le droit au bail, le terrain etc.

Le montant amortissable est égal à la différence entre la valeur d'entrée du bien et sa valeur résiduelle probable à l'issue de la période d'utilisation prévue.

L'amortissement est la constatation comptable de la baisse de valeur des immobilisations se dépréciant avec le temps (usure), l'usage (facteur physique) ou le progrès technologique (obsolescence).

1.1.2- Rôle

L'amortissement est une technique de renouvellement des immobilisations (reconstitution du capital). Il permet de répartir le coût d'un élément d'actif immobilisé sur sa durée probable de vie.

1.2- La terminologie sur les amortissements

1.2.1- Durée d'utilisation (n)

On détermine pour chaque bien pris individuellement une durée normale d'utilisation. La durée d'utilisation est le temps que l'immobilisation doit mettre. On considère qu'à la fin de cette durée normale d'utilisation le bien n'a plus aucune valeur. En conséquence, la totalité de la valeur d'entrée du bien doit être dépréciée (amortie) sur la durée normale d'utilisation. Cependant, un bien complètement amorti mais toujours utilisé par l'entité doit continuer à figurer au bilan. Par ailleurs, la durée d'amortissement devrait être fixée en fonction des conditions d'utilisation du marché.

1.2.2- Taux d'amortissement

La dépréciation de l'immobilisation est calculée forfaitairement d'après les taux d'amortissement en usage. Si la durée de vie exprimée en années est égale à n, on peut calculer le taux qui est appliqué chaque année pour calculer l'amortissement annuel. Ce taux est un coefficient exprimé parfois en pourcentage qu'on applique à la valeur d'origine ou à la base à amortir pour déterminer l'annuité d'amortissement. Il est calculé en fonction du mode d'amortissement choisi. Par ailleurs, tout comme la durée d'amortissement, le taux d'amortissement devrait aussi être fixé en fonction des conditions d'utilisation du marché.

1.2.3- Amortissement annuel (ou annuité d'amortissement)

L'annuité d'amortissement représente le montant de l'amortissement pratiqué annuellement. Son calcul et son montant sont dépendant de chaque mode d'amortissement.

1.2.4- Valeur d'origine

C'est le coût d'acquisition ou de production de l'immobilisation hors taxes récupérables. Elle est souvent aussi appelée valeur d'entrée.

1.2.5- Valeur comptable nette

La valeur nette comptable (VNC) est la différence, à une date donnée, entre la valeur d'origine (V_0) ou valeur d'entrée ou encore valeur de base et le cumul des amortissements ou amortissements cumulés (ΣA).

$$VNC = V_0 - \Sigma A$$

1.2.6- Amortissements cumulés

Les Amortissements cumulés (ou somme des amortissements) représentent le total des amortissements pratiqués depuis l'acquisition des immobilisations.

1.2.7- Date d'acquisition et de mise en service

La date d'acquisition est la date d'entrée du bien à amortir dans le patrimoine de l'entité. La date de mise en service est la date de début d'amortissement du bien. Cette date est postérieure à la date d'acquisition. En l'absence de la date de mise en service, on considère la date d'acquisition comme celle de début d'amortissement.

1.2.8 - Plan d'amortissement ou tableau d'amortissement

C'est le tableau prévisionnel conçu pour déterminer toutes les annuités d'amortissement à pratiquer pour une immobilisation donnée. Il donne pour chaque immobilisation, l'amortissement annuel, les amortissements cumulés et la valeur nette. Ce tableau peut se présenter ainsi :

Désignation de l'immobilisation : N° d'identification : Durée d'utilisation : Exercice :			Date d'acquisition Date de mise en service Taux d'amortissement		
Périodes	Vo/Base	Annuité d'amortissement	∑A	VNC	Observations

2 – LA PRATIQUE DES PRINCIPAUX MODES D'AMORTISSEMENT

Dans chaque pays, l'administration fiscale communique, pour les différents biens amortissables, les taux et les modes (méthodes) d'amortissement à pratiquer. Par exemple, au Cameroun, seule la méthode d'amortissement linéaire est admise par l'administration fiscale. Cependant, la norme comptable permet à l'entité d'utiliser tous les modes prévus, à condition qu'ils cadrent économiquement avec les conditions d'exploitation des biens y relatifs.

On distingue plusieurs modes d'amortissement. Mais le système comptable OHADA révisé retient tant pour les entités à but non lucratif que pour les entités à but lucratif, principalement 4 modes : le mode d'amortissement linéaire ou constant, le mode d'amortissement dégressif à taux décroissant, le mode d'amortissement dégressif fiscal et le mode d'amortissement par unité d'œuvre ou unité de production.

2.1 – Le mode linéaire ou constant

2.1.1 – Principe

Dans ce mode, les annuités d'amortissement ne varient d'une année à une autre. Le cumul d'amortissement est directement proportionnel au temps mis par l'immobilisation.

2.1.2 – quelques formules de calcul

$\boldsymbol{Annuité} = \frac{V_0}{n}$ **Ou** $\boldsymbol{annuité} = \frac{V_0 \times t}{100}$

$t = \frac{annuité \times 100}{V_0}$ **ou** $t = \frac{100}{n}$

$n = \frac{V_0}{annuité}$ **ou** $n = \frac{100}{t}$

NB :

- Pour un bien acquis en début d'exercice, le nombre de lignes du plan d'amortissement est égal à la durée de vie du bien.
- Lorsqu'une immobilisation est acquise en cours d'exercice comptable, on doit calculer la première annuité d'amortissement au prorata temporis, c'est-à-dire proportionnellement au temps écoulé entre la date de la mise en service de l'immobilisation et la date de clôture de l'exercice. La première annuité n'étant pas complète, il est nécessaire de calculer une annuité supplémentaire en fin de

durée de vie du bien, pour que le montant total des amortissements amène la valeur nette comptable à zéro. Un bien acquis en cours d'exercice a un plan d'amortissement qui comprend une ligne de plus au tableau que sa durée de vie normale.

- Le décompte des amortissements se fait en mois et non en jours, alors tout mois entame est tenu pour consommer. Les amortissements se calculent a partir de la date de mise en service et non la date d'acquisition.

Exercice 1

L'association AFIDI achète le 20 janvier 2021 un matériel de transport a 120 000 000 F CFA amortissable au taux de 20%.

Travail-à-faire :

1-Calculer la durée de vie et l'annuité ;

2-Présenter le plan d'amortissement de cette immobilisation ;

3-Présenter l'extrait du bilan au 31-12-2024.

Corrigé exercice 1

1-Calcul de la durée de vie et l'annuité :

$$n = \frac{100}{n} = \frac{100}{20} = \mathbf{5\ ans}$$

Annuité (a) = $120\ 000\ 000\ x\ 20\ x \frac{1}{100}$ = **24 000 000**

2-Présentation du plan d'amortissement :

Années	Valeur d'origine	Taux	Annuité	∑A	VNC
31-12-2021	120 000 000	20%	24 000 000	24 000 000	96 000 000
31-12-2022	120 000 000	20%	24 000 000	48 000 000	72 000 000
31-12-2023	120 000 000	20%	24 000 000	72 000 000	48 000 000
31-12-2024	120 000 000	20%	24 000 000	96 000 000	24 000 000
31-12-2025	120 000 000	20%	24 000 000	120 000 000	0

3-Présentation de l'extrait du bilan au 31-12-2024 :

ACTIF DU BILAN			
Poste	Montant brut	Amortissement/Dépréciation	Montants net
Matériel de transport	120 000 000	96 000 000	24 000 000

Exercice 2

La fondation NDABOT a acquis le 10 avril 2021 un matériel technique a 100 000 000 F CFA amortissable sur 5 ans.

Travail-à-faire :

1-Calculer le taux d'amortissement ;

2-Calculer la première annuité, la deuxième et l'annuité constante ;

3-Présenter le tableau d'amortissement.

Corrigé de l'exercice 2

1-Calcul du taux d'amortissement :

Calcul du taux :$\frac{100}{5}$ = **20%**

2-Calcul de la première annuité, la dernière et l'annuité constante :

- Calcul de la première annuité :

Décompte : du 01/04/2021 au 31/12/2021 = **9 mois**

Première annuité = $100\ 000\ 000 x\ 20\ x \frac{9}{1200}$ = **15 000 000 F CFA**

- Calcul de la dernière annuité :

Décompte : du 01/01/2026 au 31/03/2026 = **3 mois**

Deuxième annuité = $100\ 000\ 000 x\ 20\ x \frac{3}{1200}$ = **5 000 000 F CFA**

- Calcul de l'annuité constante :

Annuité constante = $100\ 000\ 000\ x\ 20\ x \frac{1}{100}$ = **20 000 000F**

3-Présentation du tableau d'amortissement :

Années	Valeur d'origine	Taux	Annuité	∑A	VNC
2021 (9 mois)	100 000 000	20%	15 000 000	15 000 000	85 000 000
2022	100 000 000	20%	20 000 000	35 000 000	65 000 000
2023	100 000 000	20%	20 000 000	55 000 000	45 000 000
2024	100 000 000	20%	20 000 000	75 000 000	25 000 000
2025	100 000 000	20%	20 000 000	95 000 000	5 000 000
2026 (3 mois)	100 000 000	20%	5 000 000	100 000 000	0

2.2 – Le mode dégressif à taux décroissant

2.2.1- Principe et calculs

Le mode d'amortissement dégressif à taux décroissant ou méthode SOFTY (Sum Of The Year's digits), consiste à amortir une immobilisation selon une suite arithmétique décroissante par l'application d'un taux décroissant à la base amortissable. L'amortissement dégressif décroissant est conseillé pour une immobilisation qu'il faut mieux traduire le rythme de consommation des avantages attendus. Ce mode d'amortissement comptable ou économiquement justifié conduit à une charge décroissante sur la durée d'utilité de l'immobilisation.

Le taux dégressif (TD) est obtenu en faisant le rapport entre le nombre d'années restant à courir jusqu'à la fin de la durée d'utilisation du bien et de la somme des numéros d'ordre de l'ensemble des années.

$$TD = \frac{nombre\ d'années\ restant\ à\ courir\ jusqu'à\ la\ fin\ de\ la\ durée\ d'utilité\ du\ bien}{somme\ des\ numéros\ d'ordre\ de\ l'ensemble\ des\ années}$$

Ainsi, pour une durée d'utilité de 5 ans par exemple, on fait la somme des numéros d'années : 1+2+3+4+5 = 15 ;

Ensuite on détermine les taux décroissants de la manière suivante :

Année 1 : 5/15 ; année 2 : 4/15 ; année 3 : 3/15 ; année 4 : 2/15 ; année 5 : 1/15.

Annuité d'amortissement = Base amortissable x taux décroissant de l'exercice.

La base d'amortissement reste constante d'une année à une autre.

N.B : si l'on désigne n le nombre d'années, V la valeur à amortir et p une année quelconque, la dotation aux amortissements de l'année p s'obtient grâce à la formule suivante :

Annuité d'amortissement = 2V (n+1 -p) / n (n+1)

2.2.2- Cas d'une immobilisation mise en service en début d'année

Il s'agit d'une immobilisation mise en service uniquement au mois de janvier quel qu'en soit le jour.

Exercice 3 :

Une voiture de livraison acquise par le projet COSDEN à 60 000 000 F CFA le 5/1/2024, a une durée de 5 ans.

Travail-à-faire :

1- calculer les taux décroissants ;

2- Présenter le tableau d'amortissement dégressif a taux décroissant.

Corrigé de l'exercice 3 :

1- calcul des taux décroissants :

Somme des années = 1+2+3+4+5 = 15

Années	2024	2025	2026	2027	2028
Années restant à courir	5	4	3	2	1
Taux	5/15	4/15	3/15	2/15	1/15

2- Présentation du tableau d'amortissement dégressif a taux décroissant :

Années	Bases à amortir	Taux	Annuités	∑A	VNC
2024	60 000 000	5/15	20 000 000	20 000 000	40 000 000
2025	60 000 000	4/15	16 000 000	36 000 000	24 000 000
2026	60 000 000	3/15	12 000 000	48 000 000	12 000 000
2027	60 000 000	2/15	8 000 000	56 000 000	4 000 000
2028	60 000 000	1/15	4 000 000	60 000 000	0

2.2.3-Cas d'une immobilisation acquise en cours d'exercice

À la première année l'amortissement sera calculé au prorata temporis et la durée restante pour compléter 12 mois soit **p=12-n** sera utilisé au même taux en **N+1 avant de compléter avec le taux suivant pour une durée *n*.**

Exercice 4 :

Une immobilisation acquise à 42 000 000F et mis en service le 01/04/2018 par l'entité à but non lucratif POKILO est amortie sur 6 ans selon le mode d'amortissement dégressif à taux décroissant.

Travail à faire :

1- calculer les taux décroissants ;

2- Présenter le tableau d'amortissement dégressif a taux décroissant.

Corrigé de l'exercice 4 :

1- calcul des taux décroissants :

Date de début	**2018**	**2019**	**2020**	**2021**	**2022**	**2023**
Numérateur du taux dégressif	6	5	4	3	2	1
Dénominateur	6 + 5 + 4 + 3 +2 +1 = 21					

2- Présentation du tableau d'amortissement dégressif a taux décroissant :

Années	**Calcul**	**Annuité**	**Somme des Amortissements**	**Valeurs nette comptable**
2018	42 000 000 x 6/21 X 9/12	9 000 000	9 000 000	33 000 000
2019	42 000 000 x 6/21 X 3/12 + 42 000 000 x 5/21 x 9/12	10 500 000	19 500 000	22 500 000
2020	42 000 000 x 5/21 X 3/12 + 42 000 000 x 4/21 x 9/12	8 500 000	28 000 000	14 000 000

Années	Calcul	Annuité	Somme des Amortissements	Valeurs nette comptable
2021	42 000 000 x 4/21 X 3/12 + 42 000 000 x 3/21 x 9/12	6 500 000	34 500 000	7 500 000
2022	42 000 000 x 3/21 X 3/12 + 42 000 000 x 2/21 x 9/12	4 500 000	39 000 000	3 000 000
2023	42 000 000 x 2/21 X 3/12 + 42 000 000 x 1/21 x 9/12	2 500 000	41 500 000	500 000
2024	42 000 000 x 1/21 x 3/12	500 000	42 000 000	0

2.3- Le mode dégressif fiscal

2.3.1- Principe

L'amortissement dégressif fiscal s'obtient en appliquant le taux dégressif fiscal sur la valeur nette comptable des immobilisations en début d'exercice. Il est calculé comme dans le mode constant sur la base de la durée de vie probable du bien. Le taux d'amortissement fiscal dégressif à appliquer est obtenu en appliquant au taux d'amortissement constant un coefficient ainsi qu'il suit :

Durée de vie	3 à 4 ans	5 à 6 ans	+ de 6 ans
Coefficient	1,5	2	2,5

Lorsque l'immobilisation est acquise au cours de l'exercice, la première annuité est calculée au prorata temporis, c'est-à-dire proportionnellement au nombre de mois entiers à courir depuis le début du mois au cours duquel le bien a été acquis, jusqu'à la fin de l'exercice. Cependant, lorsque le taux dégressif fiscal devient inférieur au taux constant en fonction du nombre d'années d'amortissement restant à courir, l'entité utilise le taux constant pour calculer l'annuité dégressive.

2.3.2- Immobilisations amortissables au mode dégressif fiscal

Seuls peuvent bénéficier de l'amortissement dégressif :

- les immobilisations dont la durée de vie est supérieure ou égale à 3 ans ;
- les biens d'équipement et bâtiments industriels à l'exclusion des voitures de tourisme, les machines à écrire, les bâtiments administratifs ou commerciaux et immobilisations assimilées.

Ces immobilisations doivent être neuves, ce qui exclut les biens d'occasion.

2.3.3- Quelques formules de calcul

Soit l'extrait du tableau d'amortissement dégressif ci-après avec :

Vo = Valeur d'origine

$$i = \frac{\text{taux dégressif}}{100}$$

Années	**Bases à amortir**	**Annuités**	**Valeurs nettes comptables**
1ère	Vo	Voi	Vo(1-i)
2ème	Vo (1-i)	Vo(1-i)i = Voi (1-i)	Vo(1-i) - Voi (1-i) = $Vo((1-i)^2$
3e	$Vo\ (1-i)^2$	$Vo\ (1-i)^2 i = Voi\ (1-i)^2$	$Voi\ (1-i)^2$
…	…	…	…
nème	$Vo\ (1-i)^{n-1}$	$Voi\ (1-i)^{n-1}$	$Voi\ (1-i)^n$

Les valeurs comptables nettes successives forment une progression géométrique décroissante de raison (1-i). A ce titre nous aurons :

1ère année : VCN1 = Vo (1-i)

2ème année : VNC2 = VNC1 (1-i) = $Vo\ (1-i)^2$

3ème année : VNC3 = VNC2 (1-i) = $Vo\ (1-i)^3$

4ème année : VNC4 = VNC3 (1-i) = $Vo\ (1-i)^4$

Nème année : $VNC_n = VNC_{n-1}\ (1-i) = VNC_1\ (1-i)^{n-1} = Vo\ (1-i)^n$

Exercice 5 :

Le 05/01/2020, une entité à but non lucratif achète un véhicule à 50 000 000 F. Ce véhicule est amorti selon le mode dégressif fiscal et a une durée de vie de 5 ans.

Travail-à-faire : Présenter le tableau d'amortissement.

Corrigé de l'exercice 5 :

Années	Bases D'amort.	Taux Constant	Taux Dégressif	Annuités	∑A	VNC
2020	50 000 000	20%	40%	20 000 000	20 000 000	30 000 000
2021	20 000 000	25%	40%	12 000 000	32 000 000	1 8000 000
2022	1800 0000	33,33%	40%	7 200 000	39 200 000	10 800 000
2023	10 800 000	50%	40%	5 400 000	44 600 000	5 400 000
2024	5 400 000	100%	40%	5 400 000	50 000 000	0

NB : Dans un tableau d'amortissement dégressif fiscal, lorsque le taux constant calculé sur le nombre d'année restant devient supérieur au taux dégressif fiscal, on doit appliquer l'amortissement constant.

Exercice 6 :

En reprenant l'exercice précédent, considérer que ce véhicule a été acheté le 15/04/2020 et présenter son tableau d'amortissement.

Corrigé de l'exercice 6 :

Années	Bases D'amort.	Taux		Annuités	∑A	VNC
		Constant	dégressif			
2020	50 000 000	20%	40%	15 000 000	15 000 000	35 000 000
2021	35 000 000	25%	40%	14 000 000	29 000 000	20 000 000
2022	21 000 000	33,33%	40%	8 400 000	37 400 000	12 600 000
2023	12 600 000	50%	40%	6 300 000	43 700 000	6 300 000
2024	6 300 000	100%	40%	6 300 000	50 000 000	0

2.4- Le mode par unité d'œuvre ou unité de production

2.4.1- Principe

Ce mode d'amortissement consiste à repartir le montant amortissable en fonction d'unités d'œuvre, qui peuvent être nombre de produits fabriqués, le nombre de kilomètres parcourus, le nombre d'heures de fonctionnement d'une machine, le nombre d'heures de travail, etc.

L'annuité d'amortissement est obtenue en multipliant la base amortissable par le rapport entre le nombre d'unités d'œuvre consommées pendant l'exercice et le nombre total d'unités d'œuvre prévues.

$$\textit{Annuité d'amortissement} = \textit{base amortissable}\,\frac{\textbf{nombre d'unités d'œuvre consommées}}{\textit{total d'unités d'œuvre prévues}}$$

Le nombre total d'unités d'œuvre prévues est déterminé en fonction de la durée d'utilité du bien.

N.B : Pour le calcul des annuités d'amortissement, on n'applique pas le prorata temporis car les annuités se calculent en fonction des unités d'œuvre consommes et non en fonction du temps.

2.4.2- Cas pratique

Exercice 7 :

Le 1er/01/2015, l'Association ZOUKOU a acquis une machine-outil dont le coût d'acquisition est de 5500 000. La valeur résiduelle est estimée à 500 000 et la durée d'utilisation de la machine est estimée à 5 ans.

On vous indique que les avantages économiques attendus sur les 5 exercices sont mesurés en fonction des unités fabriquées, soit respectivement :

Années	2016	2017	2018	2019	2020	Total
Unités de fabrication	150 000	250 000	250 000	50 000	50 000	750 000

Travail-à-faire :

1- calculer les différentes annuités d'amortissement ;

2- présenter le tableau d'amortissement par unité d'œuvre.

Corrigé de l'exercice 7 :

1- calcul des différentes annuités d'amortissement :

Base à amortir= cout d'acquisition-valeur résiduelle

Base a amortit : 5 500 000-500 000 = 5 000 000 ;

$$Annuité\ d'amortissement = base\ à\ amortir \frac{\textbf{nombre d'unités de fabrication}}{total\ d'unités\ de\ fabrication}$$

$$Annuité\ \mathbf{2016 = 5\ 000\ 000}\ x \frac{\mathbf{150\ 000}}{\mathbf{750\ 000}} = \mathbf{1\ 000\ 000}$$

$$Annuité\ \mathbf{2017 = 5\ 000\ 000}\ x \frac{\mathbf{250\ 000}}{\mathbf{750\ 000}} = \mathbf{1\ 666\ 667}$$

$$Annuité\ \mathbf{2018 = 5\ 000\ 000}\ x \frac{\mathbf{250\ 000}}{\mathbf{750\ 000}} = \mathbf{1\ 666\ 667}$$

$$Annuité\ \mathbf{2019 = 5\ 000\ 000}\ x \frac{\mathbf{50\ 000}}{\mathbf{750\ 000}} = \mathbf{333\ 333}$$

$$Annuité\ \mathbf{2020 = 5\ 000\ 000}\ x \frac{\mathbf{50\ 000}}{\mathbf{750\ 000}} = \mathbf{333\ 333}$$

2- Présentation du tableau d'amortissement par unité d'œuvre :

VNC=base à amortir-∑A+ valeur résiduelle :

VNC1=5 000 000 – 1 000 000 + 500 000 = 4 500 000

Années	Base à amortir	Annuités	∑A	VNC
2016	5 000 000	1 000 000	1 000 000	4 500 000
2017	5 000 000	1 666 667	2 666 667	2 833 333
2018	5 000 000	1 666 667	4 333 334	1 166 666
2019	5 000 000	333 333	4 666 667	833 333
2020	5 000 000	333 333	5 000 000	500 000

2.5 - Amortissement dérogatoire

2.5.1 – Définition et principe

C'est l'amortissement ou fraction d'amortissement comptable ne correspondant pas à l'objet normal d'un amortissement et comptabilisé en application de textes particuliers (d'origine fiscale, le plus souvent). Les amortissements dérogatoires peuvent résulter d'une différence liée :

- à la durée d'amortissement ;
- à la base amortissable ;
- au mode d'amortissement.

Les amortissements dérogatoires sont classés en provisions réglementées et traités comme telles. Ils figurent en conséquence parmi les capitaux propres et ne concourent pas à la détermination de la valeur comptable nette du bien concerné, à la différence des amortissements comptable et des provisions pour dépréciation.

2.5.2- calcul de l'amortissement dérogatoire

Soient :

A : Amortissement fiscal ;

B : Amortissement économiquement justifié ou amortissement comptable ;

C : Amortissement dérogatoire/dotation ;

D : Amortissement dérogatoire/reprise ;

C (dotations) = A-B avec A > B

D (reprises) = A-B avec B > A

Exercice 8 :

Le 1er/01/2021, le projet KOSO a acquis une machine industrielle pour 50 000 000 F CFA. Cependant, cette machine a été mise en service le 16/01/2021 et a une durée de vie prévisionnelle de 5 ans. L'entreprise pratique le mode linéaire. Or, la norme fiscale prône pour ce type d'immobilisation, le mode dégressif fiscal.

Travail-à-faire :

1- Présenter le tableau d'amortissement linéaire ;

2- Présenter le tableau d'amortissement dégressif ;

3- Présenter le tableau d'amortissement dérogatoire.

Corrigé de l'exercice 8 :

1- Présentation du tableau d'amortissement linéaire :

Années	Valeur d'origine	Taux	Annuité	∑A	VNC
2021	50 000 000	20%	10 000 000	10 000 000	40 000 000
2022	50 000 000	20%	10 000 000	20 000 000	30 000 000
2023	50 000 000	20%	10 000 000	30 000 000	20 000 000
2024	50 000 000	20%	10 000 000	40 000 000	10 000 000
2025	50 000 000	20%	10 000 000	50 000 000	0

2- Présentation du tableau d'amortissement dégressif :

Années	Bases D'amort.	Taux		Annuités	∑A	VNC
		Constant	Dégressif			
2021	50 000 000	20%	40%	20 000 000	20 000 000	30 000 000
2022	20 000 000	25%	40%	12 000 000	32 000 000	1 8000 000
2023	1800 0000	33,33%	40%	7 200 000	39 200 000	10 800 000
2024	10 800 000	50%	40%	5 400 000	44 600 000	5 400 000
2025	5 400 000	100%	40%	5 400 000	50 000 000	0

3- Présentation du tableau d'amortissement dérogatoire :

Années	Amortissements Fiscaux (A)	Amortissements Comptables (B)	Amortissements dérogatoires	
			Dotations (C)	Reprises (D)
2021	20 000 000	10 000 000	10 000 000	-
2022	12 000 000	10 000 000	2 000 000	-
2023	7 200 000	10 000 000	-	2 800 000
2024	5 400 000	10 000 000	-	4 600 000
2025	5 400 000	10 000 000	-	4 600 000

NB :

- Lorsque des données (informations) sont prélevées de la balance avant inventaire, le décompte relatif aux calculs des amortissements s'arrête à la fin de l'exercice précédent.
- Lorsque les données sont extraites de la balance après inventaire, le décompte de la durée relatif au calcul des amortissements s'arrête à la fin de l'exercice d'inventaire.

3- LA COMPTABILISATION DES AMORTISSEMENTS

Le compte 68 « Dotation aux amortissements » activité ordinaire ou 852 « Dotations aux amortissements HAO », enregistre les charges calculées de la période. Ce sont des amortissements économiques ou comptables, et non des amortissements fiscaux. Ce sont les amortissements constatés par des dotations à la fin de l'exercice. Ils ne sont donc pas des charges dans le sens de la dépense par décaissement. Ce sont des charges qui viennent en diminution des valeurs des immobilisations correspondantes.

3.1- Immobilisations en usufruit temporaire

680/ 8520	 280	Dotation aux amortissements d'usufruit temporaire/ Dotation aux amortissements d'usufruit temporaire HAO Amortissements d'usufruit temporaire Dotation de l'exercice	 X	 X

Exercice 9 :

Le 10/07/2024, l'Association APLIC a reçu un don de bâtiment en usufruit temporaire d'une valeur de 20 000 000 F CFA pour 4 ans d'exploitation linéaire.

Travail-à-faire :

1- Présenter le tableau d'amortissement du bâtiment en usufruit temporaire ;

2- passer l'écriture de dotation de l'exercice 2024 ;

3- Présenter l'extrait du bilan de cette immobilisation en usufruit au 31/12/2025.

Corrigé de l'exercice 9 :

1- Présentation du tableau d'amortissement du bâtiment en usufruit temporaire :

- **Calcul de la première annuité :**

Décompte : du 10/07/2024 au 31/12/2024 = **6 mois**

Première annuité = $20\ 000\ 000 x\ 25\ x \frac{6}{1200}$ = **2 500 000 F CFA**

- **Calcul de la dernière annuité :**

Décompte : du 01/01/2028 au 31/06/2028 = **6 mois**

Dernière annuité = $20\ 000\ 000 x\ 25\ x \frac{6}{1200}$ = **2 500 000 F CFA**

- **Calcul de l'annuité constante :**

Annuité constante = $20\ 000\ 000\ x\ 25\ x \frac{1}{100}$ = **5 000 000F**

- **Tableau d'amortissement :**

Années	Valeur d'origine	Taux	Annuité	∑A	VNC
2024 (6 mois)	20 000 000	25%	2 500 000	2 500 000	17 500 000
2025	20 000 000	25%	5 000 000	7 500 000	12 500 000
2026	20 000 000	25%	5 000 000	12 500 000	7 500 000
2027	20 000 000	25%	5 000 000	17 500 000	2 500 000
2028 (6 mois)	20 000 000	25%	2 500 000	20 000 000	0

2- Passation de l'écriture de dotation pour la fin d'exercice 2024 :

		31/12/2024		
6803		Dot. aux amort. d'usufruit temp. (Bât)	2 500 000	
	2803	amort. D'usufruit temporaire (Bât.)		2 500 000
		Dotation de l'exercice 2024		

3- Présentation de l'extrait du bilan de cette immobilisation en usufruit au 31/12/2025 :

ACTIF DU BILAN			
Poste	Montant brut	Amortissement/Dépréciation	Montants net
Bâtiment en usufruit temporaire	20 000 000	7 500 000	12 500 000

3.2- Immobilisations incorporelles et corporelles

681/		Dotation aux amortissements d'ex. immo. Corp. Et incorp./		
8521		Dotation aux amortissements des immo. HAO	X	
	281	Amortissements des immobilisations incorporelles		X1
	282	Amortissements des terrains		X2
	283	Amortissements des bâtiments, instal. Tech. Et ag.		X3
	284	Amortissement du matériel		X4
		Dotation de l'exercice		

Exercice 10 :

Au terme de sa deuxième année de fonctionnement le 31/12/2020, l'état des immobilisations de l'entité à but non lucratif ASIRGA se présente ainsi :

Nature	Date de mise en se vice	Valeur d'origine	Taux	Système
Logiciel	01/01/2019	6 000 000	20%	Linéaire
Terrains	01/01/2019	5 000 000	40%	Dégressif fiscal
Bâtiments	01/01/2019	20 000 000	15%	Linéaire
Machine comptable	01/01/2019	250 000	20%	Linéaire
Ordinateur	01/01/2019	800 000	40%	Dégressif fiscal

Travail-à-faire : au 31/12/2020 :

1- Calculer les annuités d'amortissement de chaque immobilisation ;

2- Comptabiliser les dotations annuelles des amortissements sachant que l'ordinateur est une opération hors activité d'exploitation.

Corrigé de l'exercice 10 :

1- Calcul des annuités d'amortissement de chaque immobilisation :

- Logiciel : 6000 000 * 20% = 1 200 000
- Terrains : 5000 000(1 -0,4) 0 ,4 = 1 200 000
- Bâtiments : 20 000 000 * 15% = 3 000 000
- Machine comptable 250 000 * 20% = 50 000
- Ordinateur 800 000 (1-0,4) 0,4 = 192 000

2- Comptabilisation des dotations annuelles des amortissements sachant que l'achat de l'ordinateur est une opération hors activité d'exploitation :

		31/12/2020		
8521		Dotation aux amortissements HAO	192 000	
	284	Amortissements Matériels de transport		192 000
		Dotation HAO		
		D°		
681		Dotation aux amortissements d'exploit	5 450 000	
	281	Amortissement du logiciel	1 200 000	
	282	Amortissements des terrains		1 200 000
	283	Amortissement des bâtiments	3 000 000	
	284	Amortissement du matériel	50 000	
		Dotations d'exploitation		

3.3 –Comptabilisation des amortissements dérogatoires

La différence entre l'amortissement comptable et l'amortissement fiscal, considérée comme amortissement dérogatoire, est créditée au compte 151-Amortissements dérogatoires, par le débit du compte 851 – Dotations aux provisions réglementées. Les amortissements dérogatoires sont classés en provisions réglementées (compte 15). Ils figurent parmi les capitaux propres. Ces amortissements ont un caractère de réserves. L'amortissement dérogatoire entraine les écritures suivantes :

- lors de la dotation annuelle :

851		Dotation aux provisions réglementées	X	
	151	Amortissements dérogatoires		X
		Dotation annuelle de l'amortissement dérogatoire		

- Lors de la reprise annuelle :

151		Amortissements dérogatoires	X	
	861	Reprises des provisions réglementées		X
		Reprise annuelle de l'amortissement dérogatoire		

Exercice 11 :

Le tableau d'amortissement dérogatoire de la machine industrielle du projet KOSO se présente comme suit :

Années	Amortissements Fiscaux (A)	Amortissements Comptables (B)	Amortissements dérogatoires	
			Dotations (C)	Reprises (D)
2021	20 000 000	10 000 000	10 000 000	-
2022	12 000 000	10 000 000	2 000 000	-
2023	7 200 000	10 000 000	-	2 800 000
2024	5 400 000	10 000 000	-	4 600 000
2025	5 400 000	10 000 000	-	4 600 000

Travail-à-faire : 31/12/2022, passer les écritures de l'amortissement comptable et l'amortissement dérogatoire ; ainsi que celle de reprise de l'amortissement dérogatoire au 31/12/2023.

Corrigé de l'exercice 11 :

		31/12/2022		
681		Dot. Aux amort. D'exploitation	10 000 000	
	284	Amortissements du matériel		10 000 000
		Constatation de l'annuité normale		
		D°		
851		Dotation aux provisions réglementées	2 000 000	
	151	Amortissements dérogatoires		2 000 000
		Constatation des amortissements dérogatoire		
		31/12/2023		
151		Amortissements dérogatoires	2 300 000	
	861	Reprise des provisions réglementées		2 300 000
		Reprise des amortissements dérogatoires		

CHAPITRE 3

LE TRAITEMENT DES DEPRECIATIONS ET PROVISIONS

Les dépréciations et provisions concernent généralement la constatation comptable des diminutions probables mais non irréversibles du patrimoine de l'entité.

1- LA DIFFERENCE ENTRE DEPRECIATION ET PROVISIONS

L'AUDCIF fait la distinction entre la dépréciation et la provision dans les articles 46 et 48. A cet effet, la dépréciation renvoie à une perte de valeur d'un élément d'actif. Par contre, la provision représente un passif externe (dette) dont l'échéance ou le montant est incertain(e).

1.1- La dépréciation

Selon l'article 46 de l'AUDCIF, « La dépréciation permet de constater la perte de valeur de l'actif. A la clôture de chaque exercice, une entité doit apprécier s'il existe un quelconque indice qu'un actif a subi une perte de valeur. S'il existe un tel indice, l'entité doit estimer la valeur actuelle de l'actif concerné et la comparer avec la valeur nette comptable. L'actif doit être déprécié lorsque la valeur nette comptable est supérieure à la valeur actuelle. La constatation de cette dépréciation est obligatoire même en cas d'absence ou d'insuffisance de bénéfice. Pour les immobilisations, cette dépréciation est constatée par une dotation et pour les autres éléments de l'actif, par une charge pour dépréciations ».

Ces dépréciations sont donc enregistrées dans les comptes appropriés de la classe 2 (comptes d'immobilisations), de la classe 3 (comptes de stocks et en-cours de production) et des classes 4 et 5 (comptes de créances et de trésorerie).

1.2- La provision

Pour l'article 48 de l'AUDCIF, Les risques et charges, nettement précisés quant à leur objet, que des événements survenus ou en cours rendent seulement probables, entraînent la constitution, par dotations de provisions pour risques et charges, à inscrire au passif du bilan dans la rubrique : dettes financières. Toutefois, lorsque l'échéance probable du risque ou de la charge est à court terme, les provisions sont constituées par constatation de charges pour provisions pour risques à court terme et inscrites au passif dans la rubrique : passif-circulant.

Une provision est un passif externe ou dette dont l'échéance ou le montant est incertain. Le terme provision désigne les provisions pour risques et charges. Par dérogation, les provisions règlementées sont constituées uniquement en application de dispositions légales notamment fiscales.

Un passif externe est une obligation actuelle de l'entité de transférer une ressource économique à la suite d'événements passés. Les dotations aux provisions pour risques et charges à plus d'un an sont inscrites dans un compte de dotation aux provisions tandis que celles qui sont liées à un risque à moins d'un an sont enregistrées au compte charges pour provisions pour risques à court terme. Par ailleurs, les entités doivent évaluer et comptabiliser sous forme de provisions à inscrire au passif externe du bilan, les engagements de retraite.
Les dotations pour provisions sont donc portées dans les comptes appropriés de la classe 1 (comptes de provisions pour risques et charges à long terme) et la classe 4 (comptes de provisions pour risques et charges à court terme du passif).

2- LES DEPRECIATIONS

2.1- Les dépréciations des immobilisations

Elles résultent de l'évaluation comptable des moins-values constatées sur les immobilisations non amortissables telles que les terrains, le fonds de commerce etc. il en est de même des moins-values constatées sur les immobilisations financières telles que les titres de participations.
Lorsque l'entité constate la dotation aux dépréciations annuelles, on passe l'écriture suivante :

69./853		Dotations aux dépréciations/Dotations aux dépr. HAO	X	
	29.	Dépréciations des immobilisations		X

Lorsque l'entité annule (reprise) la dépréciation antérieure, on passe l'écriture suivante :

29.		Dépréciations des immobilisations	X	
	79./863	Reprises de dépréciation/Reprises de dépréciations HAO		X

Les calculs des dotations pour dépréciation des immobilisations financières s'effectuent dans un tableau appelé « état des titres » qui peut se présenter sous la forme suivante :

Nature des titres	**Nombre**		**Prix d'achat unitaire**	**Cours moyen des titres**		**Dépréciations**	
	Au 31/12/n-1	**Au 31/12/n**		**Au 31/12/n-1**	**Au 31/12/n**	**Au 31/12/n-1**	**Au 31/12/n**
Totaux							

Dépréciation = (PA_U – CM_U) × nombre de titres existant

PA_U = Prix d'achat unitaire

CM_U = cours moyen unitaire

Exercice 1 : Dans le bilan de l'entité à but non lucratif PASCO du 31/12/2024, il existe un terrain donc la valeur est estimée à 6 000 000 F CFA. Compte tenu de la conjoncture économique, ce terrain n'a plus qu'une valeur de 5 300 000 F CFA. Par ailleurs, une immobilisation provenant des dons et legs non encore reçu destiner à la vente à la clôture de l'exercice, a perdue une valeur de 350 000 F CFA.

Travail-à-faire : Constater les dépréciations nécessaires.

Exercice 2 : Au 31/12/2023, les portefeuilles de titre de la fondation ARCA se présente ainsi :

Titres	Quantités	Prix unitaires	Cours au 31/12/2013	Dépréciations 2022
Action A	120	6 000	4 300	
Action B	180	26 000	27 500	70 000
Action C	100	9 000	8 100	45 000
Action D	250	3 600	4 080	

Travail-à-faire :

1- Présenter l'état des titres au 31/12/2023 ;

2- Passer les écritures nécessaires.

Corrigé de l'exercice 1 :

Dépréciation = 6 000 000 – 5 300 000 = 700 000

		31/12/2024		
6914		Dotations aux dépréciations des immobilisations corporelles	700 000	
	292	Dépréciations des terrains		700 000
		Dotation annuelle de la dépréciation du terrain		
		D°		
6252		Dotations aux DIDVPDL non encore R	350 000	
	2902	Dépréciation des IDVPDL non encore Reçus		350 000
		Suivant dotation annuelle des IDVPDL non encore reçus		

Corrigé de l'exercice 2 :

1- Présentation de l'état des titres au 31/12/2023 :

Titres	Qté	PU	Valeur = Qté x PU	Cours du jour	Valeurs	Dépréciations 2022	Dépréciations 2023
Action A	120	6 000	720 000	4 300	516 000	-	204 000
Action B	180	26 000	4 680 000	27 500	4 950 000	70 000	
Action C	100	9 000	900 000	8 100	810 000	45 000	90 000
Action D	250	3 600	900 000	4 080	1 020 000	-	-
TOTAL						**115 000**	**294 000**

2- Passation des écritures nécessaires :

		31/12/2023		
6972		Dotations aux dépréciations des immobilisations financières	294 000	
	296	Dépréciations des titres de Participation		294 000
		Suivant dotation de l'exercice		
		D°		
296		Dépréciations des titres de participation	115 000	
	7972	Reprises de dépréciations des Immobilisations financières		115 000
		Suivant reprise des dépréciations antérieures		

2.2- Les charges pour dépréciations de stocks et encours de production

Les charges pour dépréciations de stocks sont liées à chaque catégorie de stock. La nature de la dépréciation doit être certaine et l'élément d'actif concerné doit être individualisé. Les charges pour dépréciations ne doivent concerner que l'exercice que l'on clôture. Les charges pour dépréciation doivent être constatées, même en l'absence de bénéfices. Elles sont portées à l'actif du bilan en déduction des postes de stocks.

2.2.1- calcul de la dépréciation

A la fin de chaque exercice, on procède à l'inventaire des stocks puis à leur évaluation. Les stocks sont évalués lors des écritures d'inventaire à leur valeur d'origine, c'est-à-dire :

- au coût d'achat unitaire pour les marchandises, matières et approvisionnements ;

- au coût de production unitaire pour les produits finis ou les encours.

Mais lorsqu'au jour de l'inventaire, on constate que le prix de vente sur le marché des biens en stock est inférieur à leur coût d'achat, on pratique une dépréciation égale à la différence entre les deux valeurs.

$$\textbf{Dépréciation} = \textbf{coût d'achat ou (de production) des stocks} - \textbf{prix de vente au jour de l'inventaire évalué au coût d'achat (ou valeur réelle)}$$

$$\textbf{valeur réelle} = \textbf{prix de vente au cours du jours} - \textbf{Décote forfaitaire représentant les frais de distribution et le bénéfice}$$

2.2.2 – comptabilisation de la charge pour dépréciation

Lorsque l'entité constate la dotation aux charges pour dépréciations annuelles, on passe l'écriture suivante :

6593/839		Charges pour dépréciations sur stocks/Charges pour dépréciations HAO	X	
	39.	Dépréciations des stocks et en cours de production		X

Lorsque l'entité annule (reprise) la charge pour dépréciation antérieure, on passe l'écriture suivante :

39.		Dépréciations des stocks et encours de production	X	
	7593/849	Reprises de charges pour dépréciations sur stocks/Reprises de charges pour dépréciations HAO		X

Exercice 3

Au 31/12/2022, le jour de l'inventaire, les marchandises en stocks de l'association BISA s'élève à 8 300 000 F CFA et la charge pour dépréciation de stock s'élève à 460 000 F CFA.

Au 31/12/2023, la valeur de marchandises est de 5 850 000 F CFA, les frais de distribution s'élèvent à 13% et la marge bénéficiaire est de 7% du prix de vente. La valeur des marchandises à ce jour sur le marché (prix de vente) est de 7 600 000 F CFA.

Travail-à-faire :

1- Calculer la charge pour dépréciation à constituer ;

2- Passer les écritures nécessaires de dépréciations.

Corrigé de l'exercice 3 :

1- Calcul de la charge pour dépréciation à constituer :

- Année 2022 : SF = 8 300 000 F ; Dépréciation = 460 000 F ;
- Cout d'achat = 7 600 000 x (100 – 20) % = 6 080 000 F ;
- Dépréciation année 2023 : 6 080 000 – 5 850 000 = 230 000 F.

2- Passation des écritures nécessaires de dépréciations :

		31/12/2023		
6593		Charges pour dépréciations sur stocks	230 000	
	392	Dépréciations de stocks de Marchandises		230 000
		Suivant dotation de l'exercice		
		D°		
392		Dépréciations de stocks de Marchandises	460 000	
	7593	Reprises de charges pour Dépréciations des stocks		460 000
		Suivant reprise de charges pour dépréciations antérieures		

2.3- Dépréciations sur les créances

Une entité à but non lucratif constitue des charges pour dépréciation de créances quand le jour de l'inventaire, la valeur économique réelle se trouve être inférieure à la valeur déterminée selon les règles éditées supra par le système comptable OHADA.

La dépréciation correspond à la partie des créances que l'on risque de ne pas recouvrer lorsqu'un débiteur a des difficultés de règlement. Les dépréciations sont dans ce cas calculées sur les créances hors TVA. Si une créance est impayée, l'entité a le droit de récupérer auprès de l'administration fiscale la TVA qui avait été collectée.

2.3.1- Notion de « créance douteuse ou litigieuse »

Les créances douteuses sont celles sur lesquelles pèsent des risques de non-recouvrement, en raison des difficultés financières du débiteur. Par contre, les créances litigieuses sont celles pour lesquelles des litiges, portant sur l'exercice ou sur le montant de créance, opposent l'entité et son débiteur.

2.3.2- Cas de constatation des dépréciations sur créances

Plusieurs hypothèses peuvent être émises pour constater une dépréciation sur la créance. Cependant, les deux cas suivants sont réguliers :

- Perte probable sur un débiteur : cela signifie qu'il faut constater une charge pour dépréciation sur le montant de la créance ;
- Porter la charge pour dépréciation à un taux donné : ça renvoie au calcul de la charge pour dépréciation à ce taux.

2.3.3- Quelques cas de perte sur créances

Il s'agit des cas suivants :

- Créance totalement irrécouvrable (ou irrécupérable) ;
- Pour solde signifie solde de tout compte. Autrement dit, c'est tout ce qui peut être réglé par le débiteur ;
- Faillite ;
- Débiteur insolvable.

2.3.4- Notion de créances ordinaires (ou chirographaires) et de créances privilégiées

Les dettes sur l'Etat et les salariés, sont considérées comme les « passifs privilégiés » qu'il faut satisfaire de préférence. Par contre, les autres dettes qu'il faut régler s'il y a un reste sont appelées : « passifs ordinaires ». Cela étant, en cas de reste, les créanciers (passifs) ordinaires seront désintéressés sur la base du taux de récupération (TR) dont la formule est la suivante :

$$\boldsymbol{TR} = \left(\frac{\textbf{Total biens réels} - \textbf{Passifs privilégiés}}{\textbf{Passifs ordinaires}}\right) \times 100$$

Ensuite, on calcule le taux de la charge pour dépréciation (TCD) :

$$\boldsymbol{TCD} = 100 - \boldsymbol{TR}$$

2.3.5- Calcul des charges pour dépréciations sur créances et pertes

Elles se calculent sur le solde de la créance HT. En cas de perte sur créance, on régularise la TVA. Ces calculs sont effectués dans un tableau appelé « état des créances douteuses et irrécouvrable qui se présentent comme suit :

Adhérents Clients-Usagers Et comptes rattachés	Créances		Règlement de l'exercice	Soldes		Charges pour dépréciations		Perte HT	TVA Sur perte à régulariser
	TTC	HT		TTC	HT	n-1	N		
Totaux									

2.3.6- Principe comptable

- Lorsqu'il faut transférer des créances ordinaires vers les créances douteuses, on passe l'écriture suivante :

4161/ 4162		Adhérents cotisations litigeuses ou douteuses/ Créances litigeuses ou douteuses	X	
	41.	Adhérents, Clients usagers et comptes rattachés		X

- Lors de la constatation de la charge pour dépréciation, l'écriture suivante doit être passée :

6594/ 8394		Charges pour dépréciations sur créances/ Charges pour dépréciations sur créances HAO	X	
	491	Dépréciations des comptes adhérents et clients-Usagers		X

- Lors de l'annule (reprise) de la charge pour dépréciation antérieure, on passe l'écriture suivante :

491		Dépréciations des comptes adhérents et clients-Usagers	X	
	7594/ 8494	Reprise de charges pour dépréciations sur créances/ Reprise de charges pour dépréciations sur créances HAO		X

- Au moment de la constatation de la perte, on passe l'écriture suivante :

651 443		Pertes sur créances adhérents clients et autres débiteurs Etat, TVA facturée	X	
	41.	Adhérents, clients-usagers et comptes rattachés		X

Exercice 4 :

L'état des créances douteuses de l'entité à but non lucratif BIMGO se présente comme suit au 31/12/2023 :

Adhérents	Créances TTC	Dépréciation au 31/12/2022	Règlement de l'exercice	Observations
A	477 000	50%	402 930	Pour solde
B	178 875	40%	NEANT	Porter la dépréciation à 60%
C	357 750	30%	223 850	Porter la dépréciation à 50%
D	238 500	-	-	On espère recouvrer 70%

Travail-à-faire :

1- Présenter l'état d'inventaire des créances au 31/12/2023 ;

2- Enregistrer toutes les écritures nécessaires au 31/12/23.

Corrigé de l'exercice 4 :

1- Présentation de l'état d'inventaire des créances au 31/12/2023 :

Adhérents	Créances		Règlement de l'exercice		Soldes		Charge pour dépréciation		Perte HT	TVA sur perte
	HT	TTC	HT	TTC	HT	TTC	2022	2023		
A	400 000	477 000	337 887	402 930	62 113	74 070	200000	-	62 113	11957
B	150 000	178 875	-	-	150 000	178 875	60 000	90 000	-	-
C	300 000	357 750	187 725	223 850	112 285	133 900	90 000	56 143	-	-
D	200 000	238 500	-	-	200 000	238 500	-	60 000	-	-
Totaux							350 000	206 143	62 113	11957

2- Enregistrement de toutes les écritures nécessaires au 31/12/23 :

		31/12/2023		
4162		Créances litigeuses ou douteuses	238 500	
	412	Clients-usagers		238 500
		Suivant constatation du nouveau client douteux		
		D°		
6594		Charges pour dépréciations sur	206 143	
	491	créances		206 143
		Dépréciations des comptes adhérents Et clients-Usagers		
		Suivant constatation de la charge pour dépréciation		
491		D°	350 000	
		Dépréciations des comptes adhérents		
	7594	et clients-Usagers		350 000
		Reprise de charges pour dépréciations Sur créances		
		Suivant reprise de charges pour dépréciations antérieures		
651		D°	62 113	
		Pertes sur créances adhérents clients		
431		et autres débiteurs	11 957	
	4162	Etat TVA facturée		74 070
		Créances litigeuses ou douteuses		
		Suivant constatation de la perte sur une créance douteuse		

2.4- Dépréciations sur les comptes de trésorerie-actif

Les dépréciations sur comptes de trésorerie-actif concernent les titres de placement, des titres et valeurs à encaissées, des comptes de banques, des comptes des établissements financiers et assimilés et des comptes d'instruments de monnaie électronique. Ces comptes sont évalués à la clôture de chaque exercice. Le calcul des charges pour dépréciation sur les titres de placement obéit aux mêmes règles que les titres de participation. Cependant, leur comptabilisation diffère.

2.4.1- Principe

Les titres de placement sont évalués à la valeur actuelle déterminée en tenant compte du cours moyen du mois de décembre pour les titres cotés et la valeur actuelle (valeur probable de négociation) pour les titres non cotés.

Pour les titres de placement en hausse, aucune constatation comptable n'est à faire. Par ailleurs, la compensation entre plus-value et moins-value de titres n'est pas admise. Pour les autres comptes de trésorerie, seules les moins-values constatées en fin d'exercice, conduisent à la constatation des charges pour dépréciations sur lesdits comptes

2.4.2 – Ecritures comptables

Lorsque l'entité constate les charges pour dépréciations annuelles, on passe l'écriture suivante :

679./ 853		Charge pour dépréciations pour risques à court terme/ Dotations aux dépréciations HAO	X	
	59.	Dépréciations pour risques à court terme		X

Lorsque l'entité annule (reprise) la dépréciation antérieure, on passe l'écriture suivante :

59.		Dépréciations pours risques à court terme	X	
	779./863	Reprises de charges pour dépréciations pour risques à CT/Reprises de charges pour dépréciations HAO		X

Exercice 5 :

Au 31/12/2023, le Projet GOULBOT, a constatés les moins-values sur ses comptes de trésorerie suivants : titres de placement 800 000 F CFA, valeurs à encaissées 1 200 000 F CFA, banques 300 000 FCFA. Par ailleurs, les charges pour dépréciations enregistrées au 31/12/2022 pour les mêmes comptes sont les suivantes : titres de placement 500 000 F CFA, valeurs à encaissées 900 000 F CFA, banques 600 000 FCFA.

Travail-à-faire : procéder à tous les enregistrements nécessaires de ces informations au 31/12/2023.

Corrigé de l'exercice 5 :

Procédons à l'enregistrements de toutes les écritures nécessaires de ces informations au 31/12/2023 :

		31/12/2023		
679		Charge pour dépréciations pour risques à court terme	2 300 000	
	590	Dépréciations des titres de placements		800 000
	591	Dépréciation des valeurs à encaisser		1 200 000
	592	Dépréciations des comptes banques		300 000
		Suivant charges pour dépréciation de l'exercice		
		D°		
590		Dépréciations des titres de placements	500 000	
591		Dépréciation des valeurs à encaisser	900 000	
592		Dépréciations des comptes banques	600 000	
	779	Reprises de charges pour dépréciations Pour risques à court terme		2 000 000
		Suivant reprise de charges pour dépréciations antérieures		

3- PROVISIONS POUR RISQUES ET CHARGES

3.1- Dotations et charges pour provisions

A l'opposé à des dépréciations attachées à la perte de valeur d'un élément d'actif, les provisions sont un passif externe (dette) dont l'échéance ou le montant est incertain. Le terme « provision » désigne les provisions pour risques et charges. Les dotations aux provisions pour risques et charges à plus d'un an, sont inscrites dans un compte de dotations aux provisions, tant disque celles qui sont liées à un risque à moins d'un an, sont enregistrées au comptes charges pour provisions à court terme selon l'article 48 de l'AUDCIF. Ces provisions correspondent à des charges ou pertes prévisibles à la clôture de l'exercice, précises quant à leur nature, leur objet, mais incertaines quant à leur montant ou à leur réalisation prévisible à plus ou à moins d'un an.

- Lorsque l'entité constitue une provision sur un passif à long terme, il y a dotation pour provision et l'écriture à passer est la suivante :

1679/		Engagement auprès du donateur/		
6911/		Dotations aux provisions pour risques et charges d'exp/	X	
6971/		Dotations aux provisions pour risques et charges finan/		X
854		Dotations aux provisions pour risques et charges HAO		
	19.	Provisions pour risques et charges		

- Lorsque l'entité constitue une provision sur un passif à court terme, il y a charge pour provision et l'écriture à passer est la suivante :

6591/ 6791/ 854	 499 599	Charge pour provisions sur risque à court terme/ Charge pour provisions sur risques financier/ Charges pour provisions HAO Provisions pour risque à court terme Provisions pour risques et charges à court terme à Caractère financier	X	 X

3.2- Reprises de Dotations et charges pour provisions

La nature réversible des provisions pour risques et charges à la fin de l'exercice « n » entraine à la fin de l'exercice « n+1 » :

- soit une augmentation de provision, traitée comme une nouvelle dotation ou une nouvelle charge pour provision ;
- soit l'ouverture en classes 7 et 8, des comptes de reprises, destinés à annuler ou à réduire la provision existante.

Lorsque l'entité annule (reprise) la provision antérieure sur le passif à plus d'un an, on passe l'écriture suivante :

167 19.	 7911/ 7923/ 7971/ 864	Fonds provenant dons et legs Provisions pour risques et charges Reprises de provisions pour risques et charges d'exp/ Reprises de fonds provenant des dons et legs d'immo/ Reprises de provisions pour risques et charges finan/ Reprises de provisions pour risques et charges HAO	X	 X

Lorsque l'entité annule (reprise) la provision antérieure sur le passif à moins d'un an, on passe l'écriture suivante :

499 599	 7591/ 7791/ 864	Provisions pour risque à court terme Provisions pour risques et charges à court terme à Caractère financier Reprises de provisions sur risque à court terme/ Reprises de provisions sur risques financier/ Reprises de provisions pour risques et charges HAO	 X	 X

Exercice 6

L'association ASSOUMBOU a livré tardivement l'un de ses clients-usagers. Ce client lui a porté plainte et a exigé des dommages et intérêts. L'opération se passe au mois de juin 2023 et le jugement n'est pas encore rendu. Mais, le service comptable estime que le client aura raison et l'association ASSOUMBOU lui payera une somme de 5 000 000 F CFA. Le 05/09/2024, le jugement est rendu et l'association ASSOUMBOU doit verser une somme de 6 800 000 F CFA. Par ailleurs, au 31/12/2023, les engagements auprès des donateurs sont incertains pour 900 000 F CFA. Cependant, une valeur de 500 000 F CFA d'engagements auprès des donateurs a été assumée (dénouée).

Travail-à-faire : Passer l'écriture au 31/12/2023 ainsi que les écritures nécessaires 2024.

Corrigé de l'exercice 6 :

		31/12/2023		
6911		Dot. Aux provis. Pour risques et	5 000 000	
	191	charges		5 000 000
		Provisions pour litiges		
		Constatation de la dotation de la		
1679		provis.	900 000	
	192	D°		900 000
		Engagement auprès du donateur		
		Provisions pour charges sur legs et		
		dons		
6511		Constatation de la dotation annuelle	6 800 000	
	4712	sur provisions pour charges sur legs		6 800 000
		et dons		
		05/09/2024		
191		Clients-usagers	5 000 000	
	7911	Créditeurs divers		5 000 000
		Constatation des dommages à verser		
		31/12/2024		
		Provisions pour litiges		
167		Reprises de provisions pour risques et	500 000	
	7923	charges d'exploitation		500 000
		Annulation de la provision antérieure		
		D°		
		Fonds provenant des dons et legs		
		Reprises des fonds provenant des		
		DLI		
		Constatation du dénouement des		
		engagements des dons et legs d'immo		

Exercice 7

Dans une entité à but non lucratif, les pertes de change sur les comptes de trésorerie représentant environ 1% du chiffre d'affaires sont régulièrement constatées lors des travaux de fin d'exercice. Pour faire face aux éventuelles pertes de change sur ces comptes de trésorerie, une charge pour provisions sur risques financier est constituée à la fin de chaque année. Les chiffres d'affaires des exercices 2022, 2023, 2024, sont respectivement de 30 000 000 F CFA, 50 000 000 F CFA, 80 000 000 F CFA.

Travail-à-faire : passer toutes les écritures nécessaires sachant que la charge pour provisions sur risque constatée en 2023 a été reprise en 2024.

Corrigé de l'exercice 7 :

$$\textbf{\textit{charge pour provisions 2022}} = 30\,000\,000 \times 1\% = 300\,000\ F\ CFA$$
$$\textbf{\textit{charge pour provisions 2023}} = 50\,000\,000 \times 1\% = 500\,000\ F\ CFA$$
$$\textbf{\textit{charge pour provisions 2024}} = 80\,000\,000 \times 1\% = 800\,000\ F\ CFA$$

		31/12/2022		
6791		Charge pour provisions sur risques financier	300 000	
	599	Provisions pour risques et charges à Court terme à Caractère financier		300 000
		Suivant constatation de la charge pour provision sur risque financier annuelle		
		31/12/2023		
6791		Charge pour provisions sur risques financier	500 000	
	599	Provisions pour risques et charges à Court terme à Caractère financier		500 000
		Suivant constatation de la charge pour provision sur risque financier annuelle		
		31/12/2024		
599		Provisions pour risques et charges à court terme à Caractère financier	500 000	
	7791	Reprises de provisions sur risques Financier		500 000
		Suivant reprise de charges pour provisions antérieures		
		D°		
6791		Charge pour provisions sur risques financier	800 000	
	599	Provisions pour risques et charges à Court terme à Caractère financier		800 000
		Suivant constatation de la charge pour provision sur risque financier annuelle		

CHAPITRE 4

LES SORTIES DES IMMOBILISATIONS DE L'ACTIF DU BILAN

Les sorties des immobilisations de l'actif peuvent se faire selon quatre précédés qui sont :
- la cession ;
- l'échange ;
- la mise au rebut ;
- la destruction.

1. LA CESSION D'ELEMENTS D'ACTIF IMMOBILISE

Une cession des éléments d'actif est une vente d'immobilisations par une entité. Une cession est classée en activité ordinaire lorsqu'elle est faite par une entité à but non lucratif qui, du fait de son activité, renouvelle fréquemment ses immobilisations. La cession d'éléments d'actifs immobilisés peut être aussi hors activité ordinaire, lorsque l'entité à but non lucratif vend une immobilisation de manière non récurrente ou inhabituelle ou encore de manière exceptionnelle.

1.1- Traitement comptable de la cession

Le traitement comptable se fait en deux étapes à savoir : l'enregistrement du prix de cession et les écritures de fin d'exercice de ladite cession en distinguant les immobilisations incorporelles, corporelles et financières. Par ailleurs, le traitement de la cession est différent selon que l'immobilisation est amortissable ou non.

1.1.1- Les écritures du prix de la cession

Ces écritures s'enregistrent à la date de cession de l'immobilisation en tenant compte du caractère ordinaire ou non de cette cession. A la date de cession d'une immobilisation incorporelles, corporelle ou financière, on passe les écritures suivantes selon que la cession est faite au comptant ou à crédit dans une entité à but non lucratif :

Débit	Crédit	Libellé	Débit	Crédit
414/ 485/ 5.		Créances sur cessions courantes d'immobilisations Créances sur cession d'immobilisation HAO Comptes de trésorerie	X	
	443	Etat, TVA facturée		X
	7588/ 82/	Autres produits divers Produits des cessions d'immobilisations HAO		X
		Constatation du prix de cession (facture de vente)		
632		Rémunérations d'intermédiaire et de conseils	X	
	5.	Comptes de trésorerie		X
		Règlement des frais de cession		

N.B : La deuxième écriture est une éventualité. Car, toutes les ventes d'immobilisations ne sont pas assorties des frais de cession.

Exercice 1

Au cours de l'année 2023, l'entité à but non lucratif projet ZUPA a vendu les immobilisations suivantes :

- Un brevet de 10 000 000 F CFA HT à crédit le 25 février ;
- Un terrain nu de 40 000 000 F FCA par virement bancaire le 03 juin ;
- Des titres de participations de 65 000 000 F CFA à crédit le 16 octobre.

Travail-à-faire : passer toutes les écritures nécessaires sachant que les ventes de brevet et de terrain sont non récurrentes.

Corrigé de l'exercice 1 :

Débit	Crédit	Libellé	Débit	Crédit
		25/02/2023		
485		Créances sur cession d'immob. HAO	11925 000	
	443	Etat, TVA facturée		1 925 000
	821	Produits des C d'immob. Incor. HAO		10 000 000
		Constatation du prix de cession		
		03/06/2023		
521		Banque	40 000 000	
	822	Produits des C d'immob. cor. HAO		40 000 000
		Constatation du prix de cession		
		16/10/2023		
414		Créances sur cession	65 000 000	
	7588	d'immobilisation		65 000 000
		Autres produits divers		
		Constatation de la cession		

1.1.2- Les écritures de cession en fin d'exercice

Ces écritures sont différentes selon qu'il s'agit d'une immobilisation non amortissable, d'une immobilisation amortissable ou d'une immobilisation financière.

1.1.2.1- Le traitement de la cession d'immobilisations non amortissables ou opérations assimilées en fin d'exercice : sortie d'immobilisations en fin d'exercice

Lorsque la cession concerne une immobilisation non amortissable (incorporelle, corporelle ou financière), en fin d'exercice, on passe l'écriture suivante pour l'annulation de la valeur d'origine :

16.		Fonds affectés aux investissements (comptes : 162, 163 et 164)		
658/81		Charges diverses/Valeurs comptable de cession d'immobilisations	X	
	2.	Comptes d'immobilisations non amortissables		X
		Sortie d'immobilisations non amortissables du patrimoine de l'entité		

Si une dépréciation avait été constituée pour les immobilisations incorporelles, corporelles ou financières, elle doit être annulée par l'écriture suivante :

172/		Donations et legs non reçus d'immobilisations D à la vente	X	
29.		Dépréciations des immobilisations		X
	79./863	Reprises de dépréciation/Reprises de dépréciations HAO		
		Annulation de la dépréciation antérieure		

Lorsque le bailleur remet gratuitement l'immobilisation à l'entité à la fin du projet, l'écriture suivante doit être passée :

16.		Fonds affectés aux investissements (comptes : 162, 163 et 164)	X	
	2.	Comptes d'immobilisations non amortissables		X
		Sortie d'immobilisations non amortissables du patrimoine de l'entité par remise gratuite par le bailleur		

Lors de la restitution de l'immobilisation au bailleur à la fin du projet, ou en cas de vol (destruction, mise au rebut…), l'écriture suivante doit être passée :

16.		Fonds affectés aux investissements (comptes : 162, 163 et 164)	X	
	2.	Comptes d'immobilisations non amortissables		X
		Sortie d'immobilisations non amortissables du patrimoine de l'entité par restitution au bailleur ou en cas de vol (…)		

Exercice 2

Au 31/12/2023, on vous demande de passer les écritures de sortie du brevet, du terrain nu et des titres de participation qui ont été vendus au cours de l'année 2023, par l'entité à but non lucratif projet ZUPA (exercice 1), sachant que ces immobilisations avaient été acquises aux coûts respectifs de 5 000 000 F CFA HT, 20 000 000 F CFA et 30 000 000 F CFA. Par ailleurs, le vol d'un matériel destiné à la vente provenant d'un don d'un bailleur de fonds de l'entité projet ZUPA d'une valeur de 4 000 000 F CFA, a été constaté en fin d'exercice et une dépréciation d'une valeur de 2 000 000 F CFA sur les titres de participation, avait été constatée au 31/12/2022.

Corrigé de l'exercice 2 :

		31/12/2023		
811		Valeur comptable de cession d'immobilisations incorporelles	5 000 000	
	2121	Brevets		5 000 000
		Constatation de la sortie du brevet du Patrimoine de l'entité		
		D°		
812		Valeur comptable de cession d'immobilisations corporelles	20 000 000	20 000 000
	222	Terrains nus		
		Constatation de la sortie du brevet du patrimoine de l'entité		
		D°		
816		Valeur comptable de cession d'immobilisations financières	30 000 000	30 000 000
	26	Titres de participation		
		Constatation de la sortie des titres de participation du patrimoine de l'entité		
		D°		
162		FA au PD-bailleurs de fonds	4 000 000	
	204	Matériels destinés à la vente Provenant des dons		4 000 000
		Constatation du vol du M en fin d'exercice		
296		Dépréciation des titres de participations	2 000 000	
	797	Reprises de dépréciations des Immobilisations financières		2 000 000
		Annulation de la dépréciation antérieure sur titres de participation		

1.1.2.2- Le traitement de la cession d'immobilisations amortissables en fin d'exercice

La cession d'une immobilisation amortissable peut générer une plus ou moins-value à l'entité à but non lucratif. A cet, les traitements suivants doivent être effectués en fin d'exercice :

- Détermination des amortissements antérieurs (AA) pour la période allant de la date de mise en service jusqu'à la fin d'année précédant celle de l'année de cession ;
- La détermination des amortissements complémentaires (AC) pour la période écoulée entre le début de l'exercice de l'année de cession jusqu'à la date de cession de l'immobilisation ;
- Le calcul du cumul des amortissements de l'immobilisation cédé (AA + AC) ;
- La détermination de la valeur nette comptable (VNC) du bien cédé : VCN= Vo - $\sum$A.

Au terme de ces opérations, les écritures suivantes doivent être passées :

Lorsque l'entité constate les amortissements complémentaires, on passe l'écriture suivante :

68./85.	28.	Dotations aux amortissements/ Dotations HAO Amortissements Constatations de l'amortissement complémentaire	AC	AC

Lorsque l'entité annule le total des amortissements (AA+AC) et constate la sortie (VNC) de l'immobilisation cédée, on passe l'écriture suivante :

658/81. 28.	2.	Charges diverses/Valeurs comptable de cession d'immobilisations Amortissements Comptes d'immobilisations amortissables Annulation des amortissements et sortie de l'immobilisation amortissables du patrimoine de l'entité	VNC $\sum$A	V_0

Lorsque l'entité régularise la TVA, l'écriture à passer est la suivante :

7588/82.	444	Autres produits divers/Produits de cession d'immobilisations Etat, TVA due Régularisation de la TVA	TR	TR

NB : TVA à régulariser (à reverser) :

- L'exigibilité :

Selon l'article 145 du code général des impôts camerounais, « Lorsqu'un bien ayant fait l'objet d'une déduction, au titre des immobilisations, ne fait plus partie des actifs de l'entreprise par voie de cession avant la fin de la quatrième année à compter de son acquisition, et que cette cession n'est pas soumise à la Taxe sur la Valeur Ajoutée pour une raison quelconque, l'assujetti est redevable d'une fraction de la taxe antérieurement déduite. Cette fraction est égale au montant de la déduction, diminuée d'un cinquième par année ou fraction d'année depuis l'acquisition. »

- La liquidation :

La fraction de la TVA à reverser est égale au montant de la TVA déduite, diminuée d'un cinquième par année ou fraction d'année depuis l'acquisition.

La formule de détermination de cette fraction est la suivante :

Notons n : le nombre d'années depuis l'acquisition de l'immobilisation ;

TVA à reverser (TR) = TVA déduite – TVA déduite x (1/5) x n

Lorsque la cession dégage une plus-value et que l'entité souhaite là réinvestir, l'écriture à passer est la suivante :

851	152	Dotation aux provisions réglementées HAO Plus-value de cession à réinvestir Constatation de la plus-value à réinvestir	X	X

NB : plus-value = prix de cession – valeur nette comptable

Lorsque la plus-value est utilisée partiellement ou totalement, à la fin de l'exercice de cette plus-value et au rythme des amortissements de l'immobilisation en question, la reprise de la plus-value est constatée par l'écriture suivante :

152	861	Plus-value de cession à réinvestir Reprises de provisions réglementées HAO Constatation de la reprise de la plus-value à réinvestir	X	X

EXERCICE 3

Le 09/11/2019, une entité à but non lucratif a vendu occasionnellement une voiture pour un montant de 23 000 000 F CFA sans facturée la TVA. Ce véhicule avait été acheté le 21/07/2017 au prix de 42 000 000 F CFA HT. Il est amorti selon le mode constant au taux de 20%.

Travail-à-faire :

1- faire des calculs indispensables ;

2- Passer les écritures nécessaires.

Corrigé de l'exercice 3 :

1- Calculs indispensables :

Vo = 42 000 000 F CFA HT ; t = 20% ; PC = 23 000 000 F CFA HT ; n = 100/20 = 5 ans

- L'amortissement antérieur (AA)

Décompte : du 21/07/17 au 31/12/2018 = 18 mois

$$AA = \frac{\mathbf{42\ 000\ 000\ x20x18}}{\mathbf{1\ 200}} = 12\ 600\ 000$$

- L'amortissement complémentaire (AC)

Du 1er/01/2019 au 09/11/2019 = 11 mois.

$$AC = \frac{\mathbf{42\ 000\ 000\ x20x11}}{\mathbf{1\ 200}} = 7\ 700\ 000$$

- Somme des amortissements(∑A) et la valeur nette comptable (VNC)

∑A = AA + AC =12 600 000 + 7 700 000 = 20 300 000 ;

VNC = Vo - ∑A = 42 000 000 – 20 300 000 = 21 700 000

- Régularisation de la TVA

TVA à reverser (TR) = TVA déduite – TVA déduite x (1/5) x n

TVA à reverser (TR) = 42 000 000 x 19,25% – 42 000 000 x (1/5) x 3

TVA à reverser (TR) = 8 085 000 – 8 085 000 x (1/5) x 3 = 3 234 000

2- Les écritures comptables nécessaires :

		31/12/2023		
852		Dot. aux amortissements HAO	7 700 000	
	2845	Amort. du matériel de transport		7 700 000
		Constata. de la dotation		
		complémentaire		
812		05/09/2024	21 700 000	
2845		VNC de cession d'immob.	20 300 000	
	245	corporelles		42 000 000
		Amort. du matériel de transport		
		Matériel de transport		
		Annulation des amortissements et		
		sortie de l'immobilisation		
822		amortissables du patrimoine de	3 234 000	
	444	l'entité		3 234 000
		31/12/2024		
		Produits de cession d'immob.		
		corporelle		
		Etat, TVA due		
		Régularisation de la TVA		

EXERCICE 4

Dans l'entité à but non lucratif SOMBO, un matériel de transport automobile de 12 000 000 F CFA HT, acquis le 02/01/2020 et amorti au taux constant de 15% est cédé le 30/09/2022 au prix de 11 050 000 F CFA HT. L'entité à but non lucratif SOMBO, prend l'engagement de réinvestir la plus-value. A cet effet, elle acquiert le 02/01/2023 un matériel et mobilier de bureau de 15 000 000 F CFA HT, amortie au taux constant de 25%. Le taux de TVA est de 19,25%.

Travail-à-faire :

1- faire des calculs annexes ;

2- Passer les écritures nécessaires des années 2020, 2021 et 2022.

Solution de l'exercice 4

1- Calculs annexes :

Pour le matériel de transport automobile

Vo = 12 000 000 F CFA HT ; t = 15% ; PC = 23 000 000 F CFA HT ; n = 100/20 = 5 ans

- L'amortissement annuel constaté en 2020 et 2021

$$\textit{Amortissement annuel} = \frac{\mathbf{12\,000\,000\ x15x1}}{\mathbf{100}} = 1\,800\,000$$

- L'amortissement complémentaire (AC)

Du 1er/01/2022 au 30/09/2022 = 9 mois.

$$AC = \frac{\mathbf{12\,000\,000\ x15x9}}{\mathbf{1\,200}} = 1\,350\,000$$

- L'amortissement antérieur (AA)

Décompte : du 02/01/2020 au 31/12/2021 = 2 ans

$$AA = \frac{\mathbf{12\,000\,000\ x15x2}}{\mathbf{100}} = 3\,600\,000$$

- Somme des amortissements(∑A) et la valeur nette comptable (VNC)

∑A = AA + AC =3 600 000 + 1 350 000 = 4 950 000 ;

VNC = Vo - ∑A = 12 000 000 – 4 950 000 = 7 050 000

- Calcul de la plus-value à réinvestir : Plus-value à réinvestir = PC – VNC

Plus-value à réinvestir = 11 050 000 – 7 050 000 = 4 000 000

Pour le matériel et mobilier de bureau

- L'amortissement annuel constaté en 2023

$$\textit{Amortissement annuel} = \frac{\mathbf{15\,000\,000\ x25x1}}{\mathbf{100}} = 3\,750\,000$$

- Calcul de la reprise de la plus-value à réinvestir au 31/12/2024

Reprise de la Plus-value à réinvestir = plus-value à réinvestir x taux d'amort.

Plus-value à réinvestir = 4 000 000 x 25% = 1 000 000

2- Ecritures nécessaires des années 2020, 2021 et 2022 :

Débit	Crédit	Libellé	Montant débit	Montant crédit
		02/01/2020		
2451		Matériel automobile	12 000 000	
445		Etat, TVA récupérable	2 310 000	
	4812	Fournisseurs d'immobilisations corp.		14 310 000
		Achat du matériel automobile		
		31/12/2020		
6813		Dotations aux amort. Des immo. Corp.	1 800 000	
	2845	Amortissement du matériel de transt.		1 800 000
		Dotation de l'exercice 2020		
		31/12/2021		
6813		Dotations aux amort. Des immo. Corp.	1 800 000	
	2845	Amortissement du matériel de transt.		1 800 000
		Dotation de l'exercice 2020		
		30/09/2022		
485		Créances sur cession d'immob. HAO	13 177 125	
	443	Etat, TVA facturée		2 127 125
	822	Produits des C d'immob. corp. HAO		11 050 000
		Constatation du prix de cession		
		31/12/2022		
6813		Dotations aux amort. Des immo. Corp.	1 350 000	
	2845	Amortissement du matériel de transt.		1 350 000
		Dotation de l'AC de l'exercice 2022		
		D°		
812		VNC de cession d'immob. corporelles	7 050 000	
2845		Amort. du matériel de transport	4 950 000	
	245	Matériel de transport		12 000 000

		Annulation des amortissements et sortie de l'immobilisation amortissables du patrimoine de l'entité		
851		D°		
		Dotation aux provisions réglementées HAO	4 000 000	
	152	Plus-value de cession à réinvestir		4 000 000
		Constatation de la plus-value à réinvestir		
2441		01/02/2023		
445		Matériel et mobilier de bureau		
		Etat, TVA récupérable		
	4812	Fournisseurs d'immobilisations corp.	15 000 000	
		Achat du matériel et mobilier de bureau	2 887 500	17 887 500
6813		31/12/2023		
		Dotations aux amort. Des immo. Corp.		
	2844	Amortissement du matériel et mobilier		
		Dotation de l'exercice 2023	3 750 000	3 750 000
152		D°		
		Plus-value de cession à réinvestir		
	861	Reprises de provisions réglementées HAO	1 000 000	1 000 000
		Constatation de la reprise de la plus-value à réinvestir		

2- COMPTABILISATION DE L'OPERATION D'ECHANGE D'IMMOBILISATION

L'opération d'échange consiste à remettre au fournisseur d'immobilisations encore appelé concessionnaire, une ancienne immobilisation pour prendre une nouvelle en payant la différence. Cette opération s'analyse comme une vente en ce qui concerne l'ancienne immobilisation et un achat d'immobilisation pour la nouvelle. La différence entre le prix de cession et la valeur d'origine de la nouvelle immobilisation est appelée soulte.

2.1- Traitement comptable de l'opération d'échange d'immobilisations en cours d'exercice

A la date de l'échange d'immobilisation, il y a lieu de constater l'entrée de la nouvelle immobilisation dans le patrimoine de l'entité par l'écriture suivante :

2. 445	 443 5./481 82.	Comptes d'immobilisations (coût d'achat de la nouvelle immo.) Etat, TVA récupérable (TVA du coût d'achat) Etat, TVA facturée (TVA de la valeur de reprise) Comptes de trésorerie/Fournisseurs d'investissements (soulte) Produits de cession d'immobilisations (valeur de reprise) Entrée de la nouvelle immobilisation	X X	 X X X

2.2- Le traitement de l'échange en fin d'exercice

Le traitement comptable de l'échange d'immobilisations en fin d'exercice, entraine un certain nombre de calculs lorsque cela est nécessaire. Ces calculs concernent la détermination des amortissements antérieurs (AA) et complémentaire (AC), le calcul du cumul des amortissements et de la valeur nette comptable.

Au terme de ces calculs, les écritures suivantes doivent être passées :

La constatation de l'amortissement complémentaire conduit à l'écriture suivante :

68./85.	 28.	Dotations aux amortissements/ Dotations HAO Amortissements Constatations de l'amortissement complémentaire	AC	 AC

L'annulation du total des amortissements (AA+AC) et la constatation de la sortie (VNC) de l'immobilisation échangée, entrainent l'écriture suivante :

658/81. 28.	2.	Charges diverses/Valeurs comptable de cession d'immobilisations Amortissements Comptes d'immobilisations amortissables Annulation des amortissements et sortie de l'immobilisation amortissables du patrimoine de l'entité	VNC ∑A	V_o

NB : lorsque l'échange d'immobilisations entraine la régularisation de la TVA et la plus-value à réinvestir, le traitement de ces deux opérations s'effectue de manière identique à celui réservé à la cession d'immobilisation.

Exercice d'application 5 :

Le 30/06/2022, une entité à but non lucratif achète un véhicule valant 60 000 000 F CFA HT en remettant au concessionnaire une voiture acquise à 40 000 000 F CFA et mise en service le 1er /04/2018 et régulièrement amorti au taux constant de 15%. L'ancienne voiture est reprise à sa valeur nette comptable. La différence entre la valeur de reprise et le montant de la nouvelle immobilisation est réglée par chèque bancaire.

Travail-à-faire :

1- Faire des calculs nécessaires ;

2- Passer toutes les écritures concernant cette opération d'échange pour l'année 2022.

Corrigé de l'exercice 5 :

1- Calculs nécessaires :

Date d'acquisition ancienne immobilisation : 1er/04/2018 ; date d'échange : 30/06/2022 ; Vo = 40 000 000 ; taux = 15%.

- L'amortissement antérieur (AA)

Décompte : du 1er/04/18 au 31/12/2021 = 45 mois

$$AA = \frac{\mathbf{40\ 000\ 000\ x15x45}}{\mathbf{1\ 200}} = 22\ 500\ 000$$

- L'amortissement complémentaire (AC)

Du 1er/01/2022 au 30/06/2022 = 6 mois.

$$AC = \frac{\mathbf{40\ 000\ 000\ x15x6}}{\mathbf{1\ 200}} = 3\ 000\ 000$$

- Somme des amortissements(∑A) et la valeur nette comptable (VNC)

∑A = AA + AC =22 500 000 + 3 000 000 = 25 500 000 ;

VNC = Vo - ∑A = 40 000 000 – 25 500 000 = 14 500 000

- Soulte à régler par chèque

Soulte : coût d'achat TTC – valeur de reprise TTC

Soulte = (71 550 000) - (14 500 000 + 2 791 250) = 54 258 750

2- Les écritures comptables de l'année 2022 :

		30/06/2022		
245		Matériel de transport	60 000 000	
445		Etat, TVA récupérable	11 550 000	
	443	Etat, TVA facturée		2 791 250
	521	Banques		54 258 750
	822	Produits de cession d'immo. Corpor.		14 500 000
		Entrée de la nouvelle immobilisation		
		31/12/2022		
852		Dot. aux amortissements HAO	3 000 000	
	2845	Amort. du matériel de transport		3 000 000
		Constata. de la dotation complémentaire		
812		D°	14 500 000	
2845		VNC de cession d'immob.	25 500 000	
	245	corporelles		40 000 000
		Amort. du matériel de transport		
		Matériel de transport		
		Annulation des amortissements et sortie de l'immobilisation amortissables du patrimoine de l'entité		

3 – LA MISE AU REBUT DES IMMOBILISATIONS

Les pertes, vols ou l'obsolescence d'immobilisations se traduisent par les mises au rebut. Les cas suivants sont concernés par les mises au rebut :

- Mise au rebut d'une immobilisation encore amortissable ;
- Mise au rebut d'une immobilisation complètement amortie.

3.1 - Mise au rebut d'une immobilisation encore amortissable

Elle peut donner lieu à la récupération des pièces. Elle peut aussi être simple c'est-à-dire sans récupération des pièces.

3.1.1 – Mise au rebut pur et simple

La mise au rebut simple est la mise hors d'usage d'une immobilisation par une entité même lorsqu'elle n'est pas totalement amortie pour des raisons économiques de cette entité. A cet effet, quand la décision de mise au rebut de ce

bien est prise, le traitement comptable y afférant doit être effectué en fin d'exercice. Par conséquent, il faut calculer l'amortissement complémentaire ainsi que l'amortissement exceptionnel qui représente la VNC et passer les écritures nécessaires.
Lorsque l'immobilisation n'était pas encore totalement amortie, l'entité constate les amortissements complémentaires (AC) et exceptionnels (AE) par l'écriture suivante :

68.		Dotations aux amortissements	AC	
85.		Dotations HAO	AE	
	28.	Amortissements		AC+AC
		Constatations de l'AC et l'AE		

Lorsque l'entité annule le total des amortissements (AA+AC+AE), ce qui représente également la sortie de l'immobilisation cédée, on passe l'écriture suivante :

28.		Comptes d'amortissements	V_o	
	2.	Comptes d'immobilisations amortissables		V_o
		Annulation du total des amortissements (sortie de l'immobilisation amortissables du patrimoine de l'entité)		

NB : lorsque la mise au rebut concerne une immobilisation qui n'est pas encore totalement amortie et qui n'a pas fait quatre années d'exploitation en entité, le traitement de la régularisation de la TVA de cette immobilisation s'effectue de manière identique à celui réservé à la cession d'immobilisation.

Exercice 6

Un matériel de bureau d'une valeur de 2 000 000 F CFA de l'entité à but non lucratif SOURCA, est tombé en panne le 15/03/2020. Elle a décidé de le mettre au rebut le même jour. Cependant, ledit matériel avait été acquis le 10/01/2018 et est amortis au taux linéaire de 20%.

Travail-à-faire : faire le traitement comptable nécessaire de cette mise au rebut.

Corrigé de l'exercice 6 :

Calculs indispensables :

Vo = 2 000 000 F CFA ; t = 20% ; n = 100/20 = 5 ans

- L'amortissement complémentaire (AC)

Du 1er/01/2020 au 15/03/2020 = 03 mois.

$$AC = \frac{\mathbf{2\ 000\ 000\ x20x3}}{\mathbf{1\ 200}} = 100\ 000$$

- L'amortissement antérieur (AA)

Décompte : du 10/01/18 au 31/12/2019 = 2 ans

$$AA = \frac{\mathbf{2\ 000\ 000\ x20x2}}{\mathbf{100}} = 800\,000$$

- Somme des amortissements(∑A) et la valeur nette comptable (VNC)

∑A = AA + AC =800 000 + 100 000 = 900 000 ;

AE = VNC = Vo - ∑A = 2 000 000 – 900 000 = 1 100 000

Les écritures comptables nécessaires :

		31/12/2020		
6813		Dotations aux amort. Des immo. Corp.	100 000	
852		Dot. aux amortissements HAO	1 100 000	
	2844	Amort. du matériel de bureau		1 200 000
		Constata. de la dotation complémentaire et exceptionnelle		
		D°		
2844		Amortissement du matériel de bureau	2 000 000	
	2441	Matériel de bureau		2 000 000
		Annulation des amortissements (sortie de l'immobilisation amortissables du patrimoine de l'entité)		

3.1.2 – Mise au rebut avec récupération des pièces

Les pièces récupérées peuvent être stockées et ensuite vendues ou non. La mise au rebut avec récupération des pièces est considérée comme une cession d'immobilisation. Dans ce cas, il n'y a pas lieu de doter l'amortissement exceptionnel.

Lorsque l'entité constate les amortissements complémentaires, on passe l'écriture suivante :

68./85.		Dotations aux amortissements/ Dotations HAO	AC	
	28.	Amortissements		AC
		Constatations de l'amortissement complémentaire		

Lorsque l'entité annule le total des amortissements (AA+AC) et constate la sortie (VNC) de l'immobilisation cédée, on passe l'écriture suivante :

658/81. 28.	 2.	Charges diverses/Valeurs comptable de cession d'immobilisations Amortissements Comptes d'immobilisations amortissables Annulation des amortissements et sortie de l'immobilisation amortissables du patrimoine de l'entité	VNC $\sum A$	 V_0

Lorsque l'entité constate l'entrée en stock des pièces récupérées, l'écriture à passer est la suivante :

378	 6034	Stocks provenant d'immobilisations mise hors service au rebut Variations des stocks d'autres approvisionnements Constatation de l'entrée en stock des pièces récupérées	X	 X

Lorsque l'entité sort en stock des pièces récupérées, l'écriture à passer est la suivante :

6034	 378	Variations des stocks d'autres approvisionnements Stocks provenant d'immobilisations mise hors service au rebut Constatation de la sortie en stock des pièces récupérées	X	 X

A la date de cession des pièces récupérées, on passe l'écritures suivantes selon que la cession est faite au comptant ou à crédit dans une entité à but non lucratif :

414/ 485/ 5.	 443 7588/ 82/	Créances sur cessions courantes d'immobilisations Créances sur cession d'immobilisation HAO Comptes de trésorerie Etat, TVA facturée Autres produits divers Produits des cessions d'immobilisations HAO Constatation du prix de cession des pièces récupérées	 X	 X

NB : lorsque la mise au rebut avec récupération des pièces concerne une immobilisation qui n'est pas encore totalement amortie et qui n'a pas fait quatre années d'exploitation en entité, le traitement de la régularisation de la TVA de cette immobilisation s'effectue de manière identique à celui réservé à la cession d'immobilisation.

Exercice 7

Un matériel de bureau d'une valeur de 2 000 000 F CFA de l'entité à but non lucratif SOURCA, est tombé en panne le 15/03/2020. Elle a décidé de le mettre au rebut le même jour. Cependant, ledit matériel avait été acquis le 10/01/2018 et

est amortis au taux linéaire de 20%. Cependant, l'entité à but lucratif SOURCA a récupéré des pièces d'une valeur de 800 000 F CFA et les a vendus le 23/01/2021.
Travail-à-faire : faire le traitement comptable nécessaire de cette mise au rebut.

Solution de l'exercice 7

Calculs indispensables :

Vo = 2 000 000 F CFA ; t = 20% ; n = 100/20 = 5 ans

- L'amortissement complémentaire (AC)

Du 1er/01/2020 au 15/03/2020 = 03 mois.

$$AC = \frac{\mathbf{2\ 000\ 000\ x20x3}}{\mathbf{1\ 200}} = 100\,000$$

- L'amortissement antérieur (AA)

Décompte : du 10/01/18 au 31/12/2019 = 2 ans

$$AA = \frac{\mathbf{2\ 000\ 000\ x20x2}}{\mathbf{100}} = 800\,000$$

- Somme des amortissements(∑A) et la valeur nette comptable (VNC)

∑A = AA + AC =800 000 + 100 000 = 900 000 ;

VNC = Vo - ∑A = 2 000 000 – 900 000 = 1 100 000

Les écritures comptables nécessaires :

		31/12/2020		
6813		Dotations aux amort. Des immo.	100 000	
	2844	Corp.		100 000
		Amort. du matériel de bureau		
		Constata. de la dotation		
812		complémentaire	1 100 000	
2844				
	2441	D°	900 000	
		VNC de cession d'immob.		2 000 000
		corporelles		
		Amort. du matériel de bureau		
		Matériel de bureau		
378		Annulation des amortissements et		
	6034	sortie de l'immobilisation	800 000	
		amortissables du patrimoine de		800 000
		l'entité		
6034		D°		
	378			
		Stocks provenant d'immo. mise H. S.	800 000	
		Variations des stocks d'autres approv.		800 000
		Consta. de l'entrée en stock des P.R.		

485		23/01/2021		
	822	Variations des stocks d'autres approv.	800 000	
		Stocks provenant d'immo. mise H. S.		800 000
		Consta. de la sortie en stock des P.R.		
		D°		
		Créances sur cession d'immo. HAO		
		Produits des cessions d'immo. Corp.		
		Constatation du prix de cession des pièces récupérées		

3.2 – Mise au rebut d'une immobilisation complètement amortie ou arrivée au terme du projet

Lorsqu'un bien de l'actif est totalement amorti, il peut encore être utile dans l'entité pour un certain temps. Cependant, dès que la décision de mise au rebut est prise, il n 'y a lieu de passer une seule écriture de sortie de cette immobilisation du patrimoine de l'entité. Cette écriture est la suivante :

28.		Comptes d'amortissements	V_0	
	2.	Comptes d'immobilisations amortissables		V_0
		Annulation du total des amortissements (sortie de l'immobilisation amortissables du patrimoine de l'entité)		

Lorsque le bailleur remet gratuitement l'immobilisation à l'entité à la fin du projet, l'écriture suivante doit être passée :

16.		Fonds affectés aux investissements (comptes : 162, 163 et 164)	X	
	2.	Comptes d'immobilisations non amortissables		X
		Sortie d'immobilisations amortissables du patrimoine de l'entité par remise gratuite par le bailleur		

Lors de la restitution de l'immobilisation au bailleur à la fin du projet, l'écriture suivante doit être passée :

16.		Fonds affectés aux investissements (comptes : 162, 163 et 164)	X	
	2.	Comptes d'immobilisations non amortissables		X
		Sortie d'immobilisations amortissables du patrimoine de l'entité par restitution au bailleur		

Exercice 8

Dans la balance de l'association ASUSA au 31/12/2024, figure un matériel informatique achetée le 10 janvier 2019 à 5 000 000 F donc la durée d'utilisation était de 4 ans. L'association ASUSA décide de mettre ce matériel hors d'usage.

Travail-à-faire : Passer l'écriture qui s'impose au 31/12/2024.

Corrigé de l'exercice 8 :

		31/12/2024		
2844		Amortissement du matériel informatique	5 000 000	
	2442	Matériel informatique		5 000 000
		Sortie de l'immobilisation amortissables du patrimoine de l'entité		

4- LA DESTRUCTION D'IMMOBILISATIONS

La destruction d'immobilisation constitue la perte de cette immobilisation par accident ou autres incidents assimilés. Le traitement comptable distingue deux cas à savoir, le cas d'une immobilisation assurée et le cas d'une immobilisation non assurée.

4.1 – Destruction d'une immobilisation non assurée

Lorsqu'une immobilisation est détruite et qu'elle n'est pas assurée, son traitement comptable est identique à celui d'une mise au rebut simple pour une immobilisation qui n'était pas totalement amortie. D'où le traitement suivant :

- L'entité constate les amortissements complémentaires (AC) et exceptionnels (AE) par l'écriture suivante :

68.		Dotations aux amortissements	AC	
85.		Dotations HAO	AE	
	28.	Amortissements		AC+AC
		Constatations de l'AC et l'AE		

- L'entité annule le total des amortissements (AA+AC+AE), ce qui représente également la sortie de l'immobilisation cédée, on passe l'écriture suivante :

28.		Comptes d'amortissements	V_0	
	2.	Comptes d'immobilisations amortissables		V_0
		Annulation du total des amortissements (sortie de l'immobilisation amortissables du patrimoine de l'entité)		

Exercice 9

Le 10 mai 2024, un bus acquis et mis en service le 12 janvier 2018 à 240 000 000 F CFA par l'entité à but non lucratif PAMPAM, régulièrement amorti au taux de 10% est complètement détruit à la suite d'un accident sur la nationale camerounaise n°2.

Travail-à-faire : faire le traitement comptable de cette destruction.
Corrigé de l'exercice 9 :

- Calculs annexes

Vo = 240 000 000 ; n = 10 ans ; taux = 100/10 = 10%
Décompte pour AA : du 12/01/2018 au 31/12/2023 = 6 ans ;
Décompte pour AC : du 1er/01/2024 au 31/05/2024 = 5 mois ;

AA : $\frac{240\ 000\ 000x10x6}{100}$ = 144 000 000

AC : $\frac{240\ 000\ 000x10x5}{1200}$ = 10 000 000

AE : 240 000 000 – (10 000 000 + 144 000 000) = 86 000 000

- Les écritures comptables nécessaires :

		31/12/2020		
6813		Dotations aux amort. Des immo. Corp.	10 000 000	
852			86 000 000	
	2845	Dot. aux amortissements HAO		76 000 000
		Amort. du matériel de transport		
		Constata. de la dotation complémentaire et exceptionnelle		
		D°		
2845			240 000 000	
	2451	Amortissement du matériel de transport		240 000 000
		Matériel automobile		
		Annulation des amortissements (sortie de l'immobilisation amortissables du patrimoine de l'entité)		

4.2 – Destruction avec indemnisation d'une immobilisation assurée

Elle est considérée comme cession ; c'est pour cela que l'indemnité d'assurance est considérée comme le prix de cession. Cependant, si l'indemnité d'assurance est versée TTC, on déduit la TVA de cette indemnité sur l'immobilisation. D'où le traitement comptable suivant :

Lorsque l'entité constate les amortissements complémentaires, on passe l'écriture suivante :

68./85.		Dotations aux amortissements/ Dotations HAO	AC	
	28.	Amortissements		AC
		Constatations de l'amortissement complémentaire		

Lorsque l'entité annule le total des amortissements (AA+AC) et constate la sortie (VNC) de l'immobilisation cédée, on passe l'écriture suivante :

658/81. 28.	2.	Charges diverses/Valeurs comptable de cession d'immobilisations Amortissements Comptes d'immobilisations amortissables Annulation des amortissements et sortie de l'immobilisation amortissables du patrimoine de l'entité	VNC ∑A	V_o

A la date de la constatation de l'indemnité d'une immobilisation détruite, on passe l'écriture suivante selon que l'indemnité est versée au comptant ou enregistrée à crédit dans une entité à but non lucratif :

485/ 5.		Créances sur cession d'immobilisation HAO Comptes de trésorerie	X	
	443	Etat, TVA facturée		X
	82	Produits des cessions d'immobilisations HAO		X
		Constatation de l'indemnité		

Exercice 10

Le 04 juin 2020, un matériel industriel acquis et mis en service le 14 janvier 2017 à 200 000 000 F CFA, régulièrement amorti au taux de 20% est complètement détruit à la suite d'une mauvaise tension de l'électricité sur la ligne de l'entité à but non lucratif BOUMBA. Cependant, la compagnie d'assurance, après expertise, accepte de verser une indemnité de 100 000 000 F CFA à l'entité à but non lucratif BOUMBA.

Travail-à-faire : faire le traitement comptable relatif à cette destruction.

Corrigé de l'exercice 10 :

- Calculs annexes : Vo = 200 000 000 ; t = 20% ; n = 100/20 = 5 ans

Décompte pour AA : du 14/01/2017 au 31/12/2019 = 3 ans ;

Décompte pour AC : du 1er/01/2020 au 30/06/2020 = 6 mois

AA : $\frac{200\,000\,000x20x3}{100}$ = 120 000 000

AC : $\frac{200\,000\,000x20x6}{1200}$ = 20 000 000

VNC : 200 000 000 – (120 000 000 + 20 000 000) = 60 000 000

- **Passation des écritures**

		04/06/2020		
485		Créances sur cessions d'immobilisations	100 000 000	
	822	Produits de cessions d'immobilisation		100 000 000
		Const. Indemnité à recevoir de l'assurance		
		31/12/2020		
6813		Dotations aux amortis de l'immob. Corp.	20 000 000	
	2841	Amortissement. Matériel industriel		1 000 000
		Consta. De l'amort. Complémentaire		
		D°		
812		VC de cession d'immobilisation corp.	60 000 000	
2841		Amortissement du matériel industriel	140 000 000	
	2411	Matériel industriel		200 000 000
		Sortie du matériel du patrimoine		

CHAPITRE 5

LES TRAITEMENTS COMPTABLES DES REGULARISATION DES COMPTES DE GESTION ET DU BILAN

Dans le souci de rendre le résultat de l'exercice d'une entité à but non lucratif fidèle à son patrimoine, certains ajustements (ou régularisations) des comptes du bilan et de gestion doivent être effectués dans le respect du principe de spécialisation des exercices comptes. Car, ce principe prône l'indépendance des résultats de fin d'exercice. À cet effet, à chaque exercice sont rattachés les charges et les produits qui le concernent.

1- REGULARISATIONS DES STOCKS

En fin d'exercice, certaines situations conduisent à l'ajustement de certains comptes de stocks.

1.1- Biens liés à l'activité, marchandises, matières et autres approvisionnements reçus sans facture

L'inventaire physique peut indiquer un stock réel supérieur au solde du compte de stock. Cette situation peut se justifier par des biens liés à l'activité, des marchandises, matières ou autres approvisionnements qu'on a réceptionnés et dont les factures correspondantes ne sont pas encore parvenues dans l'entité. La régularisation consiste à mettre en harmonie le stock réel et le solde du compte de stock. Pour ce faire, on doit faire le traitement ci-après selon que l'entité pratique l'inventaire permanent ou l'inventaire intermittent :

- Lorsque l'entité pratique l'inventaire intermittent, on passe l'écriture suivante :

Chez le client :

60.		Comptes d'achats	X	
4455		Etat, TVA récupérable sur factures non parvenues	X	
	408	Fournisseurs, factures non parvenues		X
		Constatation des stocks sans factures		

Chez le fournisseur :

418		Adhérents, clients-usagers produits à recevoir	X	
	70.	Comptes de revenus	X	
	4435	Etat, TVA sur facture à établir		X
		Constatation des revenus à recevoir sans factures		

- Lorsque l'entité pratique l'inventaire permanent, on passe les deux écritures suivantes :

Chez le client

60. 4455	 408	Comptes d'achats Etat, TVA récupérable sur factures non parvenues Fournisseurs, factures non parvenues Constatation des stocks sans factures	X X	 X
3.	 603.	Comptes de stocks Variations des comptes de stocks Constatation de l'entrée en stocks des biens sans factures	X	 X

Chez le fournisseur :

418	 70. 4435	Adhérents, clients-usagers produits à recevoir Comptes de revenus Etat, TVA sur facture à établir Constatation des revenus à recevoir sans factures	X X	 X
603.	 3.	Variations des stocks Comptes de stocks Constatations de la sortie en stocks des biens sans factures		

Exercice 1

Un lot de biens liés à l'activité de 10 000 000 F CFA HT figure en stocks de l'entité à but non lucratif AMESAM au 31/12/2024. Cependant, la facture correspondante n'a pas encore été reçue. Par ailleurs, l'entité à but non lucratif AMESAM avait livré des marchandises au client-usager SORIOM le 15/11/2024 pour un montant de 5 000 000 F CFA HT ; ces marchandises avaient couté 3 500 000 F CFA. Au 31/12/2024, la facture n'est pas encore établie.

Travail-à-faire : Passer toutes les écritures de régularisation au 31/12/2024, de l'entité à but non lucratif AMESAM, sachant qu'elle pratique l'inventaire permanent.

Corrigé de l'exercice 1 :

Ecritures de régularisations au 31/12/2024 :

		31/12/2024		
601		Achat des biens liés à l'activité	10 000 000	
4455		Etat, TVA récupérable sur facture non Parvenues	1 925 000	11 925 000
	408	Fournisseurs, factures non parvenues		
		Constatation des stocks sans factures		
		D°		
311		Biens liés à l'activité	10 000 000	
	6031	Variations de de stocks des biens Liés à l'activité		10 000 000
		Constatation de l'entrée en stocks des biens sans factures		
		D°		
4182		Clients-usagers produits à recevoir	5 962 500	
	7051	Ventes de marchandises		5 000 000
	4435	Etat, TVA sur facture à établir		962 500
		Constatation des revenus sur vente de marchandises à recevoir sans factures		
		D°		
6032		Variations de stocks de marchandises	3 500 000	
	321	Marchandises		3 500 000
		Constatations de la sortie en stocks des marchandises sans factures		

1.2- Facture reçue sans biens liés à l'activité, marchandises, matières et autres approvisionnements

Il peut arriver qu'une entité à but non lucratif reçoive et comptabilise une facture relative à un achat d'articles et qu'à l'inventaire l'article concerné ne soit pas encore parvenu à l'entité. A cet effet, l'écriture suivante doit être passée :

37.		Stocks encours de route	X	
	603	Variations des stocks		X
		Constatation de la facture reçue sans article		

Lorsque que les stocks sont réceptionnés par l'entité, il faut passer l'écriture suivante :

603.		Variations des stocks	X	
	37.	Stocks encours de route		X
		Constatation de l'arrivée de l'article en stock		

Exercice 2

Le 25/12/2023, l'entité à but non lucratif EKOUZA a reçu la facture des matières premières de 2 000 000 F CFA HT, envoyé par l'entité BOSO. Mais, ces matières premières ne sont pas encore livrées. Elles ne le seront qu'au 06 janvier 2024.

Travail-à-faire : Passer les écritures de régularisation dans la comptabilité de l'entité à but non lucratif EKOUZA pour le 31/12/23 et le 06/01/2024.

Corrigé de l'exercice 2 :

Ecritures de régularisations :

		31/12/2023		
372		Matières premières encours de route	2 000 000	
	6033	Variations des stocks de MP		2 000 000
		Constatation de la facture reçue sans matières premières		
		06/01/2024		
6033		Variations des stocks de MP	2 000 000	
	372	Matières premières encours de route		2 000 000
		Constatation de l'arrivée des matières premières en stock		

1.3- Traitements comptables des stocks enfin de période ou d'exercice

1.3.1- Cas de l'inventaire intermittent

Pour l'ajustement des stocks à l'inventaire, il y a lieu d'annuler le stock initial et constater le stock final. Cela correspond à la passation des écritures suivantes :

603/		Variation de stock de biens achetés et reçus en dons en nature à distribuer/	X	
736/		Variations de stocks des biens produits/		
87		Variations de stocks de dons en nature HAO		
	3.	Comptes de stocks		X
		Pour solde (annulation) du stock initial		
3.		Comptes de stocks	X	
	603./	Variation de stock de biens achetés et reçus en Dons en nature à distribuer/		X
	736/	Variations de stocks des biens produits/		
	87	Variations de stocks de dons en nature HAO		
		Pour la constatation du stock final		

Exercice 3

Lors des travaux d'inventaire au 31/12/2024 dans l'entité à but non lucratif ECAP, la situation des stocks des biens liés à l'activité est la suivante :

- Stock initial : 12 000 000 F CFA ;
- Stock final : 16 000 000 F CFA.

Travail-à-faire : faire la régularisation des stocks des biens liés à l'activité de l'entité à but non lucratif ECAP, sachant l'entité pratique l'inventaire intermittent.

Corrigé de l'exercice 3 :

Ecritures de régularisations des stocks des biens liés à l'activité :

		31/12/2024		
6031		Variations des stocks des biens liés à l'activité	12 000 000	
	311	Biens liés à l'activité		12 000 000
		Annulation du stock initial des biens liés à l'activité		
		06/01/2024		
311		Biens liés à l'activité	16 000 000	
	6031	Variations des stocks des biens liés à L'activité		16 000 000
		Constatation du stock final des biens liés à l'activité		

1.3.2- Cas de l'inventaire permanent

Lorsque l'entité pratique l'inventaire permanent, à l'inventaire, le stock réel (SR) est déterminé de façon extracomptable et comparé au solde (comptable) du compte appelé stock théorique (ST).

Si le **SR > ST**, on passe l'écriture suivante :

3.		Comptes de stocks	X	
	603./	Variation de stock de biens achetés et reçus en Dons en nature à distribuer/		X
	736/	Variations de stocks des biens produits/		
	87	Variations de stocks de dons en nature HAO		
		Pour régularisation positive (SR-ST)		

Si le **SR < ST,** on passe l'écriture ci-après :

603/		Variation de stock de biens achetés et reçus en dons en nature à distribuer/	X	
736/		Variations de stocks des biens produits		
87		Variations de stocks de dons en nature HAO		X
	3.	Comptes de stocks		
		Pour régularisation négative (SR-ST)		

Exercice 4

Au 31/12/2023, les soldes des comptes de stocks des marchandises et des dons en nature HAO non affectés de l'entité à but non lucratif XOPA sont respectivement de 1 500 000 F CFA et 8 000 000 F CFA. Cependant, l'inventaire physique des stocks desdits stocks fait état de ce qui suit :

- Marchandises : 1 000 000 F CFA ;
- Dons en nature HAO non affectés : 8 700 000 F CFA.

Travail-à-faire : faire des régularisations nécessaires de ces stocks au 31/12/2023.

Corrigé de l'exercice 4 :

Ecritures de régularisations des stocks des marchandises et produits finis :

Régularisation des marchandises = SR – ST

= 1 000 000 – 1 500 000 = - 500 000

Régularisation des dons en nature HAO non affectés = SR – ST

= 8 700 000 – 8 000 000 = 700 000

		31/12/2023		
6032		Variations des stocks des marchandises	500 000	
	321	Marchandises		500 000
		Régularisation (diminution) des stocks des marchandises		
		D°		
381		Dons en nature HAO non affectés	700 000	
	871	Variations de dons en nature HAO		700 000
		Régularisation (augmentation) des stocks des dons HAO		

2- TRAITEMENTS COMPTABLES DES AJUSTEMENTS DES COMPTES DE CHARGES

En comptabilité et notamment pour ce qui est de la régularité et de la sincérité des données financières, les charges s'enregistrent sur la base des pièces justificatives ; c'est pourquoi les charges constatées par un document de base, sont enregistrées à la date de ce dernier même si elles ne concernent pas l'exercice en cours. Cependant, le postulat de l'indépendance des exercices comptables impose que les charges soient rattachées à l'exercice auquel elles correspondent. Le respect de ce principe conduira inévitablement, en fin d'exercice, à des réajustements des comptes de charges.

2.1- Charges constatées d'avances

Ce sont des charges enregistrées au cours de l'exercice qui s'achève mais qui concernent en partie ou en totalité l'exercice ou les exercices suivants. Il est normal de les retrancher des charges de l'exercice qui s'achève pour leur montant hors taxes. Pour ce faire, on débite le compte 476 « Charges constatées d'avance. », par le crédit du compte de charges concernées du montant Hors taxes. Cette écriture se matérialise au journal comme suit :

476	6.	Charges constatées d'avance Comptes de charges Suivant état d'inventaire des charges	X	X

NB : Cette écriture devra être contre-passée au début de l'exercice suivant pour que cet exercice supporte la charge correspondante.

Exercice 5

Le 1er septembre 2021, l'entité à but lucratif APO à réglé une prime annuelle d'assurance de 1 500 000 F CFA dont l'effet couvre la période du 01/09/2021 au 31/08/2022 à minuit.

Travail-à-faire : Passez l'écriture du 31/12/2021 au journal de l'entité à but non lucratif 2021.

Corrigé de l'exercice 5 :

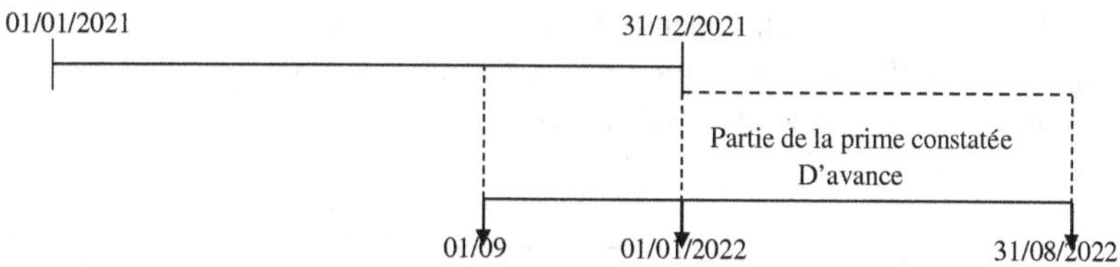

La partie de la prime constatée d'avance va du 01/01/2022 au 31/08/2022, soit 08 mois.

Calcul du montant de la charge constatée d'avance :

$$Régularisation = 1\ 500\ 000x\frac{8}{12} = 1\ 000\ 000\ F$$

		31/12/2022		
476		Charges constatées d'avance	1 000 000	
	625	Primes d'assurances		1 000 000
		Suivant état d'inventaire des assurances		

2.2- Charges à payer

Ce sont des charges qui ont leur origine dans l'exercice, mais pour lesquelles les documents justificatifs ne sont pas parvenus à l'entité à but non lucratif à la date de l'inventaire. Ces charges sont enregistrées dans les comptes de charges appropriés par le crédit d'un compte de tiers divisionnaire se terminant par 8 : 408 « Fournisseurs, factures non parvenues » ; 428 « Personnel, charges à payer et produits à recevoir » ; 438 « Organismes sociaux, charges à payer et produits à recevoir » ;448 « Etat, charges à payer et produits à recevoir ». D'où l'écriture suivante :

6. 445	 408/ 428/ 438/ 448	Comptes de charges Etat, TVA récupérable Fournisseurs, factures non parvenues/ Personnel, charges à payer et produits à recevoir/ Organismes sociaux, charges à payer et produits à Recevoir/ Etat, charges à payer et produits à recevoir Suivant état d'inventaire des charges à payer	X	 X

NB : Au début de l'exercice suivant, il y a lieu de contre-passer les écritures constatant les charges à payer à la fin de l'exercice précédent. Mais, lorsque les documents justificatifs de ces charges parviennent à l'entité à but non lucratif, il faut immédiatement enregistrer l'écriture normale.

Exercice 6

Le 27 novembre 2022, les congés annuels de cinq employés de l'entité à but non lucratif KAPO ont pris fin. Cependant, l'entité à but lucratif KAPO a payés ces congés le 12 février 2023 par virement bancaires de 2 500 000 F CFA.

Travail-à-faire : Passez toutes les écritures relatives à ces congés au 31/12/2022 et pour l'année 2023.

Corrigé de l'exercice 6 :

		31/12/2022		
6613		Congés payés	2 500 000	
	4281	Personnel congés à payer		2 500 000
		Constatations des congés à payer		
		01/01/2023		
4281		Personnel congés à payer	2 500 000	
	6613	Congés payés		2 500 000
		Annulation de l'écriture des congés à payer		
		D°		
6613		Congés payés	2 500 000	
	4281	Banques		2 500 000
		Règlement des congés annuels		

2.3- Cas spécifiques de charges à payer

2.3.1- Rabais, remise et ristourne à accorder

Les rabais, remises et les ristournes accordés aux clients-usagers en fin d'exercice sur le chiffre d'affaires annuel doivent être enregistrés même si l'avoir n'est pas établi. On débite le sous-compte intéressé du compte 70 (705, 706, 707) par le crédit du compte 4198 « clients-usagers, Rabais, remises, ristournes et autres avoirs à accorder », pour le montant hors taxes. D'où l'écriture suivante :

705/ 706/ 707/ 708 445	 4198	Ventes de marchandises, services et produits finis Revenus des manifestations Produits accessoires Autres revenus Etat, TVA récupérable Clients-usagers, Rabais, remises, ristournes et Autres avoirs à accorder Suivant état d'inventaire des RRR à accorder	 X X	 X

NB : Au début de l'exercice suivant, il y a lieu de contre-passer l'écriture constatant les RRR à accorder à la fin de l'exercice précédent. Mais, lorsque l'avoir est établi et envoyé aux clients-usagers par l'entité à but non lucratif, il faut immédiatement enregistrer l'écriture normale.

Exercice 7

L'entité à but non lucratif ATRA a réalisé un chiffre d'affaires de 75 000 000 F CFA HT, sur les marchandises en 2021 avec le client-usager le VIBREUR. Une ristourne de 1% doit lui être accordée mais l'avoir n'est pas encore établi.

Travail à faire : Calculer et enregistrez cette ristourne au 31/12/2021 et au 01/01/2022.

Corrigé de l'exercice 7 :

Ecritures de régularisations des RRR :

Ristourne annuelle = 75 000 000 x 1% = 750 000

		31/12/2021		
7051		Ventes des marchandises	750 000	
	4198	Clients-usagers, Rabais, remises, Ristournes et autres avoirs à accorder		750 000
		Régularisation de la ristourne à accorder		
		01/01/2022		
4198		Clients-usagers, Rabais, remises, Ristournes et autres avoirs à accorder	750 000	
	7051	Ventes des marchandises		750 000
		Annulation de l'écriture précédente en début d'année		

2.3.2- Intérêts à payer sur emprunts et dettes financières

Les intérêts des emprunts et dettes étant généralement payables à terme échu, doivent faire l'objet d'une régularisation à l'inventaire. Ils sont calculés sur le capital non remboursé pour la période allant du dernier remboursement à la date de l'inventaire. La charge est enregistrée au débit du compte 67 par le crédit du compte :

186, « Intérêts courus sur emprunts et dettes assimilées » ;

1876, « Intérêts courus sur dettes de locations-acquisitions » ;

4086, « Intérêts courus sur fournisseurs »

45. « Intérêts courus sur comptes courants » ;
506, « Intérêts courus sur titres de placement » ;
566, « Intérêts courus sur Banques, crédits de trésorerie ».
D'où l'écriture suivante au journal :

67.		Comptes d'intérêts correspondants	X	
	186/	Intérêts courus sur emprunts et dettes assimilées		
	1876/	Intérêts courus sur dettes de locations-acquisitions		
	4086/	Intérêts courus sur fournisseurs		X
	45./	Intérêts courus sur comptes courants		
	506/	Intérêts courus sur titres de placement		
	566	Intérêts courus sur Banques, crédits de trésorerie		
		Suivant régularisation des intérêts à payer		

NB : Au début de l'exercice suivant, il y a lieu de contre-passer l'écriture constatant les intérêts à payer à la fin de l'exercice précédent. Mais, lorsque le payement des intérêts est effectué par l'entité à but non lucratif, il faut immédiatement enregistrer l'écriture normale.

Exercice 8

Le 1er Août 2020, l'entité à but non lucratif KOSA a contracté un emprunt de 50 000 000 F CFA à 15% l'an. Les intérêts sont payables le 31 juillet de chaque année.

Travail-à-faire : calculez les intérêts courus au 31/12/20 et passez l'écriture de régularisation correspondante au journal.

Corrigé de l'exercice 8 :

- Calcul des intérêts

Décompte sur des intérêts courus : du 1er/08/2020 au 31/12/2020 = 5 ans

$$Intérêts\ courus = 50\,000\,000\ x\ \frac{15}{100}\ x\ \frac{5}{12} = 3\,125\,000$$

- **Ecritures de régularisations des intérêts courus :**

		31/12/2020		
6712		Intérêts des emprunts des ETS de crédit	3 125 000	
	186	Intérêts courus sur emprunts		3 125 000
		Régularisation des intérêts courus		

Exercice 9

Au 31/12/2021, le service comptable de l'entité à but non lucratif ARCA, vous fournit les renseignements suivants, en vue de la régularisation des comptes de charges :

- Le 20/12/2021, l'entité à but non lucratif a payé et enregistré le loyer des bâtiments du premier trimestre 2022 pour un montant de 500 000 F CFA par mois ;
- Le 1/11/2021, l'entité à but non lucratif a payé l'abonnement d'internet d'un an, d'un montant 600 000 F CFA ;
- L'entité à but non lucratif a obtenu un emprunt de 50 000 000 F le 1/06/2021. Les intérêts de 12% l'an seront payés le 1/06/2022 avec le remboursement de 25% du capital ;
- Les factures d'avoir relatives aux ristournes du 2ème semestre 2021 sur les ventes des produits finis, à adresser aux clients-usagers, ne sont pas encore établies. Le chiffre d'affaires correspondant est de 200 000 000 F CFA HT pour un taux de ristourne de 1%, TVA 19,25% ;
- Le 1/09/2021, une prime d'assurance annuelle de 600 000 F a été réglé couvrant la période du 1/09/2021 au 31/08/2022 ;
- La facture de transport de personnel du mois de décembre 2021 n'est pas encore parvenue à l'entité, son montant est estimé à 1 800 000 F CFA.

Travail-à-faire : après les calculs nécessaires, passer les écritures de régularisations nécessaires au journal de l'entité à but non lucratif ARCA.

Corrigé de l'exercice 9 :

Calculs des différentes charges constatées d'avance et à payer.

- Loyer : $500\,000 \, x \, 3 = 1\,500\,000 \, F \, CFA$
- Abonnement internet : $600\,000 \, x \, \frac{10}{12} = 500\,000 \, F \, CFA$
- Intérêts à payer : $50\,000\,000 \, x \, \frac{12}{100} \, x \, \frac{7}{12} = 3\,500\,000 \, F \, CFA$
- RRR à accorder : $200\,000\,000 \, x \, \frac{1}{100} = 2\,000\,000 \, F \, CFA$
- Prime d'assurance d'avance : $600\,000 \, x \, \frac{8}{12} = 400\,000 \, F$

Ecritures de régularisation au 31/12/2021

		31/12/2021		
476		Charges constatées d'avance	1 500 000	
	6222	Location de bâtiments		1 500 000
		Suivant loyer payé d'avance		
		d°		
476		Charges constatées d'avance	500 000	
	684	frais d'internet		500 000
		Suivant abonnement internet payé d'avance		
		d°		
671		Intérêts sur emprunts	3 500 000	
	186	Intérêts courus sur emprunts		1 500 000
		Suivant intérêts à payer		
		d°		
7053		Vente des produits finis	2 000 000	
4435		Etat, TVA facturée à établir	385 000	
	4198	Clients-usagers, RRR à accorder		2 385 000
		Suivant constatation de la R à accorder		
		d°		
476		Charges constatées d'avance	400 000	
	625	Prime d'assurance (PA)		400 000
		Suivant PA constatée d'avance		
		d°		
614		Transport du personnel	1 800 000	
	408	Fournisseurs, factures non parvenues		1 800 000
		Transport du personnel à payer		

3- TRAITEMENTS COMPTABLES DES REGULARISATIONS DES COMPTES DE PRODUITS

Tout comme les charges, les produits s'enregistrent sur la base des pièces justificatives. À cet effet, ils sont constatés par une pièce de base et sont enregistrés à la date de ladite pièce même s'ils ne concernent pas l'exercice en cours. Or, le postulat de la spécialisation des exercices comptables exige que les produits soient rattachés à l'exercice auquel ils correspondent. Le respect de ce principe conduira résolument, en fin d'exercice, à des régularisations des produits au même titre que des charges.

3.1- Les produits à recevoir

Ce sont des produits ayant leur origine dans l'exercice qui s'achève, mais dont les pièces justificatives ne sont pas parvenues à l'entité au moment de l'inventaire avant l'arrêt des comptes. Il convient donc de les ajouter aux produits de l'exercice. Pour cela, on doit créditer le compte de produits concerné, par le débit de l'un des comptes de tiers suivants : 418 « adhérents, clients-usagers produits à recevoir » ; 4287 « Personnel, produits à recevoir » ; 4387 « Organismes sociaux, produits à recevoir » ; 448 « Etat, charges à payer et produits à recevoir » ; 475 « Générosités financières à recevoir ». D'où l'écriture suivante :

418/ 4287/ 4387/ 448/ 475		Adhérents, clients-usagers produits à recevoir Personnel, produits à recevoir Organismes sociaux, produits à recevoir Etat, charges à payer et produits à recevoir Générosités financières à recevoir	X	
	7./8. 443	Comptes de produits Etat, TVA facturée		X X
		Suivant état d'inventaire des produits à recevoir		

NB : à l'entame de l'exercice qui suit, il faut annuler les écritures constatant les produits à recevoir à la fin de l'exercice précédent. Cependant, lorsque les pièces justificatives de ces produits parviennent à l'entité à but non lucratif, il faut absolument enregistrer les écritures adéquates.

Exercice 10

L'entité à but non lucratif PASSY a livré des dons en nature au client-usager GEANT le 12 décembre 2023 pour un montant de 10 000 000 F CFA HT. Au 31/12/2023, la facture n'est pas encore établie alors qu'il faut clôturer les comptes pour l'établissement des documents de synthèse.

Travail à faire : régulariser cette opération chez PASSY au 31/12/2023.

Corrigé de l'exercice 10 : Régularisation de l'opération chez PASSY au 31/12/2023 :

- Calcul de la TVA : 10 000 000 x 19,25% = 1 925 000
- Ecriture au journal :

		31/12/2023		
4182		Clients-usagers, factures à établir	11 925 000	
	7081	Ventes de dons en nature		10 000 000
	4435	TVA sur factures à établir		1 925 000
		Régularisation de la facture à établir		

3.2- Les produits perçus ou comptabilisés d'avance

Ce sont des produits enregistrés au cours de l'exercice qui s'achève, mais qui concernent l'exercice ou les exercices suivants. Ils doivent donc être retranchés des produits de l'exercice, en débitant les comptes de produits correspondants par le crédit du compte « 477 – Produits constatés d'avance » pour le montant hors taxes. D'où l'écriture suivante au journal :

7./8.		Comptes de produits	X	
	477	Produits constatés d'avance		X
		Suivant état d'inventaire des produits constaté d'avance		

NB : Au début de l'exercice suivant, cette écriture doit être contre-passée pour permettre la constatation réelle du produit conséquent au cours de cet exercice.

Exercice 11

Le 31/12/2021, l'entité à but non lucratif ASA a envoyé au client-usager PAPSON une facture pour vente des produits résiduels de 1 000 000 F CFA HT. Mais, ces produits résiduels ne sont pas encore livrés. Ils ne le seront qu'en janvier 2022. La facture est déjà comptabilisée chez l'entité ASA.

Travail à faire : passer l'écriture de régularisation qui s'impose chez l'entité à but non lucratif ASA.

Corrigé de l'exercice 11 :

		31/12/2011		
7055		Ventes de produits résiduels	1 000 000	
	477	Produits constatées d'avance		1 000 000
		Suivant état d'inventaire des m'ses		

3.3- Cas spécifiques de charges à payer

3.3.1- Rabais, remises, ristournes à obtenir

Les fournisseurs peuvent devoir à l'entité à but non lucratif des rabais, remises, ristournes dont les avoirs ne sont pas parvenus à la date de l'inventaire. Ces rabais, remises, ristournes à obtenir sont enregistrés au crédit du compte d'achat concerné (6019, 6029, 6049, 6059, 6089) ; par le débit du compte « 4098- Fournisseurs, RRR et autres avoirs à obtenir ». D'où l'écriture suivante :

4098		Fournisseurs, RRR et autres avoir à obtenir	X	
	60.	Comptes de charges, RRR à obtenir		X
	4455	Etat, TVA récupérable sur facture non parvenue		X
		Suivant état d'inventaire des RRR à recevoir		

Exercice 12

Le 31/12/2019, l'entité à but non lucratif ALSA n'a pas encore reçu la facture d'avoir de son fournisseur des fournitures de bureau, relative à la ristourne du premier semestre. Néanmoins, le montant de ladite ristourne est de 300 000 F CFA HT.

Travail à faire : régulariser la ristourne à obtenir au 31/12/2024.

Corrigé de l'exercice 12 :
Régularisation de la ristourne à obtenir au 31/12/2024 :

		31/12/2019		
4098		Fournisseurs, RRR à obtenir	357 750	
	6049	Fournitures de bureau, RRR obtenus		300 000
	4455	TVA sur factures non parvenues		57 750
		Régularisation de la ristourne à obtenir		

3.3.2- Intérêts à recevoir

Les intérêts sur les prêts et créances sont payés à terme échu. A l'inventaire, il convient de calculer les intérêts sur le capital prêté non remboursé pour la période qui va du dernier remboursement des intérêts jusqu'à la date d'inventaire. Ces intérêts sont comptabilisés au crédit du compte « 77- Revenus financiers et produits assimilés » ; par le débit du compte : 276- « Intérêts courus sur prêts et comptes assimilés » ; 4186- « Adhérents, clients-usagers, intérêts courus » ; 506- « Titres de placement, intérêts courus » ; 526- « Banques, intérêts courus » ; 536- « Etablissements financiers, intérêts courus ». D'où l'écriture suivante au journal :

276		Intérêts courus sur prêts et comptes assimilés	X	
4186		Adhérents, clients-usagers, intérêts courus		X
506		Titres de placement, intérêts courus		X
526		Banques, intérêts courus		
536		Etablissements financiers, intérêts courus		
	77.	Revenus financiers et produits assimilés		
		Suivant état d'inventaire des intérêts à recevoir		

Exercice 13

Le 1er/09/2019, l'entité à but non lucratif BOL verse 30 000 000 F CFA dans un compte bloqué à la NFC BANK pour un taux d'intérêt est de 7% l'an. La date de jouissance des intérêts est le 1er/09/2019.

Travail-à-faire : régulariser l'intérêt couru au 31/12/2019.

Corrigé de l'exercice 13 :

Régularisation de l'intérêt couru au 31/12/2019 :

Décompte de l'intérêt couru à recevoir du 1er/09/2019 au 31/12/2019 = 4 mois

Intérêt couru = (30 000 000 x 4 x 7)/1200 = 700 000 F.

		31/12/2013		
5267		Banques, intérêts courus produits à R	700 000	
	7747	Revenus des dépôts à terme		700 000
		Suivant régularisation des intérêts Courus sur compte bloqué		

Exercice 14

Au 31/12/2023, le département de la comptabilité de l'entité à but non lucratif ESA, vous fournit les renseignements suivants, dans l'intérêt de faire des régularisations des comptes de produits :

- Le 30/12/2023, l'entité à but non lucratif a reçu une promesse de ristourne de 1% du chiffres d'affaires annuel de 100 000 000 F CFA HT de son fournisseur d'emballages ;
- Le 1er/11/2023, l'entité à but non lucratif a vendu des services à l'un de ses clients-usagers pour un montant de 6 000 000 F CFA HT. Cependant, la facture n'est pas encore établie au 31/12/2023 ;
- L'entité à but non lucratif a cédé un terrain nu pour 20 000 000 F CFA le 10/11/2023. Mais, la facture n'est pas encore établie au 31/12/2023 ;
- La subvention d'exploitation à recevoir de l'Etat est de 40 000 000 F CFA ;
- Le 18/09/2023, l'entité a reçu une lettre d'abandon des frais de 500 000 F CFA par des bénévoles ; mais, qui n'est pas encore comptabilisée ;
- L'entité à but non lucratif doit recevoir un intérêt de 6% sur le prêt de 12 000 000 F CFA qu'elle a fait à son employé POBA le 30/06/2023.

Travail-à-faire : après les calculs nécessaires, passer les écritures de régularisations convenables au journal de l'entité à but non lucratif ESA (TVA 19,25%).

Corrigé de l'exercice 14 :

Calculs des différentes produits constatés d'avance et à payer.

- Ristourne à recevoir : $100\ 000\ 000\ x\ 1\% = 1\ 000\ 000\ F\ CFA$
- TVA sur ristourne à obtenir : $1\ 000\ 000\ x\ \frac{19{,}25}{100} = 192\ 500\ F\ CFA$
- TVA sur services vendus : $6\ 000\ 000\ x\ \frac{19{,}25}{100} = 1\ 155\ 000\ F\ CFA$
- Intérêts à recevoir : $12\ 000\ 000\ x\ \frac{6}{100}\ x\ \frac{6}{12} = 360\ 000\ F\ CFA$

Ecritures de régularisation au 31/12/2023

			Débit	Crédit
		31/12/2023		
4098		Fournisseurs, RRR à obtenir	1 192 500	
	6089	Emballages, RRR à obtenir		1 000 000
	4455	TVA sur factures non parvenues		192 500
		Suivant régularisation sur RRR à obtenir		
		d°		
4182		Clients-usagers, factures à établir	7 155 000	
	7052	Services vendus		6 000 000
	4435	TVA sur factures à établir		1 155 000
		Régularisation de la facture à établir		
		d°		
4858		créances sur cession d'immo. Facture à E.	20 000 000	
	222	Terrains nus		20 000 000
		Suivant facture à établir sur vente de terrain		
		d°		
4491		Etat, subvention à recevoir	40 000 000	
	711	Subvention d'exploitation versée par l'Etat		40 000 000
		Suivant constatation de la R à accorder		
		d°		
475		Générosités financières à recevoir	500 000	
	7583	Abandon des frais par les bénévoles		500 000
		Suivant constatation de produit à recevoir		
		d°		
4287		Personnel, produit à recevoir	360 000	
	7712	Intérêts de prêts		360 000
		Régularisation des intérêts à recevoir		

4- REGULARISATIONS DES DETTES ET CREANCES LIBELLEES EN DEVISES OU MONNAIES ETRANGERES

4.1- Traitement comptable des disponibilités en devises

Selon l'article 58 de l'AU, les disponibilités en devise de l'entreprise sont converties en unité monétaire légale du pays sur la base du dernier cours de change connu à la date de clôture de l'exercice et les écarts constatés sont inscrits directement dans les produits et les charges de l'exercice comme gains de change ou perte de change. D'où les écritures suivantes :

- Cas de perte de change en fin d'exercice :

676	5.	Pertes de change financières Comptes de trésorerie concernés Suivant état d'inventaire des pertes de change	X	X

- Cas de gains de change en fin d'exercice :

5.	776	Comptes de trésorerie concernés Gains de change financiers Suivant état d'inventaire des gains de change	X	X

Exercice 15

Au 31/12/2020, l'enttité à but non lucratif KASABO basée à Yaoundé a dans sa caisse : 20 000 yens Japonais et dans son compte bancaire 5 000 dollars Américains. Les cours de ces différentes monnaies au 31/12/2020 sont : 1 yen = 150 FCFA et 1 dollar = 750 FCFA. Cependant, les cours, le jour de l'achat en Août 2020 étaient de 160 FCFA pour un yen et 650 FCFA pour un dollar.

Travail-à-faire : Evaluer ces devises et passer les écritures nécessaires au 31/12/2020.

Corrigé de l'exercice 15 :

Evaluation des devises au 31/12/2020 :

Nature des devises	Quantités	Prix d'achat Unitaire	Cours au 31/12/2020	Perte de change financière	Gain de change financier
Yen	20 000	160	150	200 000	-
Dollar	5000	650	750	-	500 000
Totaux				200 000	500 000
Solde : 500 000 – 200 000 = 300 000					

Ecritures de régularisation des pertes financières et gains financiers de changes au 31/12/2020 :

		31/12/2020		
676		Pertes de change financières	200 000	
	572	Caisse en devises		200 000
		Suivant état d'inventaire des pertes de change		
		D°		
5215		Banque en devises	500 000	
	776	Gains de change financiers		500 000
		Suivant état d'inventaire des gains de change		

4.2- Traitements comptables des dettes et créances libellées en devise

La conversion en unité monétaire légales du pays des créances et des dettes résultant d'opérations faites en devises se fait à l'entrée dans le patrimoine de l'entité de la créance ou de la dette, à l'arrêté des comptes et à la date de l'encaissement ou du paiement. Cependant, lorsque les créances et les dettes libellées en devises subsistent au bilan à la date de clôture de l'exercice, leur enregistrement initial est corrigé sur la base du dernier cours de change à cette date. Les différences entre les valeurs initialement enregistrées dans les comptes et celles résultant de la conversion à la date de l'inventaire majorent ou diminuent les montants initiaux et constituent :

- Des pertes probables, dans le cas de majoration des dettes ou de minoration des créances ;
- Des gains latents, dans le cas de majoration des créances ou de minoration des dettes.

Ces différences sont inscrites au bilan dans les comptes d'écarts de conversion à l'actif (pertes probables) ou au passif (gains latents). Les pertes probables entraînent la constitution d'une provision pour pertes de change alors que les gains latents n'interviennent pas dans la formation du résultat.

4.2.1- Ajustement des créances à l'inventaire

Les créances peuvent être réajustées en plus ou en moins. En plus si le cours de la devise augmente et en moins si le cours de la devise baisse. Les écritures à passer sont les suivantes :

Lorsque qu'il s'agit d'augmentation des créances, il faut passer l'écriture suivante :

41.		Comptes d'Adhérents, clients-usagers et comptes rattachés correspondant	X	
	4791	Ecart de conversion-passif (ECP), augmentation des créances D'exploitation et HAO		X
		Constatation de l'ECP sur créances en fin d'exercice		

Lorsque qu'il s'agit de diminution des créances, il faut passer les deux écritures suivantes :

4781		Ecart de conversion-actif (ECA), diminution des créances d'exploitation et HAO	X	
	41./485	Comptes d'Adhérents, clients-usagers et comptes Rattachés/Créances sur cessions d'immobilisations Constatation de l'ECA sur créances en fin d'exercice		X
6591		Provisions pour risque à court terme	X	
	499	Provisions pour risques et charges à court terme Constatation de la provision annuelle sur créances		X

4.2.2- Ajustement des dettes à l'inventaire

A l'inventaire, les dettes peuvent être réajustées en plus ou en moins. En plus si le cours de la devise diminue et en moins si le cours de la devise augmente. Les écritures à passer sont les suivantes :

Lorsque qu'il s'agit d'augmentation des dettes, il faut passer les deux écritures suivantes :

4783		Ecart de conversion-actif (ECA), augmentation des dettes d'exploitation et HAO	X	
	40./481	Fournisseurs et comptes rattachés/fournisseurs d'investissement Constatation de l'ECA sur dettes en fin d'exercice		X
6591		Provisions pour risque à court terme	X	
	499	Provisions pour risques et charges à court terme Constatation de la provision annuelle sur dettes		X

Lorsque qu'il s'agit de diminution des dettes, il faut passer l'écriture suivante :

40./481		Fournisseurs et comptes rattachés/fournisseurs	X	
	4793	d'investissement Ecart de conversion-passif (ECP), diminution des dettes d'exploitation et HAO Constatation de l'ECP en fin d'exercice sur dettes en fin d'exercice		X

4.2.3- Traitements des différences de change lors des règlements

Les règlements relatifs aux créances et dettes en monnaies étrangères sont comparés aux valeurs historiques originales et entrainent la constatation de gains ou pertes de change certaines. Les gains de change sur créances et dettes commerciales sont enregistrés dans les autres produits (compte 756) et les pertes de change sur créances et dettes commerciales dans les autres charges (compte 656). Les écarts de conversions sont annulés lors de la constatation du règlement.

Enfin d'exercice, la provision pour perte de change est ajustée pour tenir compte des opérations dénouées au cours de l'exercice.

4.2.3.1- Perte de change réalisée lors des règlements

Lorsque le cours du jour du règlement est supérieur au cours du jour d'achat, il y a perte de change. La perte de change représente donc la différence entre le cours du jour d'achat et le cours du jour du règlement. A cet effet, les écritures à passer par l'entité sont les suivantes :

- Au moment de l'achat :

60./8. 445	 401/481	Comptes d'achat concernés/comptes de charges HAO Etat, TVA récupérable Fournisseurs et comptes rattachés/fournisseurs d'investissement Facture d'achat n°	X X	 X

- Au moment du règlement :

401/481 656	 5.	Fournisseurs et comptes rattachés/fournisseurs d'investissement Pertes de change sur créances et dettes commerciales Comptes de trésorerie concernés Suivant règlement de la facture n°	X X	 X

4.2.3.2- Perte de change réalisée lors des encaissements

Lorsque le cours de la devise baisse lors des encaissements, alors l'entité réalise une perte de change. Cette perte de change est égale à la différence entre le cours du jour de règlement et le cours du jour de vente. L'entité va donc passer les écritures suivantes :

- Au moment de la vente :

41./485	 70./8.	Comptes d'Adhérents, clients-usagers et comptes Rattachés/Créances sur cessions d'immobilisations Comptes de Revenus d'exploitation/ comptes de Revenus HAO Facture de revenus n°	X	 X

- Au moment du règlement :

5. 656	 41./485	Comptes de trésorerie concernés Pertes de change sur créances et dettes commerciales Comptes d'Adhérents, clients-usagers et comptes Rattachés/ Créances sur cessions d'immobilisations Suivant règlement de la facture de revenu n°	X X	 X

4.2.3.3- Gain de change réalisé lors des règlements des achats

Lorsque le cours de change baisse, l'entité réalise un gain de change. Le gain de change représente donc la différence entre le cours du jour d'achat et le cours du jour du règlement. A cet effet, les écritures à passer par l'entité sont les suivantes :

- Au moment de l'achat :

60./8. 445	 401/481	Comptes d'achat concernés/comptes de charges HAO Etat, TVA récupérable Fournisseurs et comptes rattachés/fournisseurs d'investissement Facture d'achat n°	X X	 X

- Au moment du règlement :

401/481	 756 5.	Fournisseurs et comptes rattachés/fournisseurs d'investissement Gain de change sur créances et dettes commerciales Comptes de trésorerie concernés Suivant règlement de la facture n°	X X	 X

4.2.3.4- Gain de change réalisé lors des encaissements des créances

Lorsque le cours de la devise augmente au moment des encaissements, l'entreprise réalise un gain de change. Ce gain de change est égal à la différence entre le cours du jour de règlement et le cours du jour de vente. Les écritures à passer sont alors :

- Au moment de la vente :

41./485	 70./8.	Comptes d'Adhérents, clients-usagers et comptes Rattachés/Créances sur cessions d'immobilisations Comptes de Revenus d'exploitation/ comptes de Revenus HAO Facture de revenus n°	X	 X

- Au moment du règlement :

5.	 756 41./485	Comptes de trésorerie concernés Gain de change sur créances et dettes commerciales Comptes d'Adhérents, clients-usagers et comptes Rattachés/ Créances sur cessions d'immobilisations Suivant règlement de la facture de revenu n°	X X	 X

Exercice 16

L'entité à but non lucratif APO est une association Camerounaise basée à Yaoundé. Ses principaux clients-usagers sont américains et anglais. Ces débiteurs ont convenu de voir leurs factures libellées en dollars pour les américains et en livre sterling pour les anglais. Car, ils utilisent ces monnaies pour effectuer leurs règlements. À cet effet, la direction comptable a recensé au cours de l'années 2023, les opérations suivantes portant sur ces monnaies :

- Le 10/11/2023, elle vend à un client-usager Américain des marchandises pour une valeur de 200 $ (facture n° 45). Le cours du dollar à cette date est de 890 F CFA. La date du règlement est fixée au 31/03/2024.
- Le 1er/08/2023, vente au client-usager Anglais des produits finis (facture n°56) pour une valeur de 1 000 livre sterling (£). 1 £ vaut 1 150 F CFA à cette date. La date de règlement est fixée au 30/04/2024.
- Le 20/03/2024, le client Américain règle la totalité de sa dette. A cette date, le cours du dollar s'établit à 1 020 F CFA.
- Le 30/04/2024, le client Anglais règle la totalité de sa dette. Cours du jour 1 130 F CFA.
- Par ailleurs, qu'au 32/12/2023, le cours du dollar était de 1 000 F CFA et le cours de la livre sterling de 1 120 F CFA.

Travail à faire : passer au journal de cette entité des écritures constatant les ventes, les ajustements à l'inventaire, les règlements et les provisions à constituer ou à annuler.

Corrigé de l'exercice 16 :

Evaluation des gains et pertes de change :

Aux dates des opérations :

- 10/03/2023 : Prix de vente : 2 000 x 890 = 1 780 000 F CFA
- 1er/08/2023 : Prix de vente : 1 000 x 1 150 = 1 150 000 F CFA

Au 31/12/2023 : Jour de l'inventaire :

- Client Américain : 2 000 x 1 000 = 2 000 000 F CFA

  Gain : 2 000 000 F CFA – 1 780 000 F CFA = 220 000 F CFA
- Client Anglais : 1 000 x 1 120 = 1 120 000 F CFA

  Perte latente = 1 120 000 F CFA – 1 150 000 F CFA = - 30 000 ; Provision : 30 000 F CFA

Aux dates des règlements :

- Client Américain (20/03/2024) : 2 000 x 1 020 = 2 040 000 F CFA

  Gain sur client Américain (30/04/2024) : 2 040 000 F CFA – 1 780 000 F = 260 000 F CFA
- Client Anglais : 1 000 x 1 130 = 1 130 000 F CFA

Perte sur client Anglais : 1 130 000 F CFA – 1 150 000 F CFA = - 20 000 F CFA

Ecriture au journal de l'entité à but non lucratif APO :

Débit	Crédit	Libellé	Débit	Crédit
		10-03-2023		
412		Clients-usagers	1 780 000	
	7051	Vente de marchandises		1 780 000
		Vente de marchandises facture n° 45		
		1er/08/2023		
412		Clients-usagers	1 150 000	
	7053	Vente de PF hors région		1 150 000
		Vente de marchandises facture n°56		
		31/12/2023		
412		Clients-usagers	220 000	
	4791	Ecart de conversion-Passif		220 000
		Gains latents sur le client Américain		
		D°		
478		Ecart de conversion-Actif	30 000	
	412	Clients-usagers		30 000
		Perte latente sur le client Anglais		
		D°		
6591		Provisions pour risque à court terme	30 000	
	499	Provisions pour R et C à court terme		30 000
		Provision pour perte sur client Anglais		
		20/03/2024		
521		Banque	2 040 000	
4791		Ecart de conversion-Passif	220 000	
	412	Clients-usagers		2 000 000
	756	Gain de change sur C et D cciales		260 000
		Règlement du client Américain		
		30/03/2024		
521		Banque	1 130 000	
656		Perte de change sur C et D commerciales	20 000	
	411	Client		1 120 000
	478	Ecart de conversion-Actif		30 000
		Règlement du client Anglais		
499		Provision pour R et C à court terme	30 000	
	6591	Provisions pour risque à court terme		30 000
		Annulation de la provision pour risque à CT		

5- REGULARISATIONS DES COMPTES BANQUES ET ASSIMILES : ETAT DE RAPPROCHEMENT BANCAIRE

Le rapprochement bancaire permet de contrôler la concordance entre le compte banque tenu par l'entité à but non lucratif et le compte de l'entité à but non lucratif tenu par la banque. Ces deux comptes sont dits réciproques, car ils enregistrent les mêmes opérations mais en sens inverse. Cependant il existe un décalage de date entre les différents enregistrements d'où la nécessité d'un contrôle périodique et en fin d'exercice pour des régularisations éventuellement nécessaire pour la clôture de ce compte. Le contrôle consiste à pointer (ou lettré) le compte banque et le relevé reçu et à reporter les différences sur un document appelé « état de rapprochement bancaire ».

5.1- Principe de l'état de rapprochement

5.1.1-Définition

Un état de rapprochement bancaire est un document comptable établi en fin de période qui recense les différences résultantes du relevé bancaire et du compte banque tenu dans l'entité afin d'obtenir un solde commun.

5.1.2- Processus d'établissement de l'état de rapprochement

Pour établir l'état de rapprochement bancaire, on procède de la manière suivante :
- Tracer l'état de rapprochement : il comporte deux parties donc une réservée au compte banque dans l'entité et l'autre, réservée au compte entité à la banque ;
- Reporter les deux soldes à rapprocher notamment le solde du compte banque dans la partie réservée à ce compte et le solde du compte relevé reçu de la banque dans la partie réservée au compte entité à la banque ;
- Pointer les opérations parfaitement réciproques ;
- Enregistrer dans la partie de l'état concerné les opérations non pointées ;
- Calculer les nouveaux soldes qui en principe doivent être égaux ;
- Passer les écritures de régularisation nécessaires au journal : ici, il faut passer au journal les opérations enregistrées dans la partie de l'état de rapprochement réservée au compte « banque » dans l'entité.

5.1.3- présentation

L'état de rapprochement bancaire se présente comme suit :

Date	Libellés	Compte banque dans l'entité		Compte entité à la banque	
		Débit	Crédit	Débit	Crédit
	Soldes à rapprocher				
		On porte les opérations qui sont au **crédit du relevé bancaire,** mais qui n'apparaissent pas au débit du compte banque	On porte les opérations qui sont au **dédit du relevé bancaire,** mais qui n'apparaissent pas au crédit du compte banque	On porte les opérations qui sont au **crédit du compte bancaire,** mais qui ne figurent pas au débit du relevé bancaire	On porte les opérations qui sont au **dédit du compte bancaire,** mais qui n'apparaissent pas au crédit du relevé bancaire
Soldes fin de période		**Solde créditeur**	**Solde débiteur**	**Solde créditeur**	**Solde débiteur**
Totaux					

NB : par principe, seules les sommes qui figurent sur le relevé envoyé par la banque sont exactes. Toutefois, exceptionnellement une incohérence peut être observée sur le relevé bancaire. Dans ce cas l'entité doit adresser à a banque une demande de rectification de l'erreur constatée.

5.1.4- Ecritures comptables

Après avoir dressé l'état de rapprochement bancaire, il y a lieu de passer les écritures comptables pour le compte banque dans l'entité. A cet effet, deux écritures sont concernées :

- l'écriture qui consiste à débiter le compte banque et à créditer les comptes ayant entraîné ledit débit du compte banque ;
- l'écriture qui consiste à créditer le compte banque et à débiter les comptes ayant entraîné ce crédit (du compte banque).

D'où le schéma des écritures suivantes :

5.		Comptes banques et assimilés	X	
	41.	Comptes d'Adhérents, clients-usagers et comptes		X
	4.	Rattachés		X
	51.	Autres créances		X
	53.	Valeur à encaisser		X
	55.	Etablissements financiers et Ass.		X
	7.	Instruments de monnaie électro.		X
		Comptes de revenus correspondants		
		Suivant état de rapprochement bancaire débit		

40.		Fournisseurs et comptes rattachés	X	
4.		Autres créditeurs	X	
565		Escompte de crédits ordinaires	X	
62./63.		Services extérieurs	X	
6.		Charges diverses	X	
67.		Frais financiers et charges assimilées	X	
	5.	Comptes banques et assimilés		X
		Suivant état de rapprochement bancaire crédit		

Exercice 17

Les opérations réalisées au cours du mois de décembre 2021 par l'entité à but non lucratif ADEI sont résumées dans les documents ci-dessous :

5211 NFCBANK

DATES	LIBELLES	MONTANT	DATES	LIBELLES	MONTANT
1er/12 04/12 10/12	Solde à nouveau Virement du client-usager Remise d'espèce	651 000 1 150 000 5 900 000	0712 20/12	Chèque n*37264L Chèque n*37265L Solde débiteur	1 455 000 3 050 000 3 196 000
	Total	7 701 000		Total	7 701 000

Relevé du compte banque envoyé par NFCBANK

Dates	Libellés	Débit	Crédit	Soldes
1er/12	Solde à nouveau			651 000
1er/12	Viré à votre faveur		1 150 000	1 801 000
3er/12	Agio sur effet n°16	88 000		1 713 000
10/12	Reçu d'espèces		5 900 000	7 613 000
16/12	Encaisser traite n°25		2 431 000	10 044 000
20/12	Payer chèque n° 372642	3 050 000		6 994 000
26/12	Effet impayé	1 420 000		5 574 000
26/12	Frais d'impayé	10 000		5 564 000
29/12	Frais et commission bancaire	500 000		5 064 000

Travail-à-faire : Etablir l'état de rapprochement et passer les écritures comptables nécessaires au 31/12/2021.

Corrigé de l'exercice 17 :

- Etat de rapprochement bancaire

Libellés	Compte 52112 ECOBANK dans l'entité ADEI		Compte entité ADEI à ECOBANK	
	Débit	Crédit	Débit	Crédit
Solde à rapprocher	3 196 000			5 064 000
Encaissement traite n°25	2 431 000		1 455 000	
Chèque n° 372642				
Agio sur effet		88 000		
Effet impayé		1 420 000		
Frais sur effet impayé		10 000		
Frais et commission bancaire		500 000		
Soldes rapprochés		**3 609 000**	**3 609 000**	
Totaux	5 627 000	5 627 000	5 064 000	5 064 000

- **Ecritures comptables de régularisation :**

		31/12/2021		
52112		Banque ECOBANK	2 430 000	
	4122	Clients-usager, effet à recevoir		2 430 000
		Suivant état de rapprochement bancaire débit		
		D°		
675		Escompte des effets : agio	88 000	
565		Escompte des crédits ordinaires	1 420 000	
6312		Frais sur effets	10 000	
6318		Autres frais bancaires	500 000	
	52112	Banque ECOBANK		
		Suivant état de rapprochement bancaire crédit		2 010 000

5.2- LES CAS PARTICULIERS

Au cours de l'élaboration de l'état de rapprochement bancaire, certains cas particuliers peuvent être observés lors du pointage. Il peut s'agir notamment de la non-conformité des soldes initiaux, des opérations non détaillées dans l'un des comptes et des différences de montants dans les deux comptes pour les mêmes opérations…

5.2.1- Les soldes initiaux différents dans les deux comptes

En effet, la différence des soldes initiaux constatée doit être annulée en cochant certains chèques figurant au débit du relevé bancaire dont leurs numéros d'ordre sont inférieurs au numéro d'ordre du premier chèque figurant dans le compte banque tenue par l'entité.

5.2.2- Les opérations détaillées dans un compte et regroupées dans l'autre compte

Le bordereau de remise à l'encaissement ou à l'escompte permet de regrouper plusieurs chèques ou plusieurs effets. Ces chèques peuvent être encaissés individuellement par le banquier. Lors du pointage, on doit être vigilant pour repérer les opérations qui sont regroupées où détaillées.

5.2.3- Une même opération enregistrée avec des montants différents dans les deux comptes

C'est le cas des remises à l'escompte et à l'encaissement des effets de commerce qui sont enregistrées dans l'entité à la valeur nominale et à la banque à la valeur nette. Cette différence représente les agios ou les frais bancaires.

Exercice 18

Le 31/12/2020, les documents concernant la régularisation du compte banque postal de l'entité à but non lucratif POPA se présente comme suit :

531 Banque postale

Dates	Libellé	Sommes	Dates	Libellés	Sommes
01-12	Solde au 01-12	287 900	03-12	Chèque n°315	421 500
07-12	Remise chèque/vte	621 000	03-12	Chèque n°316	79 000
07-12	Remise chèque clients	41 500	15-12	Domiciliation	371 000
15-12	Négociations	463 000	18-12	Chèque n°317	81 900
			23-12	Chèque n°318	42 000
			28-12	Chèque n°319	31 000
			30-12	Chèque n°320	14 300
				Solde débiteur	372 300
	Total	1 413 400		Total	1 413 400

Relevé de compte envoyé par la banque postale

Dates	Libellés	Débit	Crédit	Solde
01-12	Solde à nouveau	-	-	287 900
04-12	Chèque n°315	421 500	-	133 600
05-12	Chèque n°316	79 000	-	212 800
10-12	Encaissement chèque	-	621 000	408 200
14-12	Domiciliation	371 000	-	37 200
14-12	Encaissement chèque	-	41 500	78 700
15-12	Encaissement coupon	-	72 000	150 700
18-12	Chèque n°317	81 900	-	68 800
20-12	Négociation	-	463 000	531 800
26-12	Chèque n°318	42 000	-	489 800
30-12	Frais et commissions	65 300	-	424 500
30-12	Intérêts créditeurs	-	1800	426 300

Travail-à-faire : Etablir l'état de rapprochement bancaire et passer les écritures de régularisation

Corrigé de l'exercice 18 :

Etat de rapprochement

Libellés	**Compte banque locale dans l'entité POPA**		**Compte entité POPA à la banque locale**	
	Débit	**Crédit**	**Débit**	**Crédit**
Soldes à rapprocher	372 300	-	-	426 300
Encaissement coupon	72 000	-	-	-
Frais et commissions	-	65 300	-	-
Intérêts créditeurs	1 800	-	-	-
Chèque n°319	-	-	31 200	-
Chèque n° 320	-	-	14 300	-
Soldes rapprochés	-	**380 800**	**380 800**	-
Total	446 100	446 100	426 300	426 300

Ecritures comptables de régularisation

		31/12/2021		
531		Banque postale	73 800	
	7712	Intérêts des prêts		1 800
	7721	Revenus des titres de participation		72 000
		Suivant état de rapprochement bancaire débit		
		D°		
6318		Autres frais bancaires	65 300	
	531	Banque postale		65 300
		Suivant état de rapprochement bancaire crédit		

6- REGULARISATIONS DES ECARTS ISSUS DE L'ARRET DU COMPTE CAISSE EN FIN D'EXERCICE

6.1- Principe d'analyse

Le compte caisse, en fin d'exercice lors de son inventaire, peut présenter les manquants ou contenir de la fausse monnaie. A cet effet, ces manquants et ou cette fausse monnaie sont, soit imputés au personnel tenant la caisse sous la forme de saisie-arrêt, soit considéré comme une perte sur opérations financières. Cependant, lorsque l'inventaire du compte caisse enregistre un excédent de valeur, cet excédent est considéré comme un gain sur opérations financières.

6.2- Ecriture comptable

Lorsque qu'il s'agit des manquants ou de la fausse monnaie en caisse, il faut passer l'écriture suivante :

4287/6782	57.	Personnel, produit à recevoir/perte sur opérations financières Comptes caisse correspondant Constatation des manquants ou de la fausse monnaie en fin d'exercice	X	X

Lorsque qu'il s'agit des excédents constatés dans le compte caisse, il faut passer l'écriture suivante :

57.	7782	Comptes caisse correspondant Gains sur opération financière Constatation des manquants ou de la fausse monnaie en fin d'exercice	X	X

Exercice 19

L'inventaire extra-comptable de l'entité à but non lucratif ATIB a fait des constats suivants dans les comptes caisses au 31/12/2024 :

- Dans le compte caisse en monnaie locale, les manquants de 500 000 F CFA imputables au trésorier de l'entité et la fausse monnaie d'une valeur de 2 000 000 F CFA, imputable à l'entité pour l'inexistence du matériel de détection de faux billets ;
- Dans le compte caisse en devise, l'excédent des dollars d'une valeur de 600 000 F CFA.

Travail-à-faire : passer toutes les écritures de régularisation des comptes caisses de l'entité à but non lucratif ATIB au 31/12/2024.

Corrigé de l'exercice 19 :

Ecritures comptables de régularisation

		31/12/2024		
4287		Personnel, produit à recevoir	500 000	
6782		Perte sur opérations financières	2 000 000	
	571	Caisse en monnaie nationale		2 500 000
		Suivant régularisation du compte caisse en monnaie nationale		
		D°		
572		Caisse en devises	600 000	
	7782	Gains sur opérations financières		600 000
		Suivant régularisation du compte caisse en devises		

CHAPITRE 6

OPERATIONS DE CLÔTURE DES COMPTES

Afin de marquer nettement la fin de la période d'activité, on procède à la clôture du journal et du grand livre. L'arrêté du journal permettra d'éviter toute fraude ultérieure. S'agissant du grand livre, seuls les comptes figurant au bilan ne sont pas soldés ; il serait dès lors possible d'enregistrer les opérations du nouvel exercice dans les comptes de la période précédente.

Cette solution aurait plusieurs inconvénients : les totaux débits et crédits des comptes concernés atteindraient des sommes considérables ; l'absence de séparation des informations exercice par exercice compliquerait l'analyse de la gestion. Aussi choisit-on de pratiquer une coupure dans les comptes : la totalisation des colonnes des débits et des crédits de chaque compte est interrompue en fin d'exercice et on détermine alors son solde, qui seul est repris dans les enregistrements du nouvel exercice.

1- L'ETABLISSEMENT DE LA BALANCE DE CLÔTURE

1.1- La balance après inventaire

La balance avant inventaire propose une vue synthétique des comptes de situation et de gestion avant les travaux d'inventaire. Une nouvelle balance est établie par reproduction de la balance avant inventaire corrigée de l'ensemble des écritures d'inventaire compte tenu du grand livre présenté ces écritures d'inventaire. Elle présente l'état des comptes en fin d'exercice. La constatation de la dépréciation de certains éléments d'actif, la mise à jour des stocks de la régularisation des comptes de gestion et de situation, ont permis d'ajuster la comptabilité à la situation réelle de l'entité et d'en proposer une image fidèle. Dès lors, il convient de clôturer les comptes pour déterminer le résultat de l'exercice et présenter les documents de synthèse.

La balance comptable après inventaire permet d'établir, au final, le bilan, le compte de résultat et les notes annexes.

1.2- L'écriture de détermination du résultat net de l'exercice

Après avoir présenté la balance après inventaire, il convient de passer l'écriture de clôture des comptes de charges et de produits. Cette écriture conduit objectivement à la détermination du résultat net de l'exercice (ou solde des opérations de l'exercice pour les projets de développement), par le solde des produits sur les charges de l'exercice. D'où l'écriture suivante :

70		Revenus	X	
71		Subventions d'exploitation	X	
72		Production immobilisée	X	
73		Variations des stocks des biens et produits	X	
75		Autres produits	X	
77		Revenus financiers et produits assimilés	X	
78		Transfert de charges	X	
79		Reprises de provisions, de dépréciations et autres	X	
82		Produits des cessions d'immobilisations	X	
84		Revenus hors activités ordinaires	X	
86		Reprises d'amortissements, provisions et dépréciations HAO	X	
88		Subvention d'équilibre	X	
	60	Achats et variations de stocks		X
	61	Transports		X
	62	Services extérieurs		X
	63	Autres services extérieurs		X
	64	Impôts et taxes		X
	65	Autres charges		X
	66	Charges de personnel		X
	67	Frais financiers et charges assimilées		X
	68	Dotations aux amortissements		X
	69	Dotations aux provisions et aux dépréciations		X
	81	Valeurs comptables des cessions d'immobilisations		X
	83	Charges hors activité ordinaires		X
	85	Dotations hors activités ordinaires		X
	87	Variations de stocks des dons HAO		X
	89	Impôts sur le résultat		X
	13	Résultat net de l'exercice		X
		Suivant écriture de détermination du résultat net		

1.3- La balance de clôture

Cette balance ne regroupe plus que les comptes de bilan, résultat net compris, puisque les comptes de gestion ont été soldés. Les comptes de bilan sont soldés à leur tour pour clore définitivement l'exercice tandis que le journal et le grand livre sont fermés après la dernière écriture.

Exercice 1

Le grand livre après inventaire de l'exercice 2021 de l'entité à but non lucratif ASOFA se présente comme suit :

D 222 Terrains nus	C
SI : 18 000 000	
24 000 000	
	SD : 42 000 000
42 000 000	42 000 000

D 2323 Bâtiments administratifs	C
SI : 25 000 000	
	SD : 25 000 000
25 000 000	25 000 000

D 245 Matériel de transport	C
SI : 7 000 000	
	SD : 7 000 000
7 000 000	7 000 000

D 31 Biens liés à l'activité	C
SI : 30 000 000	
	SD : 30 000 000
30 000 000	30 000 000

D 411 Adhérents	C
SI : 12 000 000	
10 000 000	
	SD : 22 000 000
22 000 000	22 000 000

D 521 Banques	C
SI : 27 000 000	24 000 000
10 000 000	400 000
	SD : 12 600 000
37 000 000	37 000 000

D 571 Caisse	C
SI : 7 000 000	
2 000 000	
	SD : 9 000 000
9 000 000	9 000 000

D 10 Dotations	C
	52 000 000 : SI
SC : 52 000 000	
52 000 000	52 000 000

D 182 Emprunts indivis	C
	12 000 000 : SI
	10 000 000
SC : 22 000 000	
22 000 000	22 000 000

D 401 Fournisseurs	C
	62 000 000 : SI
SC : 62 000 000	
62 000 000	62 000 000

D 361 Produits finis	C
5 000 000	
	SD : 5 000 000
5 000 000	5 000 000

D 736 Variation des stocks de PF	C
	5 000 000
SC : 5 000 000	
5 000 000	5 000 000

D 701 Cotisations des adhérents	C
	10 000 000
SC : 10 000 000	
10 000 000	10 000 000

D 6252 Assurance mat de transp.	C
400 000	
	SD : 400 000
400 000	400 000

D 843 Contribution volontaire	C
	2 000 000
SC : 2 000 000	
2 000 000	2 000 000

Travail-à-faire :

1- Présenter la balance générale des comptes à six colonnes après inventaire ;

2- Présenter l'écriture de détermination du résultat net de l'exercice ;

3- Présenter le grand livre après l'écriture de détermination de résultat ;

4- présenter la balance de clôture.

Corrigé de l'exercice 1 :

1- Balance générale des comptes à six colonnes après inventaire :

N° des comptes	Noms des comptes	Soldes d'ouverture		Mouvements		Soldes de clôture	
		Débiteurs	Créditeurs	débits	Crédits	Débiteurs	Créditeurs
10	Dotations	-	52 000 000	-	-		52 000 000
182	Emprunts indivis	-	12 000 000	-	10 000 000		22 000 000
222	Terrains nus	18 000 000	-	24 000 000	-	42 000 000	-
2323	Bâtiments administratifs	25 000 000	-	-	-	25 000 000	-
245	Matériel de transport	7 000 000	-	-	-	7 000 000	-
31	Biens liés à l'activité	30 000 000	-	-	-	30 000 000	-
361	Produits finis	-	-	5 000 000	-	5 000 000	-
401	Fournisseurs	-	62 000 000	-	-	-	62 000 000
411	Adhérents	12 000 000	-	10 000 000	-	22 000 000	-
521	Banque	27 000 000	-	10 000 000	24 400 000	12 600 000	-
571	Caisse	7 000 000	-	2 000 000	-	9 000 000	-
6252	Assurance automobile	-	-	400 000	-	400 000	-

N° des comptes	Noms des comptes	Soldes d'ouverture		Mouvements		Soldes de clôture	
		Débiteurs	Créditeurs	débits	Crédits	Débiteurs	Créditeurs
701	Cotisations des adhérents	-	-	-	10 000 000		10 000 000
736	Variation de stock des PF	-	-	-	5 000 000		5 000 000
843	Contributions volontaires	-	-	-	2 000 000		2 000 000
	Totaux	126 000 000	126 000 000	51 400 000	51 400 000	153 000 000	153 000 000

2- Présentation de l'écriture de détermination du résultat net de l'exercice :

701		Cotisations des adhérents	10 000 000	
736		Variations de stock des PF	5 000 000	
843		Contributions volontaires	2 000 000	
	6252	Assurance automobile		400 000
	131	Excédent de l'exercice		16 600 000
		Suivant écriture de détermination du résultat		

3- Présentation du grand livre après l'écriture de détermination de résultat :

D 222 Terrains nus	C
SI : 18 000 000	
24 000 000	
	SD : 42 000 000
42 000 000	42 000 000

D 2323 Bâtiments administratifs	C
SI : 25 000 000	
	SD : 25 000 000
25 000 000	25 000 000

D 245 Matériel de transport	C
SI : 7 000 000	
	SD : 7 000 000
7 000 000	7 000 000

D 31 Biens liés à l'activité	C
SI : 30 000 000	
	SD : 30 000 000
30 000 000	30 000 000

D 411 Adhérents	C
SI : 12 000 000	
10 000 000	
	SD : 22 000 000
22 000 000	22 000 000

D 521 Banques	C
SI : 27 000 000	24 000 000
10 000 000	400 000
	SD : 12 600 000
37 000 000	37 000 000

D 571 Caisse	C
SI : 7 000 000	
2 000 000	
	SD : 9 000 000
9 000 000	9 000 000

D 10 Dotations	C
	52 000 000 : SI
SC : 52 000 000	
52 000 000	52 000 000

D 182 Emprunts indivis	C
	12 000 000 : SI
	10 000 000
SC : 22 000 000	
22 000 000	22 000 000

D 401 Fournisseurs	C
	62 000 000 : SI
SC : 62 000 000	
62 000 000	62 000 000

D 361 Produits finis	C
5 000 000	
	SD : 5 000 000
5 000 000	5 000 000

D 736 Variation des stocks de PF	C
5 000 000	5 000 000
5 000 000	5 000 000

D 701 Cotisations des adhérents	C
10 000 000	10 000 000
10 000 000	10 000 000

D 6252 Assurance mat de transp.	C
400 000	400 000
400 000	400 000

D 843 Contributions volontaires	C
2 000 000	2 000 000
2 000 000	2 000 000

D 131 Excédent de l'exercice	C
	16 600 000
SC : 16 600 000	
16 600 000	16 600 000

NB : Le grand livre ci-dessous présenté après l'écriture de détermination du résultat, montre objectivement que tous les comptes de gestion (6252, 701, 736 et 843) sont déjà soldés. Par ailleurs, un nouveau compte (le compte de résultat : excédent de l'exercice), s'est crée à la différence des comptes de produits (701, 736, 843) et du compte de charge (6252) de l'exercice de cette entité à but non lucratif.

4- présentation de la balance de clôture :

N° des comptes	Noms des comptes	Soldes d'ouverture		Mouvements		Soldes de clôture	
		Débiteurs	**Créditeurs**	**débits**	**Crédits**	**Débiteurs**	**Créditeurs**
10	Dotations	-	52 000 000	-	-		52 000 000
131	**Excédent de l'exercice**				**16 600 000**		**16 600 000**
182	Emprunts indivis	-	12 000 000	-	10 000 000		22 000 000
222	Terrains nus	18 000 000	-	24 000 000	-	42 000 000	-
2323	Bâtiments administratifs	25 000 000	-	-	-	25 000 000	-
245	Matériel de transport	7 000 000	-	-	-	7 000 000	-
31	Biens liés à l'activité	30 000 000	-	-	-	30 000 000	-
361	Produits finis	-	-	5 000 000	-	5 000 000	-
401	Fournisseurs	-	62 000 000	-	-	-	62 000 000
411	Adhérents	12 000 000	-	10 000 000	-	22 000 000	-
521	Banque	27 000 000	-	10 000 000	24 400 000	12 600 000	-
571	Caisse	7 000 000	-	2 000 000	-	9 000 000	-
	Totaux	**126 000 000**	**126 000 000**	**51 000 000**	**51 000 000**	**152 600 000**	**152 600 000**

2- CLÔTURE ET OUVERTURE DES COMPTES

2.1- Clôture des livres

2.1.1- Clôture du livre journal

Plusieurs procédés sont utilisables pour clôturer le journal.

2.1.1.1- Premier procédé

C'est un procédé abrégé. On se contente de totaliser les colonnes du journal après les écritures de détermination du résultat, et de souligner d'un double trait les deux totaux obtenus. Les totaux du journal sont alors égaux à ceux de la balance après inventaire.

Il est recommandé d'écrire en toutes lettres le total du journal et de le faire suivre de la date et de la signature du chef d'entité ou du responsable de la comptabilité.

Exemple :

Arrêté le présent journal à la somme de…À Yaoundé, le 31/12/N Signature.

2.1.1.2- Deuxième procédé

Ce procédé respecte le formalisme comptable. La clôture des comptes du grand-livre nécessitant de porter à leur crédit ou à leur débit leurs soldes débiteurs ou créditeurs, on considère que ces inscriptions doivent provenir du report d'écritures correspondantes au journal. Une écriture pour solde des comptes non soldés est donc passée au journal, puis reportée au grand-livre.

On débite tous les comptes créditeurs du montant de leur solde créditeur et l'on crédite tous les comptes débiteurs du montant de leur solde débiteur. Tous les comptes du grand livre se trouvent soldés ; l'article correspondant du journal est équilibré puisque le total des soldes créditeurs est égal à celui des soldes débiteurs (cf. balance de clôture). D'où l'écriture suivante :

1.		Comptes des ressources durables concernés	X	
19		Provisions pour risques et charges	X	
28		Amortissements	X	
29		Dépréciations des immobilisations	X	
39		Dépréciations des stocks et production en cours	X	
40/4.		Fournisseurs et comptes rattachés/autres comptes de dettes	X	
49		Dépréciations et provisions pour risques à CT (tiers)	X	
56		Banques, crédits de trésorerie	X	
59		Dépréciations et provisions pour R et C à CT (trésorerie)		X
	2.	Comptes d'immobilisations concernés		X
	3.	Comptes de stocks concernés		X
	41/4.	Comptes d'Adhérents, clients-usagers et comptes		X
		Rattachés/autres comptes de créances		
	5.	Comptes de trésorerie concernés		
		Clôture du journal en fin d'exercice par Report des totaux de la balance à l'inventaire		

Après ces écritures au journal et leur report au grand livre, tous les comptes se trouvent soldés. Il est alors possible d'arrêter le journal et d'en écrire, en toutes lettres, le total, avant de dater et de signer.

2.1.2- Clôture du grand livre

Les comptes du grand-livre non soldés (c'est-à-dire les comptes du bilan) doivent être arrêtés :

- le solde débiteur des comptes d'actif est inscrit à leur crédit ;
- le solde créditeur des comptes de passif est inscrit à leur débit ;
- le solde créditeur du compte *131 Résultat net : bénéfice* est inscrit à son débit (le solde débiteur du compte *139 Résultat net : perte,* à son crédit).

On obtient ainsi au débit et au crédit de chaque compte des totaux égaux qui sont soulignés d'un double trait.

Exercice 2

La balance de clôture pour l'exercice 2021, de l'entité à but non lucratif ASOFA, se présente ci-dessous :

N° de Comptes	Noms des comptes	Soldes d'ouverture		Mouvements		Soldes de clôture	
		Débiteurs	Créditeurs	Débits	Crédits	Débiteurs	Créditeurs
10	Dotations	-	52 000 000	-	-		52 000 000
131	**Excédent de l'exercice**				**16 600 000**		**16 600 000**
182	Emprunts indivis	-	12 000 000	-	10 000 000		22 000 000
222	Terrains nus	18 000 000	-	24 000 000	-	42 000 000	-
2323	Bâtiments administratifs	25 000 000	-	-	-	25 000 000	-
245	Matériel de transport	7 000 000	-	-	-	7 000 000	-
31	Biens liés à l'activité	30 000 000	-	-	-	30 000 000	-
361	Produits finis	-	-	5 000 000	-	5 000 000	-
401	Fournisseurs	-	62 000 000	-	-	-	62 000 000
411	Adhérents	12 000 000	-	10 000 000	-	22 000 000	-
521	Banque	27 000 000	-	10 000 000	24 400 000	12 600 000	-
571	Caisse	7 000 000	-	2 000 000	-	9 000 000	-
Totaux		**126 000 000**	**126 000 000**	**51 000 000**	**51 000 000**	**152 600 000**	**152 600 000**

Travail-à-faire :

1- Présenter le bilan simplifié de clôture de l'entité ASOFA au 31/12/2021 ;

2- Clôturer (arrêter) le livre journal de l'entité à but non lucratif ASOFA pour l'exercice 2021, à la date du 22 janvier 2022, par le Directeur administratif et financier ;

3- Présenter le grand livre de clôture (ou arrêter le grand livre) de cette entité.

Corrigé de l'exercice 2 :

1- Présentation du bilan de clôture de l'entité ASOFA au 31/12/2021 :

Bilan de l'entité à but non lucratif ASOFA du 31/12/2021			
Postes	**Montants**	**Postes**	**Montants**
Terrains nus	42 000 000	Dotations	52 000 000
Bâtiments administratifs	25 000 000	Excédent de l'exercice	16 600 000
Matériels de transport	7 000 000	Emprunts indivis	22 000 000
Biens liés à l'activité	30 000 000	Fournisseurs	62 000 000
Produits finis	5 000 000		

Adhérents	22 000 000		
Banques	12 600 000		
Caisse	9 000 000		
Total	**152 600 000**	**Total**	**152 600 000**

2- Présentation du journal clôturé (arrêté) de l'entité à but non lucratif ASOFA pour l'exercice 2021, à la date du 22 janvier 2022, par directeur administratif :

10		Dotations	52 000 000	
131		Excédents de l'exercice	16 600 000	
182		Emprunts indivis	22 000 000	
401		Fournisseurs	62 000 000	
	222	Terrains nus		42 000 000
	2323	Bâtiments administratifs		25 000 000
	245	Matériel de transport		7 000 000
	31	Biens liés à l'activité		30 000 000
	361	Produits finis		5 000 000
	411	Adhérents		22 000 000
	521	Banques		12 600 000
	571	Caisse		9 000 000
		Suivant état de clôture du journal de l'exercice 2021 à la somme de 152 600 000 F CFA. Yaoundé, le 22 janvier 2022 Par AGABA		
		Totaux	**152 600 000**	**152 600 000**

3- Présentation du grand livre de clôture (ou arrêt du grand livre)

D 222 Terrains nus	C
SI : 18 000 000	42 000 000
24 000 000	
42 000 000	42 000 000

D 2323 Bâtiments administratifs	C
SI : 25 000 000	25 000 000
25 000 000	25 000 000

D 245 Matériel de transport	C
SI : 7 000 000	7 000 000
7 000 000	7 000 000

D 31 Biens liés à l'activité	C
SI : 30 000 000	30 000 000
30 000 000	30 000 000

D 411 Adhérents	C
SI : 12 000 000	22 000 000
10 000 000	
22 000 000	22 000 000

D 521 Banques	C
SI : 27 000 000	24 000 000
10 000 000	400 000
	12 600 000
37 000 000	37 000 000

D 571 Caisse	C
SI : 7 000 000	9 000 000
2 000 000	
9 000 000	9 000 000

D 10 Dotations	C
52 000 000	52 000 000 : SI
52 000 000	52 000 000

D 182 Emprunts indivis	C
22 000 000	12 000 000 : SI
	10 000 000
22 000 000	22 000 000

D 401 Fournisseurs	C
62 000 000	62 000 000 : SI
62 000 000	62 000 000

D 361 Produits finis	C
5 000 000	5 000 000
5 000 000	5 000 000

D 131 Excédent de l'exercice	C
16 600 000	16 600 000
5 000 000	16 600 000

2.2- LA REOUVERTURE DES LIVRES

2.2.1- La réouverture du grand-livre

Pour rouvrir les comptes au début du nouvel exercice, on inscrit leurs soldes au débit s'ils sont débiteurs, au crédit s'ils sont créditeurs. On fait précéder chaque solde de la mention : Solde à nouveau (ou À nouveau).

2.2.2- La réouverture du journal

Une nouvelle totalisation commence au journal avec le début de la période. Pour que les balances ultérieures puissent faire apparaître des totaux de débits et crédits égaux à ceux du journal, il faut, évidemment, que les soldes débiteurs et créditeurs des comptes de grand-livre au début de la période soient repris au journal.

Les inscriptions portées au débit et au crédit des comptes du grand-livre lors de la réouverture sont considérées comme provenant du report d'écritures passées au journal.

On débite tous les comptes débiteurs du montant de leur solde débiteur et on crédite tous les comptes créditeurs du montant de leur solde créditeur (parmi ces derniers figurent les comptes d'amortissements et de provisions et de dépréciations). L'écriture est équilibrée puisque ces soldes sont les mêmes que ceux de la balance de clôture, ou des soldes des comptes du bilan de clôture ou encore du journal de clôture. D'où l'écriture suivante :

2.		Comptes d'immobilisations concernés	X	
3.		Comptes de stocks concernés	X	
41/4.		Comptes d'Adhérents, clients-usagers et comptes Rattachés/autres comptes de créances	X	
5.		Comptes de trésorerie concernés	X	
	1.	Comptes des ressources durables concernés		X
	19	Provisions pour risques et charges		X
	28	Amortissements		X
	29	Dépréciations des immobilisations		X
	39	Dépréciations des stocks et production en cours		X
	40/4.	Fournisseurs et comptes rattachés/autres comptes de dettes		X
	49	Dépréciations et provisions pour risques à CT (tiers)		X
	56	Banques, crédits de trésorerie		X
	59	Dépréciations et provisions pour R et C à CT (trésorerie)		X
		Réouverture du journal en début d'un nouvel exercice		

Les écritures du nouvel exercice sont ensuite passées au journal dans l'ordre chronologique, suivant la méthode habituelle.

NB : Contre-passation des écritures de régularisation. Pour régulariser les comptes de gestion et ne rattacher à l'exercice passé que les charges et produits qui lui reviennent, on a ouvert, à la fin de la période précédente, des comptes de régularisation, figurant soit à l'actif soit au passif du bilan. Dès la réouverture des livres, des écritures de contre-passation (écritures inverses de celles de fin d'exercice) sont enregistrées, de façon à solder tout ou, le cas échéant, partie de ces comptes de valeurs transitoires.

Exercice 3

Le bilan de clôture pour l'exercice 2021, de l'entité à but non lucratif ASOFA, se présente comme suit :

Bilan de l'entité à but non lucratif ASOFA du 31/12/2021			
Postes	**Montants**	**Postes**	**Montants**
Terrains nus	42 000 000	Dotations	52 000 000
Bâtiments administratifs	25 000 000	Excédent de l'exercice	16 600 000
Matériels de transport	7 000 000	Emprunts indivis	22 000 000
Biens liés à l'activité	30 000 000	Fournisseurs	62 000 000
Produits finis	5 000 000		
Adhérents	22 000 000		
Banques	12 600 000		
Caisse	9 000 000		
Total	**152 600 000**	**Total**	**152 600 000**

Travail-à-faire :

1- Présenter la réouverture du grand livre au 01/01/2022 de l'entité à but non lucratif ASOFA ;

2- Présenter la réouverture du journal au 01/01/2022.

Corrigé de l'exercice 3 :

1- Présentation de la réouverture du grand livre au 01/01/2022 de l'entité à but non lucratif ASOFA :

D 222 Terrains nus	C
SI : 42 000 000	

D 2323 Bâtiments administratifs	C
SI : 25 000 000	

D 245 Matériel de transport	C
SI : 7 000 000	

D 31 Biens liés à l'activité	C
SI : 30 000 000	

D 411 Adhérents	C
SI : 22 000 000	

D 521 Banques	C
SI : 12 600 000	

D 571 Caisse	C
SI : 9 000 000	

D 10 Dotations	C
	52 000 000 : SI

D 182 Emprunts indivis	C
	22 000 000 : SI

D 401 Fournisseurs	C
	SI : 62 000 000

D 361 Produits finis	C
SI : 5 000 000	

D 131 Excédent de l'exercice	C
	16 600 000 : SI

2- Présentation de la réouverture du journal au 01/01/2022 :

222		Terrains nus	42 000 000	
2323		Bâtiments administratifs	25 000 000	
245		Matériel de transport	7 000 000	
31		Biens liés à l'activité	30 000 000	
361		Produits finis	5 000 000	
411		Adhérents	22 000 000	
521		Banques	12 600 000	
571		Caisse	9 000 000	
	10	Dotations		52 000 000
	131	Excédents de l'exercice		16 600 000
	182	Emprunts indivis		22 000 000
	401	Fournisseurs		62 000 000
		Suivant état de réouverture du journal de début d'exercice 2022		

3- AFFECTATION DU RESULTAT NET DE L'EXERCICE

3.1- Aspects généraux sur l'affectation du résultat net de l'exercice dans les entités à but non lucratif

L'affectation du résultat net de l'exercice est l'opération qui consiste à choisir les destinations de ce résultat. Le choix de ces destinations est dépendant des règles juridiques, fiscaux et comptables qui régissent le fonctionnement des entités à but non lucratif. La décision d'affectation des résultats est prise par l'assemblée des membres ou des fondateurs, ou encore par l'instance assimilée des entités à but non lucratif lors de l'examen des comptes sociaux conformément aux prescriptions légales et statutaires. Dans les entités à but non lucratif, l'excédent de l'exercice n'est pas distribuable comme dans les entités à but lucratif par principe. Cet excédent doit plutôt être affecté ou utilisé à l'amélioration au bon fonctionnement et au développement de cette catégorie d'entité. Le déficit constaté éventuellement à la fin de l'exercice, diminue les capitaux propres de l'entité. Par ailleurs, dans toute entités à but non lucratif, une assemblée générale ou l'instance qui en tient lieu, doit être tenue dans un délai de six mois à compter de la clôture de l'exercice, pour approuver les comptes et décider sur l'affectation du résultat net de l'exercice.

3.2 – L'affectation des excédents

L'excédent est la différence positive entre les produits et les charges réalisé par l'entité pour un exercice comptable. L'affectation de l'excédent est faite conformément aux besoins des statuts et de l'assemblée générale des membres ou fondateurs qui constatent l'existence d'un excédent à affecter.

3.2.1- L'excédent à affecter

L'excédent à affecter est constitué par l'excédent de l'exercice diminué des déficits antérieurs et des sommes affectées en réserves en application des articles des statuts de l'entité à but non lucratif et augmenté de report à nouveau des excédents antérieur (solde créditeur).

Excédents à Affecter =
- \+ excédent de l'exercice
- \+ report à nouveau des excédents
- -report à nouveau des déficits
- -réserves statutaires ou contractuelles

3.2.2- Le report à nouveau

Le report à nouveau (RAN) est la quotepart des excédents dont l'affectation est renvoyée à une date ultérieure. Un report à nouveau peut être débiteur (déficitaire) ou créditeur (excédentaire).

3.2.3- La réserve

La réserve est la partie du résultat excédentaire conservé durablement dans l'entité à but non lucratif, pour se prémunir contre les risques et les déficits des exercices futurs, ou pour accroitre les moyens d'exploitation ou de fonctionnement de l'entité. L'acte uniforme des entités à but non lucratif distingue trois types de réserves à savoir : la réserve statutaire, la réserve contractuelle et les autres réserves. La réserve statutaire est constituée dans le respect des dispositions statutaires de chaque entité à but non lucratif ; elle est obligatoire tant que les statuts ne sont pas modifiés. La réserve contractuelle est constituée lorsque les clauses du contrat de l'entité à but non lucratif l'exigent. Les autres réserves n'ont pas un caractère obligatoire. Cependant, elles peuvent être constituées conformément aux statuts ou à l'initiative de l'entité à but non lucratif, pour satisfaire un besoin spécifique ultérieur. Il peut s'agir de la réserve facultative (Encore appelée réserve libre ou disponible, elle est dotée librement par l'assemblée générale ou le conseil d'administration statuant chaque année sur les comptes de l'exercice) ou de la réserve réglementaire (réserve constituée sur la base des dispositions réglementaires pour un investissement futur).

3.2.4 - Technique comptable

Les organes d'administration ou de direction, selon le cas, sont chargés d'établir le projet d'affectation du résultat net de l'exercice (excédent) qu'ils soumettent à l'assemblée générale ordinaire des membres (ou des fondateurs) ou encore à l'organe assimilé.

– Le tableau d'affectation de l'excédent

Éléments	Montant
Excédent de l'exercice	X
Report à nouveau des déficits (N-1)	- X
Excédent à affecter	**X**
Réserve statutaire	- X
Réserve contractuelle	- X
Report à nouveau des excédents (N-1)	+X
Excédent affectable	**X**
Autres réserves	- X
Autres affectations (Dotations…)	- X
Report à nouveau (N)	**X**

– Enregistrement comptable

131		Résultat net de l'exercice : Excédent	X	
	1281	Résultat net en instance d'affectation : excédents		X
		Pour solde du compte débité		
1281		Résultat net en instance d'affectation : excédent	X	
1211		RAN des excédents (N-1)	X	
	112	Réserves statutaires ou contractuelles		X
	118	Autres réserves		X
	1212	Report à nouveau des excédents (N)		X
	129	RAN des déficits (N-1)		X
	10	Dotations		X
		Suivant Tableau d'affectation de l'excédent de l'exercice		

Exercice 4

L'extrait du bilan de l'entité à but non lucratif ASSAMBA présente les postes suivants au 31/12/2022 :

- Dotation : 25 000 000 F CFA ;
- Réserve statutaire : 82 500 000 F CFA ;
- Réserve contractuelle : 12 500 000 F CFA ;
- Réserve facultative : 43 000 000 F CFA ;
- RAN 2021 : 3 000 000 F CFA ;
- Excédent : 150 000 000 F CFA.

Le 24/04/2023, l'assemblée générale des membres de l'entité ASSAMBA valide le projet d'affectation de l'excédent de l'exercice proposé par le conseil d'administration. Ce projet est le suivant :

- Affectation de 60 000 000 F CFA à la réserve statutaire ;
- Affectation de la réserve contractuelle 20 000 000 F CFA ;
- Affectation respectivement de 30% et 60% de l'excédent affectable à la réserve facultative et à la dotation ; le reste constitue le report à nouveau.

Travail-à-faire :

1- Présenter le tableau d'affectation de l'excédent de l'exercice ;

2- Passer les écritures d'affectation du résultat net de l'exercice au journal de l'entité à but non lucratif ASSAMBA le 24/04/2023.

Corrigé de l'exercice 4 :

1- Présentation du tableau d'affectation de l'excédent de l'exercice :

Éléments	Montant
Excédent de l'exercice/excédent à affecter	150 000 000
Réserve statutaire	- 60 000 000
Réserve contractuelle	- 20 000 000
Report à nouveau des excédents (N-1)	+ 3 000 000
Excédent affectable	**73 000 000**
Réserve facultative	- 21 900 000
Dotations	- 43 800 000
Report à nouveau (N)	**7 300 000**

2- Ecritures d'affectation du résultat net de l'exercice au journal de l'entité à but non lucratif ASSAMBA le 24/04/2023 :

		24/04/2023		
131		Résultat net de l'exercice : Excédent	150 000 000	
	1281	Résultat net en instance d'affectation : excédents		150 000 000
		Pour solde du compte débité		
		D°		
1281		Résultat net en instance d'affectation : excédent	150 000 000	
1211		RAN des excédents (N-1)	3 000 000	
	1121	Réserve statutaire		60 000 000
	1122	Réserve contractuelle		20 000 000
	1181	Réserve facultative		21 900 000
	1212	Report à nouveau des excédents (N)		7 300 000
	10	Dotations		43 800 000
		Suivant Tableau d'affectation de l'excédent de l'exercice		

Exercice 5

L'entité à but non lucratif AVUZOA à la dotation de 100 000 000 F CFA, a réalisé un excédent net de l'exercice de 130 000 000 F CFA pour l'exercice 2021. Cependant, le report à nouveau déficitaire de l'exercice 2020 est de 10 000 000 F CFA.

Les statuts de cette entité prévoient la répartition comme suit :

-réserve statutaire : 20 % de l'excédent à affecter ;

-réserve contractuelle 10 % de l'excédent à affecter ;

Par ailleurs, l'assemblée générale a décide de doter une réserve facultative de 40 % et d'une dotation de 55 % du solde affectable. Le reste est consacré au report à nouveau.

Travail-à-faire :

1- Présenter le tableau d'affectation de l'excédent de l'exercice ;

2- Passer les écritures d'affectation du résultat au journal de l'entité AVUZOA le 05/02/2022.

Corrigé de l'exercice 5 :

1- Présentation du tableau d'affectation de l'excédent de l'exercice 2021 :

Éléments	Montant
Excédent de l'exercice	130 000 000
Report à nouveau des déficits (N-1)	- 10 000 000
Excédent à affecter	**120 00 000**
Réserve statutaire : 120 000 000 x 20 %	- 24 000 000
Réserve contractuelle : 120 000 000 x 10 %	- 12 000 000
Excédent affectable/Solde affectable	**84 000 000**
Réserve facultative : 84 000 000 x 40 %	- 33 600 000
Dotations : 84 000 000 x 55 %	- 46 200 000
Report à nouveau (N)	**4 200 000**

2- Ecritures d'affectation du résultat au journal de l'entité AVUZOA le 05/02/2022 :

		05/02/2022		
131		Résultat net de l'exercice : Excédent	130 000 000	
	1281	Résultat net en instance d'affectation : excédents		130 000 000
		Pour solde du compte débité		
		D°		
1281		Résultat net en instance d'affectation : excédent	130 000 000	
	129	RAN des déficits (N-1)		10 000 000
	1121	Réserve statutaire		24 000 000
	1122	Réserve contractuelle		12 000 000
	1181	Réserve facultative		33 600 000
	1212	Report à nouveau des excédents (N)		4 200 000
	10	Dotations		46 200 000
		Suivant Tableau d'affectation de l'excédent de l'exercice		

3.3 – L'affectation des déficits

Le déficit représente la différence négative entre des produits et des charges de l'exercice de l'entité à but non lucratif. L'affectation de ce déficit est faite conformément aux décisions prises par l'assemblée générale ou l'organe qui en tient lieu, au cours de l'adoption des comptes de l'exercice de l'entité.

3.3.1 – Cadre juridique

L'assemblée générale ou l'organe qui en tient lieu de l'entité à but non lucratif peut, en cas de déficits, décider :

- soit de les reporter à nouveau ;
- soit de les imputer sur les comptes des réserves ;

- soit de les imputer sur la dotation.

3.3.2- Pratique comptable

Lorsque les déficits sont imputés sur le compte « report à nouveau » ou du compte « réserves » ou encore sur le compte « dotation », les écritures suivantes sont passées :

1289		Résultat en instance d'affectation : déficit	X	
	139	Résultat net de l'exercice : déficit		X
		Pour solde du compte crédité		
129		Report à nouveau débiteur	X	
11.		Réserves	X	
10		Dotation	X	
	1289	Résultat en instance d'affectation : perte		X
		Suivant décision d'affectation du déficit de l'exercice		

Exercice 6

L'entité à but non lucratif OPAN a réalisé un déficit de l'exercice 2020 de - 40 000 000 F CFA. L'assemblée générale qui s'est tenue le 30/05/2021, a décidé d'affecter ce déficit ainsi qu'il suit :

- Report à nouveau : 80 % ;
- réserve facultative : 5 % ;
- Dotation : 15 %.

Travail-à-faire : passer les écritures d'affectation du déficit de l'exercice 2020.

Corrigé de l'exercice 6 :

Ecritures d'affectation du déficit de l'exercice 2020 :

		30/05/2021		
1289		Résultat en instance d'affectation : déficit	40 000 000	
	139	Résultat net de l'exercice : déficit		40 000 000
		Pour solde du compte crédité		
		D°		
129		RAN des déficits	32 000 000	
1181		Réserve facultative	2 000 000	
10		Dotations	6 000 000	
	1289	Résultat en instance d'affectation : Déficit		40 000 000
		Suivant décision d'affectation du déficit de l'exercice		

DEUXIEME PARTIE

ÉTABLISSEMENT DES ETATS FINANCIERS DANS LES ENTITES A BUT NON LUCRATIF

Les états financiers sont des documents de synthèse de l'entité qui présentent le traitement comptable effectué de toutes les informations d'ordre économique et sociale, sous la forme de supports intelligibles exploitables par les différentes parties prenantes. Pour la norme comptable générale tunisienne, les états financiers sont « une représentation financière structurée des événements affectant une entreprise et des transactions réalisées par elle ». Les états financiers fournissent donc une information sur la situation financière, la performance et les flux de trésorerie d'une entité, information utile à une gamme variée d'utilisateurs pour la prise de décisions économiques et de gestion. Ils sont exigés par certaines parties prenantes (utilisateurs) et leurs organes (Etat, propriétaire, assemblée générale, conseils d'administration…) et doivent faire l'objet d'une déclaration auprès des services fiscaux ou services assimilés après un exercice comptable.

Les entités à but non lucratif ont les mêmes obligations que les autres entités en matière d'établissements des états financiers dans le respect du SYCEBNL de l'OHADA.

A cet effet, l'article 4 de l'Acte Uniforme du Système Comptable des Entités à But Non Lucratif définit les états financiers comme suit : « Les états financiers forment un tout indissociable et décrivent de façon régulière et sincère, les évènements, opérations et situations de l'exercice pour donner une image fidèle du patrimoine et de la situation financière de l'entité ». Ce chapitre montre le processus d'élaboration de tous les états financiers des entités à but non lucratif en fonction de leur différence. A cet effet, quatre chapitres qui permettent de comprendre la présentation des états financiers sont développés dans cette partie. Le septième chapitre structure les généralités sur les états financiers des entités à but non lucratif. Le chapitre huitième présente les états financiers des associations et entités assimilées. Le chapitre neuvième traite de la constitution des états financiers de l'entité projet. Le dernier chapitre traite des états financiers des entités à but non lucratif qui appartiennent au système minimal de trésorerie.

CHAPITRE 7

SPECIFICITES DES ETATS FINANCIERS DES ENTITES A BUT NON LUCRATIF

Les états financiers des entités à but non lucratif sont des documents de synthèses dont les particularités doivent être connues pour leur bonne compréhension. Car, leur objectif est de fournir des informations utiles sur le patrimoine, la situation financière, la performance et les variations de la situation de trésorerie des entités à but non lucratif afin de répondre aux besoins de l'ensemble des utilisateurs de ces informations. Ce chapitre étudie donc la nature et la description des états financiers des entités à but non lucratif de l'OHADA.

1- NATURE DES ETATS FINANCIERS DES ENTITES A BUT NON LUCRATIF DE L'OHADA

1.1- L'identification des entités à but non lucratifs

Selon l'article 2 du Système Comptable des Entités à But Non Lucratif, « l'entité à but non lucratif s'entend de toute organisation, poursuivant un but désintéressé, et dont les ressources éventuellement générées par l'activité servent au fonctionnement et à la réalisation de son objet social.

Constituent, notamment, les entités à but non lucratif :

- Les associations et les ordres professionnelles ;
- Les entités ayant pour objet la gestion ou l'administration de projets de développement financés en général par les bailleurs bilatéraux, multilatéraux, privés ou étatiques… »

Au sens de l'article 2 de l'acte uniforme des entités à but non lucratif, les entités suivantes sont à but non lucratif :

- Association : associations, fondations, fonds de dotation, organisations politiques, organisations syndicales, organisations religieuses et toute autre entité assimilée ;
- ordre professionnel : avocats, médecins, experts-comptables, géomètres-experts, vétérinaires, architectes, notaires, huissiers, infirmiers et tout autre organisme assimilés ;
- Projet de développement : projet financé par bailleurs bilatéraux, projet financé par les bailleurs multilatéraux, projet financé par l'Etat, projet financé par les particuliers et entités assimilées.

1.2- Appartenance des entités à but non lucratif aux systèmes de présentation des états financiers

Le Système Comptable des Entités à But Non Lucratif possède deux systèmes de présentation des états financiers à savoir : le Système Minimal de Trésorerie (SMT) et le Système Normal (SN). Les petites entités sont assujetties, sauf option, au Système minimal de trésorerie. Sont éligibles au Système minimal de trésorerie, les entités à but non lucratif dont les ressources annuelles sont inférieures ou égales aux seuils suivants :

- Subventions : trente (30) millions de F CFA ou l'équivalent dans l'unité monétaire ayant cours légal dans l'Etat partie ;
- Cotisations : trente (30) millions de F CFA ou l'équivalent dans l'unité monétaire ayant cours légal dans l'Etat partie ;
- Dons et/ou legs : trente (30) millions de F CFA ou l'équivalent dans l'unité monétaire ayant cours légal dans l'Etat partie ;
- Ressources du projet de développement : trente (30) millions de F CFA ou l'équivalent dans l'unité monétaire ayant cours légal dans l'Etat partie ;
- Autres ressources : trente (30) millions de F CFA ou l'équivalent dans l'unité monétaire ayant cours légal dans l'Etat partie.

Sont éligibles au système normal de présentation des états financiers, toute entité à but non lucratif dont l'une des ressources citées ci-dessus est supérieure à leurs seuils correspondants.

1.3- Structure des états financiers des entités à but non lucratif

Les états financiers que les entités à but non lucratif de l'OHADA doivent présenter sont les suivants :

- Pour les associations et les ordres professionnels du système normal : le Bilan, le Compte de résultat, le Tableau des flux de trésorerie et les Notes annexes ;
- Pour les projets de développement et entités assimilées du système normal : le Tableau emploi-ressources, le Tableau d'exécution budgétaire, le Tableau de réconciliation de trésorerie, le Bilan, le Compte d'exploitation et les Notes annexes ;
- pour toute entité à but non lucratif appartenant au système minimal de trésorerie : le bilan, le compte de résultat/compte d'exploitation et les notes annexes.

1.4- Règles générales de présentation

Les états financiers sont établis et présentés conformément aux modèles du Système comptable des entités à but non lucratif. Cependant, toute modification dans la présentation des états financiers annuels ou dans les méthodes d'évaluation doit être signalée dans les Notes annexes. Ces règles sont les suivantes :

- Pour chaque poste et rubrique, les chiffres correspondants de l'exercice précédent doivent être mentionnés ;

- Chacune des rubriques des états financiers, comprend un ou plusieurs comptes et est identifiée par un code alphabétique : AA, AB, AG … ;
- La compensation entre les postes d'actif et de passif ou entre des postes de charges et de produits n'est pas admise à moins qu'elle ne soit autorisée par des dispositions normatives ;
- Les rubriques et les postes des états financiers non chiffrés ne doivent pas être présentés.

2- DESCRIPTIONS DES DIFFERENTS ETATS FINANCIERS DU SYCEBNL

2.1- Bilan

Le Bilan de l'exercice fait apparaître de façon distincte :
- à l'actif : l'actif immobilisé, l'actif circulant, la trésorerie-actif et l'écart de conversion-actif ;
- au passif : les ressources stables, le passif circulant, la trésorerie-passif et l'écart de conversion-passif.

La logique de présentation du bilan est donc :

Ressources propres = Actif – passif externe

2.2- Compte de résultat et le compte d'exploitation

Le compte de résultat est un état financier des associations et ordre professionnels alors que le compte d'exploitation est un état financier des projets de développement. Ces deux états financiers récapitulent en liste, les produits et les charges qui font apparaître l'excédent ou le déficit de l'exercice. Dans ces Comptes, les produits et les charges sont classés selon leur nature.

2.3- Tableau de flux de trésorerie

Le tableau des flux de trésorerie est un état financier spécifique aux associations et ordres professionnels. Il met en évidence, les entrées et les sorties de trésorerie qui sont classées en trois catégories :
- les flux de trésorerie liés aux activités opérationnelles ;
- les flux de trésorerie liés aux opérations d'investissement ;
- les flux de trésorerie liés aux opérations de financement.

2.3.1- Flux de trésorerie liés aux activités opérationnelles

Ces flux correspondent aux encaissements et décaissements liés aux opérations de fonctionnement des associations et ordres professionnels.

Le Système comptable des entités à but non lucratif opte pour la méthode directe de détermination des flux de trésorerie liés aux activités opérationnelles.

Pour obtenir les encaissements et les décaissements liés aux produits encaissables et charges décaissables de l'exercice, il faut utiliser les relations suivantes :

Encaissements au cours de l'exercice N = Revenus (N) + variation des créances ($C_{n-1} - C_n$)
Décaissements au cours de l'exercice N = Achats (N) + variation des Dettes ($D_{n-1} - D_n$)
Cotisations des adhérents encaissées en N = Cotisations des adhérents de l'exercice N
+ Créances adhérents de N-1
- Créances adhérents de N

2.3.2- Flux de trésorerie liés aux opérations d'investissement

Ces flux correspondent aux décaissements et encaissements liés aux opérations d'acquisitions et de cessions des immobilisations.

2.3.3- Flux de trésorerie liés aux opérations de financement

Ces flux correspondent aux encaissements et décaissements liés aux opérations de financement externe de l'entité. Les flux de trésorerie liés aux opérations de financement sont composés des flux de trésorerie provenant des capitaux propres et des flux de trésorerie provenant des capitaux étrangers.

2.3.4- La variation de trésorerie de l'exercice

Elle est égale à la somme des flux de trésorerie liés aux activités opérationnelles et aux opérations d'investissement et de financement.

Le tableau de flux de trésorerie est bouclé par les égalités de contrôle suivantes :

Trésorerie nette en fin de période = Trésorerie nette en début de période
+ variation de la trésorerie de la période
Trésorerie nette en fin de période = Trésorerie actif N– Trésorerie passif N.

2.4- Tableau de réconciliation de trésorerie

Le tableau de réconciliation de trésorerie est un état financier des projets de développement qui explique la variation de la trésorerie à la fin d'un exercice comptable. Les flux qui permettent de comprendre la variation de cette trésorerie sont : les fonds reçus des bailleurs au cours de l'exercice N, les intérêts reçus au cours de l'exercice N, les autres fonds reçus au cours de l'exercice N, les virements sur les comptes opérationnels et les dépenses de l'exercice N.

2.5- Tableau d'exécution budgétaire

Le tableau d'exécution budgétaire est un autre état financier des projets de développement qui permet de suivre la réalisation du budget des projet de développement au cours d'un exercice comptable. Il est constitué par les codes, les libellés, le budget de l'exercice, les décaissements, les engagements, les réalisations, les crédits disponibles et les pourcentages d'exécution du budget.

2.6- Tableau emplois ressources

Le tableau emplois ressources est aussi un état financier spécifique aux projets de développement. Il présente le budget global du projet, les emplois (dépenses) cumulés de début, le budget de l'exercice, les emplois payés au cours de l'exercice, les engagements non payés de l'exercice, l'écart entre le budget et les emplois engagés de l'exercice, les emplois cumulés de fin d'exercice, le solde du budget global non engagé, les fonds disponibles en début d'exercice, les fonds apportés dans le courant de l'exercice et les fonds disponibles à la fin de l'exercice.

2.7- Notes annexes

Les Notes annexes contiennent des informations complémentaires à celles qui sont présentées dans le Bilan, le Compte de résultat, le Tableau des flux de trésorerie, le Tableau emploi-ressources, le Tableau d'exécution budgétaire et le Tableau de réconciliation de trésorerie. Les Notes annexes fournissent des descriptions narratives ou des décompositions d'éléments présentées dans les autres états financiers, ainsi que des informations relatives aux éléments qui ne répondent pas aux critères de comptabilisation dans les autres états financiers.

Les Notes annexes comportent tous les éléments de caractère significatif qui ne sont pas mis en évidence dans les autres états financiers et sont susceptibles d'influencer le jugement que les utilisateurs des documents peuvent porter sur le patrimoine, la situation financière et le résultat de l'entité. Il en est ainsi notamment pour le montant des engagements donnés et reçus dont le suivi doit être assuré par l'entité dans le cadre de son organisation comptable.

Les Notes annexes font partie intégrante des états financiers. Elles doivent comporter obligatoirement une déclaration explicite de conformité à l'Acte Uniforme relatif au droit comptable et à l'information financière et au Système comptable des entités à but non lucratif.

Les états financiers ne doivent être déclarés conformes au Système comptable des entités à but non lucratif que s'ils sont conformes à toutes les dispositions prévues par le présent Système comptable.

Chaque élément des états financiers de synthèse doit faire l'objet d'une référence croisée vers l'information liée figurant dans les notes.

Les modèles de Notes ci-dessous non documentés ne doivent pas être joints aux états financiers. Leur contenu peut être amélioré.

CHAPITRE 8

ETATS FINANCIERS DES ASSOCIATIONS ET ORDRES PROFESSIONNELS

Les états financiers sont présentés de manière identique dans les associations et les ordres professionnels de l'espace de l'OHADA. Les entités qui sont considérées comme associations au sens de l'acte uniforme des entités à but non lucratif sont les suivantes : associations, fondations, fonds de dotation, organisations politiques, organisations syndicales, organisations religieuses et toute autre entité de droit ou de fait qui rentre dans le champ d'application de l'article 2 de cet Acte. En considérant le même acte, les entités qui constituent des ordres professionnels sont celles dont les ordres regroupent les professionnels suivants : avocats, médecins, experts-comptables, géomètres-experts, vétérinaires, architectes, notaires, huissiers, infirmiers et tout autre professionnel assimilés.

Les états financiers des associations et ordres professionnels sont :

- un Bilan ;
- un Compte de résultat ;
- un Tableau des flux de trésorerie ;
- des Notes annexes.

1- BILAN

Le bilan des associations et ordres professionnels du système normal a la particularité, par rapport au bilan des autres entités à but non lucratif, de ressortir, pour l'exercice N, la colonne de montant brut et celle des amortissements et dépréciations. Son modèle et son tableau de correspondance sont donnés ci-dessous.

1.1- Le bilan du système normal des associations et ordres professionnels

REF	ACTIF	Note	EXERCICE au 31/12/ N			EXERCICE AU 31/12/N-1	REF	PASSIF	Note	EXERCICE AU 31/12/N	EXERCICE AU 31/12/N-1
			BRUT	AMORT. et DEPREC	NET	NET				NET	NET
AA	**IMMOBILISATIONS DESTINÉES A LA VENTE PROVENANT DE DONS ET LEGS NON ENCORE REÇUES ET USUFRUIT TEMPORAIRE**	**5**					CA	Dotation non consomptible sans droit reprise	15		
AB	Immobilisations incorporelles						CB	Dotation non consomptible avec droit reprise	15		
AC	Immobilisations corporelles et financières						CC	Droit d'entrée	15		
AD	**IMMOBILISATIONS INCORPORELLES**	**5**					CD	Dotation consomptible	15		

AE	Brevets, licences, logiciels et droits similaires						CE	Écarts de réévaluation	5F		
AF	Autres immobilisations incorporelles						CF	Report à nouveau (+ ou -)	16		
AG	Avances et acomptes versés sur immobilisations incorporelles						CG	Réserves	16		
AH	**IMMOBILISATIONS CORPORELLES**	**5**					CH	Résultat net de l'exercice (excédent + ou déficit -)			
AI	Terrains						CI	Subventions d'investissement	17A		
AJ	Bâtiments						CJ	Provisions réglementées	17A		
AK	Aménagements, agencements et installations						**CK**	**TOTAL FONDS PROPRES ET ASSIMILES**			
AL	Matériel, mobilier et actifs biologiques						CW	Fonds affectés et provenant	17B		

								de dons et legs d'immobilisations			
AM	Matériel de transport						CX	Fonds reportés	17B		
AN	Avances et acomptes versés sur immobilisations corporelles						**CY**	**TOTAL FONDS AFFECTES ET REPORTES**			
AO	**IMMOBILISATIONS FINANCIERES**	**6**					**CZ**	**TOTAL RESSOURCES PROPRES ET ASSIMILEES**			
AX	Titres de participation						DA	Emprunts et dettes financières	18A		
AY	Autres immobilisations financières						DB	Dettes de location-acquisition	18A		
							DC	Provisions pour risques et charges	18A		
							DD	**TOTAL DETTES FINANCI**			

								ERES ET RESSOURCES ASSIMILEES			
AZ	**TOTAL ACTIF IMMOBILISE**						**DE**	**TOTAL RESSOURCES STABLES**			
BA	Actif circulant HAO	7					DF	Dettes circulantes HAO	7		
BB	Stocks et encours	8					DG	Adhérents, clients-usagers créditeurs	9		
BC	Fournisseurs débiteurs	19					DH	Fournisseurs	19		
BD	Adhérents, Clients-usagers	9					DI	Autres dettes	20 & 21		
BE	Autres créances	10									
BT	**TOTAL ACTIF CIRCULANT**						**DV**	**TOTAL PASSIF CIRCULANT**			
BU	Titres de placement	**11**					DW	Banques, établissements financiers et crédits de trésorerie	22		

BV	Valeurs à encaisser	**12**									
BW	Banques, établissements financiers, caisses et assimilés	**13**									
BX	**TOTAL TRESORERIE ACTIF**						**DX**	**TOTAL TRESORERIE PASSIF**			
BY	Ecart de conversion-Actif	14					DY	Ecart de conversion-Passif	14		
BZ	**TOTAL GENERAL**							**TOTAL GENERAL**			

1.2- Le tableau de correspondance du bilan

REF	ACTIF	NUMEROS DE COMPTES A INCORPORER DANS LES POSTES		REF	PASSIF	NUMEROS DE COMPTES A INCORPORER DANS LES POSTES
		BRUT	AMORT. et DEPREC			
AA	**IMMOBILISATIONS DESTINÉES A LA VENTE PROVENANT DE DONS ET LEGS NON ENCORE REÇUES ET USUFRUIT TEMPORAIRE**			CA	Dotation non consomptible sans droit reprise	**101**
AB	Immobilisations incorporelles	**201**	**280, 2901**	CB	Dotation non consomptible avec droit reprise	**102**
AC	Immobilisations corporelles et financières	**202, 203, 204, 205**	**2 902**	CC	Droit d'entrée	**103**
AD	**IMMOBILISATIONS INCORPORELLES**			CD	Dotation consomptible	**104**
AE	Brevets, licences, logiciels et droits similaires	**212, 213, 214, 2193**	**2812, 2813, 2814, 2912, 2913, 2914, 2919p**	CE	Écarts de réévaluation	**106**
AF	Autres immobilisations incorporelles	**218, 2198**	**2818, 2918, 2919p**	CF	Report à nouveau (+ ou -)	**12**
AG	Avances et acomptes versés sur immobilisations incorporelles	**251**	**2 951**	CG	Réserves	**11**

AH	**IMMOBILISATIONS CORPORELLES**			CH	Résultat net de l'exercice (excédent + ou déficit -)	**13 (131 ou 139)**
AI	Terrains	**22**	**282, 292**	CI	Subventions d'investissement	**14**
AJ	Bâtiments	**231, 232, 233, 2391, 2392, 2393,2396**	**2831, 2832, 2833,2931, 2932, 2933, 2939p**	CJ	Provisions réglementées	**15**
AK	Aménagements, agencements et installations	**234, 235, 238, 2394, 2395, 2398**	**2834, 2835, 2838, 2934, 2935, 2938, 2939p**	**CK**	**TOTAL FONDS PROPRES ET ASSIMILES**	
AL	Matériel, mobilier et actifs biologiques	**24 (sauf 245 et 2495)**	**284 (sauf 2845), 294 (sauf 2945, 2949), 2949p**	CW	Fonds affectés et provenant de dons et legs d'immobilisations	**16**
AM	Matériel de transport	**245, 2495**	**2845, 2945, 2949p**	CX	Fonds reportés	**17**
AN	Avances et acomptes versés sur immobilisations corporelles	**252**	**2 952**	**CY**	**TOTAL FONDS AFFECTES ET REPORTES**	
AO	**IMMOBILISATIONS FINANCIERES**			**CZ**	**TOTAL RESSOURCES PROPRES ET ASSIMILEES**	
AX	Titres de participation	**26**	**296**	DA	Emprunts et dettes financières	**181, 182, 183, 185, 186, 188**
AY	Autres immobilisations financières	**27**	**297**	DB	Dettes de location-acquisition	**187**

				DC	Provisions pour risques et charges	**19**
				DD	**TOTAL DETTES FINANCIERES ET RESSOURCES ASSIMILEES**	
AZ	**TOTAL ACTIF IMMOBILISE**			**DE**	**TOTAL RESSOURCES STABLES**	
BA	Actif circulant HAO	**485, 4865**	**498**	DF	Dettes circulantes HAO	**481, 484, 4861, 488, 4998**
BB	Stocks et encours	**31, 32, 33, 34, 36, 38**	**39**	DG	Adhérents, clients-usagers créditeurs	**419**
BC	Fournisseurs débiteurs	**409**	**490**	DH	Fournisseurs	**40 (sauf 409)**
BD	Adhérents, Clients-usagers	**41 (sauf 419)**	**491**	DI	Autres dettes	**Soldes créditeurs : 42, 43, 44,45, 47(sauf 479), 499 (sauf 4998), 599**
BE	Autres créances	**Soldes débiteurs : 42, 43, 44, 45, 47 (sauf 478)**	**492, 493, 494, 497**			
BT	**TOTAL ACTIF CIRCULANT**			**DV**	**TOTAL PASSIF CIRCULANT**	
BU	Titres de placement	**50**	**590**	DW	Banques, établissements financiers et crédits de trésorerie	**56, Solde débiteurs : 52, 53**
BV	Valeurs à encaisser	**51**	**591**			

BW	Banques, établissements financiers, caisses et assimilés	**Soldes débiteurs : 52, 53, 55, 57**	**592, 593, 595**			
BX	**TOTAL TRESORERIE ACTIF**			**DX**	**TOTAL TRESORERIE PASSIF**	
BY	Ecart de conversion-Actif	**478**		DY	Ecart de conversion-Passif	**479**
BZ	**TOTAL GENERAL**				**TOTAL GENERAL**	

2- COMPTE DE RESULTAT

Le compte de résultat des associations et ordres professionnels est structuré sur la base de la détermination de trois soldes significatifs de gestion à savoir : le résultat des activités ordinaires, le résultat hors activités ordinaires et le résultat net. La présentation en liste et le tableau de correspondance de ce compte sont donnés ci-après.

2.1- Le compte de résultat du système normal des associations et ordres professionnels

REF	LIBELLES	NOTE	EXERCICE AU 31/12/N	EXERCICE AU 31/12/N-1
			NET	NET
RA	Cotisations	23		
RB	Dotations consomptibles transférées au compte de résultat	23		
RC	Revenus liés à la générosité	23		
RD	Ventes de marchandises	23		
RE	Ventes de services et produits finis	23		
RF	Subventions d'exploitation	23		
RG	Autres produits et transferts de charges	23		
RH	Reprises de provisions, dépréciations, subventions et autres reprises	5D&30		
XA	**REVENUS DES ACTIVITES ORDINAIRES (Somme RA à RH)**			
TA	Achats de biens et services liés à l'activité	24		
TB	Variation de stocks des achats de biens et services liés à l'activité	8		
TC	Achats de marchandises et matières premières	24		
TD	Autres achats	24		
TE	Variation de stocks de marchandises, de matières premières et autres	8		
TF	Transports	25		
TG	Services extérieurs	26		
TH	Impôts et taxes	27		
TI	Autres charges	28		
TJ	Charges de personnel	29		
TK	Frais financiers et charges assimilées	31		
TL	Dotations aux amortissements, aux provisions, aux dépréciations et autres	5D&30		

XB	**CHARGES DES ACTIVITES ORDINAIRES (Somme TA à TL)**			
XC	**RESULTAT DES ACTIVITES ORDINAIRES (XA - XB)**			
TM	Produits H.A.O.	32		
TN	Charges H.A.O.	32		
XD	**RESULTAT H.A.O. (TM - TN)**			
XE	**RESULTAT NET (+excédent, -déficit) (XC+XD)**			

2.2- Le tableau de correspondance du compte de résultat

REF	**LIBELLES**		**NUMEROS DE COMPTES A INCORPORER DANS LES POSTES**
RA	Cotisations	+	701
RB	Dotations consomptibles transférées au compte de résultat	+	703
RC	Revenus liés à la générosité	+	704
RD	Ventes de marchandises	+	7051
RE	Ventes de services et produits finis	+	7052, 7053
RF	Subventions d'exploitation	+	71
RG	Autres produits et transferts de charges	+	706, 707, 708, 72, 73 (+/-), 75, 77, 78
RH	Reprises de provisions, dépréciations, subventions et autres reprises	+	79
XA	**REVENUS DES ACTIVITES ORDINAIRES (Somme RA à RH)**		
TA	Achats de biens et services liés à l'activité	-	601
TB	Variation de stocks des achats de biens et services liés à l'activité	±	6031
TC	Achats de marchandises et matières premières	-	602
TD	Autres achats	-	604, 605, 606, 608
TE	Variation de stocks de marchandises, de matières premières et autres	±	6032, 6033, 6034, 6035
TF	Transports	-	61
TG	Services extérieurs	-	62, 63
TH	Impôts et taxes	-	64
TI	Autres charges	-	65
TJ	Charges de personnel	-	66
TK	Frais financiers et charges assimilées	-	67
TL	Dotations aux amortissements, aux provisions, aux dépréciations et autres	-	68, 69

XB	**CHARGES DES ACTIVITES ORDINAIRES (Somme TA à TL)**		
XC	**RESULTAT DES ACTIVITES ORDINAIRES (XA - XB)**		
TM	Produits H.A.O.	+	82, 84, 86, 88
TN	Charges H.A.O.	-	81, 83, 85, 87 (+/-)
XD	**RESULTAT H.A.O. (TM - TN)**		
XE	**RESULTAT NET (+excédent, -déficit) (XC+XD)**		

3- Tableau des flux de trésorerie

Le tableau de flux de trésorerie des associations et ordres professionnels, est un état financier qui justifie des mouvements de trésorerie au cours de la période. Il se présente comme suit :

REF	**LIBELLES**		**Note**	**EXERCICE N**	**EXERCICE N-1**
ZA	**Trésorerie nette au 1er janvier A (Trésorerie actif N-1 - Trésorerie passif N-1)**	**A**			
	Flux de trésorerie provenant des activités opérationnelles				
FA	+ Encaissement des cotisations				
FB	+ Encaissement des subventions d'exploitation et d'équilibre				
FC	+ Encaissement des revenus liés à la générosité				
FD	+ Encaissement des revenus des manifestations				
FE	+ Encaissement des autres revenus				
FF	- Décaissement des sommes versées aux fournisseurs (1)				
FG	- Décaissement des sommes versées au personnel				
FH	- Autres décaissements				
ZB	**Flux de trésorerie provenant des activités opérationnelles (Somme FA à FH)**	**B**			
	Flux de trésorerie provenant des activités d'investissements				
FI	- Décaissements liés aux acquisitions d'immobilisations incorporelles et corporelles				
FJ	- Décaissements liés aux acquisitions d'immobilisations Financières				
FK	+ Encaissements liés aux cessions d'immobilisations incorporelles et corporelles				
FL	+ Encaissements liés aux cessions d'immobilisations financières				

ZC	**Flux de trésorerie provenant des activités d'investissements (Somme de FI à FL)**	**C**			
	Flux de trésorerie provenant du financement par les fonds Propres				
FM	+ Encaissement des dotations et autres fonds propres				
FN	+ Subventions d'investissement reçues				
FO	- Décaissement des dotations et autres fonds propres				
ZD	**Flux de trésorerie provenant des fonds propres (somme FM à FO)**	**D**			
	Trésorerie provenant du financement par les fonds Etrangers				
FP	+Encaissement provenant des emprunts et des autres dettes Financières				
FQ	- Remboursements des emprunts et autres dettes financières				
ZE	**Trésorerie provenant des fonds étrangers (somme FP à FQ)**	**E**			
	Flux de trésorerie provenant des activités de financement (D+E)				
ZF	**VARIATION DE LA TRÉSORERIE NETTE DE LA PÉRIODE (B+C+D+E)**	**G**			
ZG	**Trésorerie nette au 31 Décembre (G+A) Contrôle : Trésorerie actif N - Trésorerie passif N =**	**H**			

(1) à l'exclusion des fournisseurs d'investissements.

4- NOTES ANNEXES

Le système comptable des entités à but non lucratif, a prévu 35 notes annexes pour les associations et ordres professionnels tel que l'indique la fiche récapitulative des notes annexes ci-dessous.

Fiche récapitulative des notes annexes présentées

NOTES	INTITULES	A	N/A
	Partie 1 : Informations générales		
Note 1	Dettes garanties par des suretés réelles, engagements financiers et contributions volontaires en nature		
Note 2	Informations obligatoires		
Note 3	Evènements postérieurs à la clôture de l'exercice		

Note 4	Changements de méthodes comptables, d'estimations et corrections d'erreurs		
Partie 2 : Notes sur le bilan			
Note 5A	Dons et legs d'immobilisations non reçus destinés à la vente et usufruit temporaire		
Note 5B	Immobilisations brutes		
Note 5C	Biens pris en location – acquisition		
Note 5D	Dons et legs d'immobilisations non reçus destinés à la vente et usufruit temporaire (amortissements et dépréciations)		
Note 5E	Immobilisations : Amortissements		
Note 5F	Immobilisations : Dépréciations		
Note 5G	Immobilisations : Plus-values et moins-values de cession		
Note 5H	Informations sur les réévaluations effectuées par l'entité		
Note 6	Immobilisations financières		
Note 7	Actif circulant et dettes circulantes HAO		
Note 8	Stocks et encours		
Note 9	Adhérents, clients-usagers		
Note 10	Autres créances		
Note 11	Titres de placement		
Note 12	Valeurs à encaisser		
Note 13	Disponibilités		
Note 14	Ecarts de conversion		
Note 15	Dotation		
Note 16	Réserves		
Note 17A	Subventions et provisions règlementées		
Note 17B	Fonds affectés et reportés		
Note 18A	Dettes financières et ressources assimilées		
Note 18B	Actifs et passifs éventuels		
Note 19	Fournisseurs d'exploitation		
Note 20	Dettes fiscales et sociale		
Note 21	Autres dettes et provisions pour risques et charges à court terme		
Note 22	Banques, crédit d'escompte et de trésorerie		
Partie 3 : Notes sur le compte de résultat			
Note 23	Revenus et autres produits		
Note 24	Achats		
Note 25	Transports		
Note 26	Services extérieurs		
Note 27	Impôts et taxes		
Note 28	Autres charges		

Note 29A	Charges de personnel		
Note 29B	Effectifs, masse salariale et personnel extérieur		
Note 30	Dotations et charges pour provisions et dépréciations		
Note 31	Charges et revenus financiers		
Note 32	Autres charges et produits HAO		
Partie 4 : Autres informations			
Note 33	Fiche de synthèse des principaux indicateurs financiers		
Note 34	Liste des informations sociales, environnementales et sociétales		
Note 35	Tableau d'exécution budgétaire		

(1) les Notes non documentées ne doivent pas être jointes aux états financiers. Leur contenu peut être amélioré par les entités Par ailleurs, dans une note, les lignes non chiffrées doivent être supprimées. Par exemple, dans la Note
26 Services extérieurs, lorsque la ligne sous-traitance générale n'est pas chiffrée, elle ne doit pas figurer dans cette note.
A : Applicable
N/A : Non applicable

Les différentes notes annexes prévues par le système comptable des entités à but non lucratif sont présentées à l'annexe 1.

5- CAS PRATIQUE D'ETABLISSEMENT DES ETATS FINANCIERS DES ASSOCIATIONS ET ORDRES PROFESSIONNELS

L'ASSIPOPA est une association qui a été créée le 05/10/2012 à Yaoundé. Son projet est un programme de soutien aux personnes vulnérables. Sa mission est d'aider les personnes vulnérables à créer des activités génératrices de revenue. Elle emploie 40 personnes titulaires et 15 bénévoles. Elle utilise les moyens provenant des fonds propres et des fonds étrangers. Au terme des travaux d'inventaire de fin d'exercice 2023, de l'association ASSIPOPA immatriculée au numéro AS98OBNL, la balance ci-dessous a été dressée pour l'établissement des états financiers de synthèse.

N° de Comptes	Libellés	Soldes d'ouverture		Mouvements		Soldes de clôture	
		Débiteurs	Créditeurs	Débit	Crédit	Débiteurs	Créditeurs
102	Dotations NCADR		60 000 000	3 000 000	10 000 000		67 000 000
131	Résultat net de l'exercice 2022		12 000 000	12 000 000			
16	Emprunts et dettes ass.		10 000 000	2 000 000	8 000 000		16 000 000
2131	Logiciels	6 000 000				6 000 000	
24	Matériel	10 000 000		9 000 000	5 500 000	13 500 000	
245	Matériel de transport	12 000 000		5 000 000		17 000 000	
26	Titres de participation	4 000 000		22 000 000	500 000	25 500 000	
284	Amortissement du matériel		2 000 000	1 000 000	1 600 000		2 600 000
2845	Amort. du mat. de transport		2 400 000		1 700 000		4 100 000
31	Biens liés à l'activité	25 000 000		18 000 000	20 000 000	23 000 000	
323	Matières premières	15 000 000		16 000 000	15 000 000	16 000 000	
361	Produits finis	900 000		1 000 000	900 000	1 000 000	
40	Fournisseurs d'exploitation		26 000 000	72 500 000	69 500 000		23 000 000
4091	F'sseurs, avances et acom.	4 600 000			4 000 000	600 000	
412	Clients-usagers	30 400 000		90 000 000	103 000 000	17 400 000	
4192	Clients-usagers, av. et acom.		7 500 000	7 000 000	6 000 000		6 500 000
42	Personnel		3 200 000	2 000 000	7 300 000		8 500 000
431	Sécurité sociale		1 300 000	1 000 000			300 000
4428	Autres impôts et taxes				8 844 000		8 844 000
4441	Etat, TVA due		6 700 000	13 000 000	7 000 000		700 000
4711	Débiteurs divers	6 200 000		15 000 000	8 000 000	13 200 000	
4712	Créditeurs divers		1 100 000	1 100 000	4 800 000		4 800 000
481	Fournisseurs d'investis.		8 000 000	6 000 000	5 000 000		7 000 000
485	Créances sur cession d'immo	2 500 000			2 500 000	-	
52	Banque	14 000 000		132 100 000	125 000 000	21 100 000	
57	Caisse	9 600 000		95 500 000	92 100 000	13 000 000	
601	Achats de B et S liés à l'A			56 000 000	1 500 000	54 500 000	

6021	Achat de matières premières			60 000 000		60 000 000	
6031	Δ de stock de B et S liés à l'A			20 000 000	18 000 000	2 000 000	
6033	Δ de stock de mat. 1ères			15 000 000	16 000 000		1 000 000
605	Autres achats			3 000 000		3 000 000	
616	Transports de plis			200 000		200 000	
6181	Voyages et déplacements			1 800 000		1 800 000	
622	Locations, charges locatives			600 000		600 000	
625	Primes d'assurance			400 000		400 000	
641	Impôts et taxes directs			5 000 000		5 000 000	
645	Impôts et taxes indirects			2 000 000		2 000 000	
651	Pertes sur créances AC			7 000 000		7 000 000	
661	Rémunérations DVPN			20 000 000		20 000 000	
663	Indemnités F V P			10 000 000		10 000 000	
664	Charges sociales			2 000 000		2 000 000	
671	Intérêts des emprunts			2 500 000		2 500 000	
676	Pertes de change financière			4 000 000		4 000 000	
68	Dotation aux amortissements			3 800 000		3 800 000	
701	Cotisation des adhérents				80 000 000		80 000 000
7053	Vente de produits finis				100 000 000		100 000 000
707	Produits accessoires				1 000 000		1 000 000
71	Subvention d'exploitation				12 000 000		12 000 000
72	Production immobilisée				2 000 000		2 000 000
736	Variation de produits finis			900 000	1 000 000		100 000
75	Autres produits				2 000 000		2 000 000
7712	Intérêts de prêts				5 000 000		5 000 000
776	Gains de change financier				5 000 000		5 000 000
78	Transfert de charges				1 000 000		1 000 000
812	VCCEI corporelles			4 000 000		4 000 000	
816	VCCEI financières			500 000		500 000	
822	PCI corporelles				4 500 000		4 500 000
826	PCI financière				600 000		600 000

831	Charges HAO constatées			1 800 000		1 800 000	
841	Produits HAO constatés				5 000 000		5 000 000
85	Dotations HAO			7 300 000		7 300 000	
89	Impôt sur le résultat			8 844 000		8 844 000	
	TOTAUX	**140 200 000**	**140 200 000**	**760 844 000**	**760 844 000**	**368 544 000**	**368 544 000**

Par ailleurs, les informations suivantes ont été relevées au cours de ces travaux d'inventaire :

- Le budget de l'entité à but non lucratif ASSIPOPA de l'année 2023 s'élève à 280 000 000 F CFA, réparti en budget d'investissement de 50 000 000 F CFA et de fonctionnement de 230 000 000 F CFA ;
- L'association a hypothéqué sont titre foncier de l'ensemble immobilier sis à MELEN (TF : 816M32) pour avoir l'emprunt octroyé le 15/02/2023 par NFC-BANK et dont le délai de remboursement est de 6 ans au taux d'intérêt annuel de 12% ;
- Les états financiers de l'exercice 2023 ont été arrêtés le 28/02/2024 ;
- Au cours de l'exercice 2023, il n'y a pas eu de dons et legs d'immobilisations non reçus destines à la vente et usufruit temporaire ;
- L'entité à but non lucratif a fait l'achat d'un matériel de bureau pour remplacer celui qui a été vendu afin d'améliorer les conditions de travail de ses employés ; elle a aussi acquis une Toyota pour faciliter les déplacements de ses agents. Par ailleurs, après avoir cédé les titres ZOABA qui ne rapportaient plus, elle a acheté les titres de la SACD pour avoir d'autres sources de revenus ;
- La créances sur un matériel de bureau vendu en 2022, a été réglé le 15/06/2023 et l'entité à but non lucratif a remboursement partiellement un crédit accordé par le vendeur du matériel de transport ;
- L'inventaire des stocks a été effectué le 02/01/2024 ;
- La méthode de valorisation des stocks est le coût moyen unitaire pondéré sur la durée moyenne de stockage ;
- La baisse des stocks des biens et services à l'activité est due à l'augmentation des ventes au mois de décembre 2023 ;
- Les clients-usagers qui ne respectent pas bien leurs engagements sont ramenés au règlement au comptant. Toutes les créances et dettes d'exploitation sont à court terme ;
- L'ASSIPOPA a vendu à crédit à une nouvelle organisation à but non lucratif classée comme débiteur divers ;
- Le rapprochement du compte bancaire a été effectué le 02/02/2024 ;
-Les dotations non consomptibles sans droit d'entrée ont été effectuées par Messieurs DUPOND SORIOS (Français) : 50 000 000 F CFA et FANKOU ZINKO (Camerounais) 17 000 000 F CFA ;
- La mise en place de la cellule de veille active a permis de réduite les pertes sur créances ;
- La situation salariale des travailleurs de l'ASSIPOPA est la suivante :

Eléments	Effectif		Masse salariale	
	Masculin	**Féminin**	**Masculin**	**Féminin**
Cadres supérieurs	2	3	2 000 000	3 000 000
Techniciens sup et cadres moyens	3	5	2 500 000	3 000 000
Techniciens	6	7	3 500 000	3 500 000
Employés	11	20	4 000 000	10 000 000
Effectif permanent	15	25	10 000 000	16 000 000
Effectif saisonnier	5	10	2 000 000	4 000 000

- L'exercice 2022 avait enregistré les flux suivants : cotisation 70 000 000 F CFA, vente des produits finis 85 000 000 F CFA, autres revenus 15 000 000 F CFA, subvention d'exploitation 10 000 000 F CFA, achat lié à l'activité 40 000 000 F CFA, Variation de stocks des achats de biens liés à l'activité 5 000 000 F CFA, achat des matières premières 50 000 000 F CFA, Variation de stocks de matières premières 10 000 000 F CFA, autres achats 2 000 000 F CFA, transports de plis 100 000 F CFA, voyages et déplacements 1 500 000 F CFA, charges locatives 500 000 F CFA, primes d'assurance 200 000 F CFA, impôts et taxes directs 4 000 000 F CFA, impôts et taxes indirects 1 000 000 F CFA, pertes sur créances adhérents 9 000 000 F CFA, rémunérations versées au personnel national 18 000 000 F CFA, indemnités forfaitaires 9 000 000 F CFA, charges sociales 1 500 000 F CFA, intérêts des emprunts 2 000 000 F CFA, pertes de change financières 3 000 000 F CFA, dotations aux amortissements 3 200 000 F CFA, intérêts de prêts 3 000 000 F CFA, gains de change financiers 4 000 000 F CFA, charges HAO constatées 1 500 000 F CFA, dotations HAO 10 500 000 F CFA, produits HAO constatés 4 000 000 F CFA, RAO 20 000 000 F CFA, RHAO -8 000 000 F CFA, RN 12 000 000, CAF 15 000 000 F CFA, Ratio de cotisation 0,2, flux de trésorerie des activités opérationnelle 20 000 000 F CFA, flux de trésorerie des activités d'investissement -25 000 000 F CFA, flux de trésorerie des activités de financement 10 000 000 C FA.

Travail-à-faire :

1- présenter le bilan ;

2- présenter le compte de résultat ;

3- présenter le tableau des flux de trésorerie ;

4- Présenter les notes annexes.

6- CORRECTION DU CAS PRATIQUE D'ETABLISSEMENT DES ETATS FINANCIERS DES ASSOCIATIONS ET ORDRES PROFESSIONNELS

6.1- Présentation du bilan

BILAN-ACTIF

REF	ACTIF	NOTE	EXERCICE AU 31/12/ 2023			EXERCICE AU 31/12/2022
			BRUT	AMORT. ET DEPREC	NET	NET
AA	**IMMOBILISATIONS DESTINÉES A LA VENTE PROVENANT DE DONS ET LEGS NON ENCORE REÇUES ET USUFRUIT TEMPORAIRE**	**5**				
AB	Immobilisations incorporelles		0	0	0	0
AC	Immobilisations corporelles et financières		0	0	0	0
AD	**IMMOBILISATIONS INCORPORELLES**	**5**			0	0
AE	Brevets, licences, logiciels et droits similaires		6 000 000	0	6 000 000	6 000 000
AF	Autres immobilisations incorporelles		0	0	0	0
AG	Avances et acomptes versés/ immob. incorporelles		0	0	0	0
AH	**IMMOBILISATIONS CORPORELLES**	**5**				
AI	Terrains		0	0	0	
AJ	Bâtiments		0	0	0	
AK	Aménagements, agencements et installations		0	0	0	

AL	Matériel, mobilier et actifs biologiques		**13 500 000**	**2 600 000**	**10 900 000**	**8 000 000**
AM	Matériel de transport		**17 000 000**	**4 100 000**	**12 900 000**	9 600 000
AN	Avances et acomptes versés sur immobilisations corporelles		0	0	0	0
AO	**IMMOBILISATIONS FINANCIERES**	**6**				
AX	Titres de participation		**25 500 000**	**0**	**25 500 000**	**4 000 000**
AY	Autres immobilisations financières		0	0	0	0
AZ	**TOTAL ACTIF IMMOBILISE**		**62 000 000**	**6 700 000**	**55 300 000**	**27 600 000**
BA	Actif circulant HAO	7	0	0	0	2 500 000
BB	Stocks et encours	8	40 000 000	0	40 000 000	40 900 000
BC	Fournisseurs débiteurs	19	600 000	0	600 000	4 600 000
BD	Adhérents, Clients-usagers	9	17 400 000	0	17 400 000	30 400 000
BE	Autres créances	10	13 200 000	0	13 200 000	6 200 000
BT	**TOTAL ACTIF CIRCULANT**		**71 200 000**	**0**	**71 200 000**	**72 600 000**
BU	Titres de placement	11	0	0	0	0
BV	Valeurs à encaisser	12	0	0		**0**
BW	Banques, établissements financiers, caisses et assimilés	13	34 100 000	0	34 100 000	**23 600 000**
BX	**TOTAL TRESORERIE ACTIF**		**34 100 000**	**0**	**34 100 000**	**23 600 000**
BY	Ecart de conversion-Actif	14	**0**	**0**	**0**	**0**
BZ	**TOTAL GENERAL**		**167 300 000**	**6 700 000**	**160 600 000**	**135 800 000**

BILAN-PASSIF

REF	PASSIF	Note	EXERCICE AU 31/12/2023	EXERCICE AU 31/12/2022
			NET	NET
CA	Dotation non consomptible sans droit reprise	15	67 000 000	60 000 000
CB	Dotation non consomptible avec droit reprise	15	0	0
CC	Droit d'entrée	15	0	0
CD	Dotation consomptible	15	0	0
CE	Écarts de réévaluation	5F	0	0
CF	Report à nouveau (+ ou -)	16	0	0
CG	Réserves	16	0	0
CH	Résultat net de l'exercice (excédent + ou déficit -)		17 956 000	12 000 000
CI	Subventions d'investissement	17A	0	0
CJ	Provisions réglementées	17A	0	0
CK	**TOTAL FONDS PROPRES ET ASSIMILES**		**84 956 000**	**72 000 000**
CW	Fonds affectés et provenant de dons et legs d'immobilisations	17B	0	0
CX	Fonds reportés	17B	0	0
CY	**TOTAL FONDS AFFECTES ET REPORTES**		0	0
CZ	**TOTAL RESSOURCES PROPRES ET ASSIMILEES**		**84 956 000**	**72 000 000**
DA	Emprunts et dettes financières	18A	16 000 000	10 000 000
DB	Dettes de location- acquisition	18A	0	0
DC	Provisions pour risques et charges	18A	0	0
DD	**TOTAL DETTES FINANCIERES ET RESSOURCES ASSIMILEES**		**16 000 000**	**10 000 000**
DE	**TOTAL RESSOURCES STABLES**		**100 956 000**	**82 000 000**
DF	Dettes circulantes HAO	7	7 000 000	8 000 000
DG	Adhérents, clients-usagers créditeurs	9	6 500 000	7 500 000
DH	Fournisseurs	19	23 000 000	26 000 000
DI	Autres dettes	20 & 21	23 144 000	12 300 000

DV	**TOTAL PASSIF CIRCULANT**		**59 644 000**	**53 800 000**
DW	Banques, établissements financiers et crédits de trésorerie	22	0	0
DX	**TOTAL TRESORERIE PASSIF**		0	0
DY	Ecart de conversion-Passif	14	0	0
	TOTAL GENERAL		**160 600 000**	**135 800 000**

6.2- présentation du compte de résultat

REF	LIBELLES	NOTE	EXERCICE AU 31/12/2023	EXERCICE AU 31/12/2022
			NET	NET
RA	Cotisations	23	80 000 000	70 000 000
RB	Dotations consomptibles transférées au compte de résultat	23	0	0
RC	Revenus liés à la générosité	23	0	0
RD	Ventes de marchandises	23	0	0
RE	Ventes de services et produits finis	23	100 000 000	85 000 000
RF	Subventions d'exploitation	23	12 000 000	10 000 000
RG	Autres produits et transferts de charges	23	16 100 000	15 000 000
RH	Reprises de provisions, dépréciations, subventions et autres reprises	5D&30	0	0
XA	**REVENUS DES ACTIVITES ORDINAIRES (Somme RA à RH)**		**208 100 000**	**180 000 000**
TA	Achats de biens et services liés à l'activité	24	54 500 000	40 000 000
TB	Variation de stocks des achats de biens et services liés à l'activité	8	2 000 000	5 000 000
TC	Achats de marchandises et matières premières	24	60 000 000	50 000 000
TD	Autres achats	24	3 000 000	2 000 000
TE	Variation de stocks de marchandises, de matières premières et autres	8	(1 000 000)	10 000 000
TF	Transports	25	2 000 000	1 600 000
TG	Services extérieurs	26	1 000 000	700 000
TH	Impôts et taxes	27	7 000 000	5 000 000
TI	Autres charges	28	7 000 000	9 000 000
TJ	Charges de personnel	29	32 000 000	28 500 000
TK	Frais financiers et charges assimilées	31	6 500 000	5 000 000

TL	Dotations aux amortissements, aux provisions, aux dépréciations et autres	5D&30	3 800 000	3 200 000
XB	**CHARGES DES ACTIVITES ORDINAIRES (Somme TA à TL)**		**177 800 000**	**160 000 000**
XC	**RESULTAT DES ACTIVITES ORDINAIRES (XA - XB)**		**30 300 000**	**20 000 000**
TM	Produits H.A.O.	32	10 100 000	4 000 000
TN	Charges H.A.O.	32	22 444 000	12 000 000
XD	**RESULTAT H.A.O. (TM - TN)**		**- 12 344 000**	**- 8 000 000**
XE	**RESULTAT NET (+excédent, -déficit) (XC+XD)**		**17 956 000**	**12 000 000**

6.3- présentation du tableau des flux de trésorerie

REF	**LIBELLES**		**Note**	**EXERCICE 2023**
ZA	**Trésorerie nette au 1er janvier A (Trésorerie actif N-1 - Trésorerie passif N-1)**	**A**		**23 600 000**
	Flux de trésorerie provenant des activités opérationnelles			
FA	+ Encaissement des cotisations			80 000 000
FB	+ Encaissement des subventions d'exploitation et d'équilibre			12 000 000
FC	+ Encaissement des revenus liés à la générosité			0
FD	+ Encaissement des revenus des manifestations			0
FE	+ Encaissement des autres revenus			116 100 000
FF	- Décaissement des sommes versées aux fournisseurs (1)			147 700 000
FG	- Décaissement des sommes versées au personnel			32 000 000
FH	- Autres décaissements			**0**
ZB	**Flux de trésorerie provenant des activités opérationnelles (Somme FA à FH)**	**B**		**28 400 000**
	Flux de trésorerie provenant des activités d'investissements			
FI	- Décaissements liés aux acquisitions d'immobilisations incorporelles et corporelles			14 000 000
FJ	- Décaissements liés aux acquisitions d'immobilisations Financières			22 000 000

FK	+ Encaissements liés aux cessions d'immobilisations incorporelles et corporelles			4 500 000
FL	+ Encaissements liés aux cessions d'immobilisations financières			600 000
ZC	**Flux de trésorerie provenant des activités d'investissements (Somme de FI à FL)**	**C**		**-30 900 000**
	Flux de trésorerie provenant du financement par les fonds Propres			
FM	+ Encaissement des dotations et autres fonds propres			10 000 000
FN	+ Subventions d'investissement reçues			0
FO	- Décaissement des dotations et autres fonds propres			3 000 000
ZD	**Flux de trésorerie provenant des fonds propres (somme FM à FO)**	**D**		**7 000 000**
	Trésorerie provenant du financement par les fonds Etrangers			
FP	+Encaissement provenant des emprunts et des autres dettes Financières			8 000 000
FQ	- Remboursements des emprunts et autres dettes financières			2 000 000
ZE	**Trésorerie provenant des fonds étrangers (somme FP à FQ)**	**E**		**6 000 000**
	Flux de trésorerie provenant des activités de financement (D+E)			**13 000 000**
ZF	**VARIATION DE LA TRÉSORERIE NETTE DE LA PÉRIODE (B+C+D+E)**	**G**		**10 500 000**
ZG	**Trésorerie nette au 31 Décembre (G+A)** **Contrôle : Trésorerie actif N - Trésorerie passif N = 34 100 000**	**H**		**34 100 000**

(1) à l'exclusion des fournisseurs d'investissements.

6.4- présentation des notes annexes

6.4.1- Note 1 : Dettes garanties par des suretés réelles, engagements financiers et contributions volontaires en nature

Libellés	Notes	Montants bruts	Suretés réelles		
			Hypothèques	Nantissements	Gages/ Autres
Emprunts et dettes financières diverses :	18A				
Emprunts et dettes des établissements de crédit		**16 000 000**	**TF : 816M32**		
TOTAL		**16 000 000**			

Commentaire :

Il s'agit d'une hypothéque sur l'ensemble immobilier sis à MELEN (TF n° : 816M32) pour garantir l'emprunt octroyé par NFC-BANK le 15/02/2023.

6.4.2- Note 2 : Informations obligatoires

A - IDENTITE, ORGANISATION
L'association ASSIPOPA a été créée le 05/10/2012 à Yaoundé. Son projet est un programme de soutien aux personnes vulnérables. Sa mission est d'aider les personnes vulnérables à créer des activités génératrices de revenue. L'association ASSIPOPA emploie 40 personnes titulaires et 15 bénévoles. Ses revenus annuels de l'année 2023 s'élèvent à 208 100 000 F CFA. Elle utilise les moyens provenant des fonds propres et des fonds étrangers.
B - DECLARATION DE CONFORMITE AU SYSTEME COMPTABLE DES ENTITES A BUT NON LUCRATIF ET FAITS MARQUANTS DE L'EXERCICE
Les états financiers sont établis en conformité au système comptable et l'Acte uniforme des entités à but non lucratif de l'OHADA. L'exercice a été davantage marqué par l'augmentation de ses revenus, des charges et du résultat.
C- REGLES, METHODES COMPTABLES ET DEROGATION AUX PRINCIPES COMPTABLES
Les états financiers ont été confectionné par le respect des postulats, des conventions et des règles d'évaluation édictées par le système comptable et l'Acte uniforme des entités à but non lucratif de l'OHADA.
D - INFORMATIONS COMPLEMENTAIRES RELATIVES AU BILAN, AU COMPTE DE RESULTAT ET AU TABLEAU DES FLUX DE TRESORERIE
Les charges hors activités du compte de résultat, comprennent aussi l'impôt sur le résultat. Dans le bilan, le résultat net a été diminué de l'impôt sur le résultat et cet impôt est entré dans le compte des autres dettes. Pas d'informations complémentaires relatives tableau de flux de trésorerie.

6.4.3- Note 3 : Evènements postérieurs a la clôture de l'exercice

Date d'arrêté des états financiers : le 28/02/2024 Organe ayant autorisé la publication des comptes : aucun
A - EVENEMENTS POSTERIEURS A LA DATE DE CLOTURE DONNANT LIEU A DES AJUSTEMENTS DES ETATS FINANCIERS
Commentaire : Aucun événement postérieur à la date de clôture a donné lieu à des ajustements des états financiers.
B - EVENEMENTS POSTERIEURS A LA DATE DE CLOTURE NE DONNANT PAS LIEU A DES AJUSTEMENTS DES ETATS FINANCIERS
Commentaire : Aucune estimation ne peut être fournie parce qu'il n'y a pas d'évènement postérieur donnant lieu à des ajustements des états financiers
C - EVENEMENTS REMETTANT EN CAUSE L'HYPOTHESE DE BASE DE CONTINUITE DE L'EXPLOITATION
Commentaire : Il n'existe pas dans les états financiers, des évènements remettant en cause l'hypothèse de base de continuité de l'exploitation

6.4.4- Note 4 : Changements de méthodes comptables, d'estimations et corrections d'erreurs

A – CHANGEMENTS DE METHODES COMPTABLES
1. Changement de réglementation comptable **Commentaire :** Pas de changement de réglementation comptable au cours de l'exercice 2023. **2. Changement de méthode comptable à l'initiative de l'entité** **Commentaire :** Pas de changement de méthode comptable à l'initiative de l'entité au cours de l'exercice 2023.
B – CHANGEMENTS D'ESTIMATIONS
Commentaire : Pas de changement d'estimations au cours de l'exercice 2023.
C – CORRECTIONS D'ERREURS
Commentaire : Pas de corrections d'erreurs au cours de l'exercice 2023.

6.4.5- Note 5a : dons et legs d'immobilisations non reçus destines a la vente et usufruit temporaire

Commentaire : pas de dons et legs d'immobilisations non reçus destines à la vente et usufruit temporaire au cours de l'exercice 2023.

6.4.6- Note 5b : immobilisations brutes

SITUATIONS ET MOUVEMENTS / RUBRIQUES	A	AUGMENTATIONS B			DIMINUTIONS C		D = A + B - C
	Montant Brut à L'ouverture De l'exercice	**Acquisitions Apports Créations**	**Virement De Poste à poste**	**Suite à une réévaluation pratiquée au cours de l'exercice**	**Cessions Scissions Hors service**	**Virement De Poste à poste**	**Montant Brut à la Clôture De l'exercice**
IMMOBILISATIONS INCORPORELLES							
Brevets, licences et droits similaires	0	0	0	0	0	0	0
Logiciels et sites internet	6 000 000	0	0	0	0	0	6 000 000
Avances et acomptes sur immobilisations incorporelles	0	0	0	0	0	0	0
Autres immobilisations incorporelles	0	0	0	0	0	0	0
IMMOBILISATIONS CORPORELLES							
Terrains hors immeuble de placement	0	0	0	0	0	0	0
Terrains - immeuble de placement	0	0	0	0	0	0	0
Bâtiments hors immeuble de placement	0	0	0	0	0	0	0

Bâtiments- immeuble de placement	0	0	0	0	0	0	0
Aménagements, agencements et installations	0	0	0	0	0	0	0
Matériel, mobilier et actifs biologiques	10 000 000	9 000 000	0	0	5 500 000		13 500 000
Matériel de transport	12 000 000	5 000 000	0	0	0	0	17 000 000
Avances et acomptes sur immobilisations corporelles	0	0	0	0	0	0	0
IMMOBILISATIONS FINANCIERES							
Titres de participation	4 000 000	22 000 000	0	0	500 000	0	25 500 000
Autres immobilisations financières	0	0	0	0	0	0	0
TOTAL GENERAL	32 000 000	36 000 000	0	0	6 000 000	0	62 000 000

Commentaire : L'entité à but non lucratif a acheté un matériel de bureau pour remplacer celui qui a été vendu afin d'améliorer les conditions de travail de ses employés ; elle a aussi acquis une Toyota pour faciliter les déplacements de ses agents. Par ailleurs, après avoir cédé les titres ZOABA qui ne rapportaient plus, elle a acheté les titres de la SACD pour avoir d'autres sources de revenus

6.4.7- Note 5c : biens pris en location-acquisition

COMMENTAIRE : pas de biens pris en location-acquisition.

6.4.8- note 5d : Dons et legs d'immobilisations non reçus destines a la vente usufruit temporaire (amortissements et dépréciations)

L'entité à but non lucratif ne possède pas de dons et legs d'immobilisations non reçus destines à la vente usufruit temporaire amortissables ou dépréciables.

6.4.9- Note 5e : Immobilisations (amortissements)

SITUATIONS ET MOUVEMENTS / RUBRIQUES	A	B	C		D	E = A + B – C – D
	Amortissements cumulés à L'ouverture De l'exercice	**Augmentations : dotations de l'exercice**	**Diminutions :**		**Virement De Poste à poste**	**Cumuls des amortissements à la Clôture De l'exercice**
			Amortissements relatifs aux éléments sortis de l'actif	**Reprises amortissements**		
Brevets, licences et droits similaires	0	0	0	0	0	0
Logiciels et sites internet	0	0	0	0	0	0
Autres immobilisations incorporelles	0	0	0	0	0	0
SOUS TOTAL : IMMOBILISATIONS INCORPORELLES	0	0	0	0	0	0
Terrains hors immeuble de placement	0	0	0	0	0	0
Terrains - immeuble de placement	0	0	0	0	0	0
Bâtiments hors immeuble de placement	0	0	0	0	0	0
Bâtiments- immeuble de placement	0	0	0	0	0	0
Aménagements, agencements et installations	0	0	0	0	0	0

Matériel, mobilier et actifs biologiques	2 000 000	1 600 000	1 000 000	0	0	2 600 000
Matériel de transport	2 400 000	1 700 000		0	0	4 100 000
SOUS TOTAL : IMMOBILISATIONS CORPORELLES	4 400 000	3 300 000	1 000 000	0	0	6 700 000
TOTAL GENERAL	4 400 000	3 300 000	1 000 000	0	0	6 700 000

Commentaire : les biens sont amortis selon les modes et taux suivants :

- Linéaire à 15% pour le matériel ;
- Linéaire à 10% pour le matériel de transport.

6.4.10- Note 5f : immobilisations (dépréciations)

Commentaire : Pas de dépréciation pour les immobilisations au cours de l'exercice 2023.

6.4.11- Note 5g : immobilisations : plus-values et moins-values de cession

SITUATIONS ET MOUVEMENTS / RUBRIQUES	Montant Brut A	Amortissements pratiqués B	Valeur comptable nette C = A - B	Prix de cession D	Plus-value ou moins-value E = D - C
Brevets, licences et droits similaires	0	0	0	0	0
Logiciels et sites internet	0	0	0	0	0
Autres immobilisations incorporelles	0	0	0	0	0
SOUS TOTAL : IMMOBILISATIONS INCORPORELLES	0	0	0	0	0
Terrains	0	0	0	0	0
Bâtiments	0	0	0	0	0
Aménagements, agencements et installations	0	0	0	0	0
Matériel, mobilier et actifs biologiques	5 000 000	1 000 000	4 000 000	4 500 000	500 000
Matériel de transport					
SOUS TOTAL : IMMOBILISATIONS CORPORELLES	5 000 000	1 000 000	4 000 000	4 500 000	500 000
Titres de participation	500 000	0	500 000	600 000	100 000
Autres immobilisations financières		0			
SOUS TOTAL : IMMOBILISATIONS FINANCIERES	500 000	0	500 000	600 000	100 000
TOTAL GENERAL	5 500 000	1 000 000	4 500 000	5 100 000	600 000

Commentaire :il s'agit de la vente d'un matériel de bureau moins performant et de la vente des titres ZOABA qui n'étaient plus rentable.

6.4.12- Note 5h : informations sur les réévaluations effectuées par l'entité

L'entité à but non lucratif n'a pas effectué les réévaluations au cours de l'exercice 2023.

6.4.13- Notes 6 : immobilisations financières

Libellés	Année 2023	Année 2022	Variation en %	Créances à un an au plus	Créances à plus d'un an et à deux ans au plus	Créances à plus de deux ans
Titres de participation	25 500 000	4 000 000	537,5%	0	0	25 500 000
Prêts et créances	0	0	0	0	0	0
Prêt au personnel	0	0	0	0	0	0
Créances sur l'état	0	0	0	0	0	0
Titres immobilisés	0	0	0	0	0	0
Dépôts et cautionnements	0	0	0	0	0	0
Intérêts courus	0	0	0	0	0	0
Immobilisations financières diverses	0	0	0	0	0	0
TOTAL BRUT	**25 500 000**	**4 000 000**	**537,5%**	**0**	**0**	**25 500 000**
Dépréciations des titres de participation	0	0	0			
Dépréciations des autres immobilisations financières	0	0	0			
TOTAL NET DE DEPRECIATIONS	**25 500 000**	**4 000 000**	**537,5%**			

Commentaire : L'achat des titres de la SACD explique la grande augmentation des titres de participation.

6.4.14- Notes 7 : actif circulant et dettes circulantes HAO

ACTIF CIRCULANT HAO

Libellés	Année 2023	Année 2022	Variation en	
			Valeur	%
Créances sur cessions d'immobilisations	0	2 500 000	-2 500 000	-100%
Créances reçues par dons et legs d'immobilisations	0	0	0	0
Autres créances hors activités ordinaires	0	0	0	0
TOTAL BRUT	**0**	**2 500 000**	**-2 500 000**	**-100%**
Dépréciations des créances HAO	0	0	0	0
TOTAL NET DE DEPRECIATIONS	**0**	**2 500 000**	**-2 500 000**	**-100%**

Commentaire : La créances sur la vente d'un matériel de bureau en 2022, a été réglé le 15/06/2023.

DETTES CIRCULANTES HAO

Libellés	Année 2023	Année 2022	Variation en	
			Valeur	%
Fournisseurs d'investissements	7 000 000	8 000 000	-1 000 000	12,5%
Dettes des dons et legs d'immobilisations	0	0	0	0
Créditeurs, dons nature HAO non consommés	0	0	0	0
Autres dettes hors activités ordinaires	0	0	0	0
TOTAL	7 000 000	8 000 000	-1 000 000	**12,5%**

Commentaire : La diminution du montant du poste fournisseurs d'investissement correspond au remboursement partiel d'un crédit accordé par le vendeur du matériel de transport.

6.4.15- Notes 8 : stocks et encours

Libellés	Année 2023	Année 2022	Variation en	
			Valeur	%
Biens et services liés à l'activité	23 000 000	25 000 000	-2 000 000	-8%
Marchandises, Matières premières	16 000 000	15 000 000	1 000 000	6,67%
Autres approvisionnements	0	0	0	
Dons en nature	0	0	0	
Produits finis	1 000 000	900 000	100 000	11,11%
Dons en nature HAO	0	0	0	
Autres stocks HAO	0	0	0	
TOTAL STOCKS ET ENCOURS	**40 000 000**	**40 900 000**	**-900 000**	**-2,20%**
Dépréciations des stocks	0	0	0	0
TOTAL NET DE DEPRECIATIONS	**40 000 000**	**40 900 000**	**-900 000**	**-2,20%**

Commentaire :

- L'inventaire a été effectué le 02/01/2024 ;
- La méthode de valorisation des stocks est le coût moyen unitaire pondéré sur la durée moyenne de stockage ;
- La baisse des stocks des biens et services a l'activité est due à l'augmentation des ventes au mois de décembre 2023.

6.4.16- Notes 9 : adhérents, clients-usagers

Libellés	Année 2023	Année 2022	Variation en		Créances à un an au plus	Créances à plus d'un an et à deux ans au plus	Créances à plus de deux ans
			Valeur	%			
Adhérents							
Clients-usagers	17 400 000	30 400 000	-13 000 000	-42,76 %	17 400 000	0	0
Adhérents, clients-usagers, chèques, effets et autres valeurs impayés	0	0			0	0	0

Adhérents, créances litigieuses ou douteuses	0	0	0		0	0	0
Adhérents, clients-usagers, produits à recevoir	0	0	0		0	0	0
TOTAL BRUT ADHERENTS, CLIENTS-USAGERS	**17 400 000**	**30 400 000**	**-13 000 000**	**-42,76 %**	**17 400 000**	**0**	**0**
Dépréciations des comptes adhérents et clients-usagers	0	0	0		0	**0**	**0**
TOTAL NET DE DEPRECIATIONS	**17 400 000**	**30 400 000**	**-13 000 000**	**-42,76 %**	**17 400 000**	**0**	**0**
Adhérents, avances reçues	0	0	0	0	0	0	0
Clients-usagers, avances et acomptes reçues	6 500 000	7 500 000	-1 000 000	-13,33 %	6 500 000	0	0
Autres clients créditeurs	0	0	0	0	0	0	0
TOTAL CLIENTS CREDITEURS	**6 500 000**	**7 500 000**	**-1 000 000**	**-13,33 %**	**6 500 000**	**0**	**0**

Commentaire : La diminution des créances est due par la mise au comptant de certains clients-usagers qui ne respectent pas bien leurs engagements.

6.4.17- Notes 10 : autres créances

Libellés	**Année 2023**	**Année 2022**	**Variation en**		**Créances à un an au plus**	**Créances à plus d'un an et à deux ans au plus**	**Créances à plus de deux ans**
			Valeur	**%**			
Personnel	0	0	0		0	0	0
Organismes sociaux	0	0	0		0	0	0

Etat et Collectivités publiques	0	0	0		0	0	0
Fondateurs, apporteurs et comptes courants	0	0	0		0	0	0
Bailleurs, Etat et autres organismes, fonds d'administration	0	0	0		0	0	0
Débiteurs divers	13 200 000	6 200 000	7 000 000	112,9	13 200 000	0	0
Autres débiteurs divers							
TOTAL BRUT	**13 200 000**	**6 200 000**	**7 000 000**	**112,9**	**13 200 000**	**0**	**0**
Dépréciations des autres créances	0	0	0		0	0	0
TOTAL NET DE DEPRECIATIONS	**13 200 000**	**6 200 000**	**7 000 000**	**112,9**	**13 200 000**	**0**	**0**

Commentaire : L'accroissement important du poste débiteur divers correspond aux ventes à crédit effectué à une nouvelle organisation à but non lucratif.

6.4.18- Notes 11 : titres de placement

Commentaire : L'exercice 2023 n'a pas de poste titres de placement.

6.4.19- Notes 12 : valeurs à encaisser

Commentaire : L'exercice 2023 n'a pas de poste titres de valeurs à encaisser.

6.4.20- Notes 13 : Disponibilités

Libellés	**Année 2023**	**Année 2022**	**Variation en**	
			Valeur	**%**
Banques locales	21 100 000	14 000 000	7 100 000	50,71%
Banques autres états région	0	0	0	0
Banques, dépôt à terme	0	0	0	0
Autres Banques	0	0	0	0
Banques intérêts courus	0	0	0	0
Banques Postales	0	0	0	0
Autres établissement financiers	0	0	0	0

Etablissement financiers intérêts courus	0	0	0	0
Instruments de monnaie électronique	0	0	0	0
Caisse	13 000 000	9 600 000	3 400 000	35,42%
TOTAL BRUT	**34 100 000**	**23 600 000**	**10 500 000**	**44,49%**
Dépréciations	0	0	0	0
TOTAL NET DE DEPRECIATIONS	**34 100 000**	**23 600 000**	**10 500 000**	**44,49%**

Commentaire :
Le rapprochement du compte bancaire a été effectué le 02/02/2024. Les augmentations du compte banque et du compte caisse sont dues aux règlements au comptant.

6.4.21- Notes 14 : écarts de conversion

Commentaire : L'exercice 2023 n'a pas de poste d'écarts de conversion actif.

6.4.22- Notes 15 : Dotation

Nom et prénoms des membres	**Nationalité**	**Montant**	**Préciser avec droit d'entrée ou sans droit d'entrée**
Dotation non consomptible			
DUPOND SORIOS	Français	50 000 000	0
FANKOU ZINKO	Camerounais	17 000 000	0
Droit d'entrée			
Dotation consomptible			
TOTAL		**67 000 000**	**0**

6.4.23- Notes 16 : réserves

Commentaire : L'exercice 2023 n'a pas de poste de réserves.

6.4.24- Notes 17A : subventions et provisions règlementées

Commentaire : L'exercice 2023 n'a pas de poste de subventions et de provisions réglementée.

6.4.25- Notes 17B : fonds affectés et reportés

Commentaire : L'exercice 2023 n'a pas de poste de fonds affectés et reportés.

6.4.26- Notes 18A : dettes financières et ressources assimilées

Libellés	Année 2023	Année 2022	Variation en		Dettes à un an au plus	Dettes à plus d'un an et à deux ans au plus	Dettes à plus de deux ans
			Valeur	%			
Emprunts obligataires	0	0	0	0	0	0	0
Emprunts et dettes auprès des établissements de crédit	16 000 000	10 000 000	6 000 000	60%	0	0	16 000 000
Avances reçues de l'Etat	0	0	0	0	0	0	0
Dépôts et cautionnements reçus	0	0	0	0	0	0	0
Intérêts courus	0	0	0	0	0	0	0
Autres emprunts et dettes	0	0	0	0	0	0	0
TOTAL EMPRUNTS ET DETTES FINANCIERES	16 000 000	10 000 000	6 000 000	60%	0	0	16 000 000

Commentaire : l'emprunt a été octroyé le 15/02/2023 par NFC-BANK. Son délai de remboursement est de 6 ans au taux d'intérêt annuel de 12%.

6.4.27- Notes 18B : actifs et passifs éventuels

Commentaire : L'exercice 2023 n'a pas de poste d'actifs et de passifs éventuels.

6.4.28- Notes 19 : fournisseurs d'exploitation

Libellés	Année 2023	Année 2022	Variation en		Dettes à un an au plus	Dettes à plus d'un an et à deux ans au plus	Dettes à plus de deux ans
			Valeur	%			
Fournisseurs, dettes en compte	23 000 000	26 000 000	-3 000 000	-11,54%	23 000 000	0	0
Fournisseurs, réserve de propriété	0	0	0	0	0	0	0
Fournisseurs, retenue de garantie	0	0	0	0	0	0	0
Fournisseurs effets à payer	0	0	0	0	0	0	0
Fournisseurs factures non parvenues	0	0	0	0	0	0	0
TOTAL FOURNISSEURS	**23 000 000**	**26 000 000**	**-3 000 000**	**-11,54**	**23 000 000**	**0**	**0**
Fournisseurs, avances et acomptes	600 000	4 600 000	-4 000 000	-86,96%	600 000	0	0
Fournisseurs sous-traitants, avances et acomptes	0	0	0	0	0	0	0
Autres fournisseurs débiteurs	0	0	0	0	0	0	0
TOTAL FOURNISSEURS DEBITEURS	**600 000**	**4 600 000**	**-4 000 000**	**-86,96%**	**600 000**	**0**	**0**

Commentaire : l'amélioration de la trésorerie à permis de payer plus rapidement les fournisseurs qui ont accordé à l'entité des remises et des escomptes.

6.4.29- Notes 20 : dettes fiscales et sociales

Libellés	Année 2023	Année 2022	Variation en		Dettes à un an au plus	Dettes à plus d'un an et à deux ans au plus	Dettes à plus de deux ans
			Valeur	%			
Personnel, rémunérations dues	8 500 000	3 200 000	5 300 000	165,63%	8 500 000	0	0
Personnel, congés à payer	0	0	0	0	0	0	0
Charges sociales sur congés à payer	0	0	0	0	0	0	0
Autres personnel	0	0	0	0	0	0	0
Caisse de sécurité sociale	0	0	0	0	0	0	0
Caisse de retraite	0	0	0	0	0	0	0
Mutuelle de santé	0	0	0	0	0	0	0
Assurance Retraite	300 000	1 300 000	-1 000 000	-76,92%	300 000	0	0
Autres charges sociales à payer	0	0	0	0	0	0	0
Autres cotisations et organismes sociaux	0	0	0	0	0	0	0
TOTAL DETTES SOCIALES	**8 800 000**	**4 500 000**	**4 300 000**	**95,56%**	**8 800 000**	**0**	**0**
Etat, autres impôts et taxes	8 844 000	0	8 844 000		8 844 000	0	0
Etat, TVA due	700 000	6 700 000	-6 000 000	89,55%	700 000	0	0
Etat, impôts retenus à la source	0	0	0	0	0	0	0
Autres dettes Etat	**0**	**0**	**0**	**0**	**0**	**0**	**0**
TOTAL DETTES FISCALES	**9 544 000**	**6 700 000**	**2 844 000**	**42,48%**	**9 544 000**	**0**	**0**
TOTAL DETTES SOCIALES ET FISCALES	**18 344 000**	**11 200 000**	**7 144 000**	**63,79%**	**18 344 000**	**0**	**0**

Commentaire : l'augmentation de la dette envers le personnel est due aux avantages de fin d'exercice accordés aux employés et celle de la dette fiscale est due à l'impôt sur le résultat.

6.4.30- Notes 21 : autres dettes et provisions pour risques et charges à court terme

Commentaire : L'exercice 2023 n'a pas de poste d'autres dettes et provisions pour risques et charges à court terme.

6.4.31- Notes 22 : banques, crédit d'escompte et de trésorerie

Commentaire : L'exercice 2023 n'a pas de poste de banques, crédit d'escompte et de trésorerie.

6.4.32- Notes 23 : revenus et autres produits

Libellés	Année 2023	Année 2022	Variation en	
			Valeur	%
Cotisations des adhérents	80 000 000	70 000 000	10 000 000	14,29
Quote-part de fonds d'administration transférés	0	0	0	0
Quote-part de dotation consomptible transférée	0	0	0	0
Revenus liés à la générosité	0	0	0	0
Ventes de marchandises, services et produits finis	100 000 000	85 000 000	15 000 000	17,65%
Revenus des manifestations	0	0	0	0
Autres revenus	16 100 000	15 000 000	1 100 000	7, 33%
TOTAL : REVENUS	**196 100 000**	**170 000 000**	**26 100 000**	**15,35%**
Subventions d'exploitation	12 000 000	10 000 000	2 000 000	20%
Autres produits et transferts de charges d'exploitation	0	0	0	0
TOTAL : SUBVENTIONS D'EXPLOITATION ET AUTRES PRODUITS	**12 000 000**	**10 000 000**	2 000 000	20%
TOTAL GENERAL	**208 100 000**	**180 000 000**	**28 100 000**	**15,61%**

Commentaire : tous les revenus sont en augmentation grâce à la confiance que l'entité à but lucratif fait montre envers ses partenaires.

6.4.33- Notes 24 : achats

Libellés	Année 2023	Année 2022	Variation en	
			Valeur	%
Achats de biens et services liés à l'activité dans l'Etat partie	54 500 000	40 000 000	4 500 000	11,25%
Achats de biens et services liés à l'activité dans les autres Etats parties de la Région	0	0	0	0
Achats de de biens et services liés à l'activité hors Région	0	0	0	0
TOTAL : ACHATS DE BIENS ET SERVICES LIES A L'ACTIVITE	54 500 000	40 000 000	4 500 000	11,25%
Achats de marchandises et matières premières dans l'Etat partie	60 000 000	50 000 000	10 000 000	20%
Achats de marchandises et matières premières dans les autres Etats parties de la Région	0	0	0	0
Achats de marchandises et matières premières hors Région	0	0	0	
TOTAL : ACHATS MARCHANDISES ET MATIERES PREMIERES	60 000 000	50 000 000	10 000 000	20%
Matières consommables	0	0	0	0
Matières combustibles	0	0	0	0
Produits d'entretien	0	0	0	0
Fournitures d'atelier, d'usine et de magasin	0	0	0	0
Eau	0	0	0	0
Electricité	0	0	0	0
Autres énergies	0	0	0	0
Fourniture d'entretien	0	0	0	0
Fourniture de bureau	0	0	0	0
Petit matériel et outillages	0	0	0	0
Achats autres activités	3 000 000	2 000 000	1 000 000	50%
Achats études, prestations de services, de travaux matériels et équipements	0		0	0
Achats d'emballages	0		0	0
Frais sur achats	0		0	0
Rabais, remises et ristournes obtenus	0		0	0
TOTAL AUTRES ACHATS	3 000 000	2 000 000	1 000 000	50%

Commentaire : l'augmentation des achats est due à l'augmentation de l'activité de l'entité.

6.4.34- Notes 25 : transports

Libellés	Année 2023	Année 2022	Variation en	
			Valeur	%
Transports sur ventes	0	0	0	0
Transports pour le compte de tiers	0	0	0	0
Transport du personnel	0	0	0	0
Transports de plis	200 000	100 000	100 000	50%
Voyages et déplacements	1 800 000	1 500 000	300 000	20%
Transports administratifs	0	0	0	0
Rabais, remises et ristournes obtenus	0	0	0	0
TOTAL	**2 000 000**	**1 600 000**	**400 000**	**25%**

Commentaire : l'augmentation des transports est due à l'augmentation de l'activité de l'entité.

6.4.35- Notes 26 : services extérieurs

Libellés	Année 2023	Année 2022	Variation en	
			Valeur	%
Sous-traitance générale	0	0	0	0
Locations et charges locatives	600 000	500 000	100 000	20%
Redevances de location-acquisition	0	0		0
Entretien, réparations et maintenance	0	0		0
Primes d'assurance	4000 000	200 000	200 000	50%
Etudes, recherches et documentation	0	0		0
Publicité, publications, relations publiques	0	0		0
Frais de télécommunications	0	0		0
Frais bancaires	0	0		0
Rémunérations d'intermédiaires et de conseils	0	0		0
Frais de formation du personnel	0	0		0
Redevances pour brevets, licences, logiciels, concessions et droits similaires	0	0		0
Cotisations	0	0		0
Frais de recherche de fonds	0	0		0
Rémunérations de personnel extérieur à l'entité	0	0		0
Autres charges externes	0	0		0
TOTAL	**1 000 000**	**700 000**	**300 000**	**42,86%**

Commentaire : l'augmentation des services extérieurs est due à l'augmentation de l'activité de l'entité.

6.4.36- Notes 27 : impôts et taxes

Libellés	Année 2023	Année 2022	Variation en	
			Valeur	%
Impôts et taxes directs	5 000 000	4 000 000	1 000 000	25%
Impôts et taxes indirects	2 000 000	1 000 000	1 000 000	50%
Droits d'enregistrement	0	0	0	0
Pénalités et amendes fiscales	0	0	0	0
Autres impôts et taxes	0	0	0	0
Dégrèvements et annulations des impôts et taxes (1)	0	0	0	0
TOTAL	**7 000 000**	**5 000 000**	**2 000 000**	**40%**

Commentaire : l'augmentation des services extérieurs est due à l'augmentation de l'activité de l'entité.

6.4.37- Notes 28 : autres charges

Libellés	Année 2023	Année 2022	Variation en	
			Valeur	%
Pertes sur créances adhérents	7 000 000	9 000 000	2 000 000	-22,22
Pertes sur Clients et autres débiteurs	0	0	0	0
Subventions versées par l'entité	0	0	0	0
Dons en nature courants à distribuer	0	0	0	0
Pénalités et amendes pénales	0	0	0	0
Autres charges diverses	0	0	0	0
Charges pour dépréciations et provisions pour risques à court terme d'exploitation (voir note 30)	0	0	0	0
TOTAL	**7 000 000**	**9 000 000**	**2 000 000**	**-22,22**

Commentaire : pertes sur les créances ont diminué grâce à la mise en place de la cellule de veille active de l'entité à but.

6.4.38- Notes 29a : charges de personnel

Libellés	Année 2023	Année 2022	Variation en	
			Valeur	**%**
Rémunérations directes versées au personnel national	20 000 000	18 000 000	2 000 000	11,11%
Rémunérations directes versées au personnel non National	0	0	0	0
Indemnités forfaitaires versées au personnel	10 000 000	9 000 000	1 000 000	11,11%
Charges sociales (personnel national)	2 000 000	1 500 000	500 000	33,33%
Charges sociales (personnel non national)	0	0	0	0
Habillement et équipement du personnel	0	0	0	0
Rémunération transférée de personnel extérieur	0	0	0	0
Autres charges sociales	0	0	0	0
Dégrèvements et annulations des charges sociales (1)	0	0	0	0
TOTAL	**32 000 000**	**28 500 000**	**3 500 000**	**12,28%**

Commentaire : l'augmentation des charges de personnel est due à l'augmentation de l'activité de l'entité.

6.4.39- Notes 29b : effectifs, masse salariale et personnel extérieur

1- Personnel propre																
REF	**EFFECTIF ET MASSE SALARIALE / QUALIFICATIONS**	**EFFECTIFS**							**MASSE SALARIALE**							
		Nationaux		**Autres Etats de La Région**		**Hors Région**		**TOTAL**	**Nationaux**		**Autres Etats de la Région**		**Hors Région**		**TOTAL**
		M	**F**	**M**	**F**	**M**	**F**		**M**	**F**	**M**	**F**	**M**	**F**	
YA	1. Cadres supérieurs	2	3	**0**	**0**	**0**	**0**	**5**	**2 000 000**	**3 000 000**	**0**	**0**	**0**		**5 000 000**
YB	2. Techniciens supérieurs et cadres moyens	3	5	**0**	**0**	**0**	**0**	**8**	**2 500 000**	**3 000 000**	**0**	**0**	**0**	**0**	**5 500 000**
YC	3. Techniciens, agents de maîtrise et ouvriers qualifiés	6	7	**0**	**0**	**0**	**0**	**13**	**3 500 000**	**3 500 000**	**0**	**0**	**0**	**0**	**7 000 000**

YD	4. Employés, manœuvres, ouvriers, et apprentis	11	20	**0**	**0**	**0**	**0**	**31**	**4 00 0 00 0**	**10 500 000**	**0**	**0**	**0**	**0**	**14 500 000**
YE	**TOTAL (1)**	**20**	**35**	**0**	**0**	**0**	**0**	**55**	**12 00 0 00 0**	**20 000 000**	**0**	**0**	**0**	**0**	**32 000 000**
YF	Permanents	15	25	**0**	**0**	**0**	**0**	**40**	**10 00 0 00 0**	**16 000 000**	**0**	**0**	**0**	**0**	**26 000 000**
YG	Saisonniers	5	10	**0**	**0**	**0**	**0**	**15**	**2 00 0 00 0**	**4 000 000**	**0**	**0**	**0**	**0**	**6 000 000**
2- Personnel extérieur									**Facturation à l'entité**	**M : Masculin**					

											F : Féminin
YH	1. Cadres supérieurs	0	0	0	0	0	0	0	0	0	
YI	2. Techniciens supérieurs et cadres moyens	0	0	0	0	0	0	0	0	0	
YJ	3. Techniciens, agents de maîtrise et ouvriers qualifiés	0	0	0	0	0	0	0	0	0	
YK	4. Employés, manœuvres, ouvriers, et apprentis	0	0	0	0	0	0	0	0	0	
YL	**TOTAL (2)**	0	0	0	0	0	0	0	0	0	
YM	Permanents	0	0	0	0	0	0	0	0	0	
YN	Saisonniers	0	0	0	0	0	0	0	0	0	
				0	0	0	0	0	55		
YO	**TOTAL (1 + 2)**			0	0	0	0	0			

Commentaire : pas de mouvements significatifs au cours de l'exercice 2023.

6.4.40- Notes 30 : dotations et charges pour provisions et dépréciations

Commentaire : l'exercice 2023 n'a pas de postes de dotations et charges pour provisions et dépréciations.

6.4.41- Notes 31 : charges et revenus financiers

Libellés	Année 2023	Année 2022	Variation en	
			Valeur	%
Intérêts des emprunts	2 500 000	2 000 000	500 000	25%
Intérêts dans loyers de location-acquisition	0	0	0	0
Escomptes accordés	0	0	0	0
Autres intérêts	0	0	0	0
Pertes de change financières	4 000 000	3 000 000	1 000 000	33,33%
Pertes sur titres de placement	0	0	0	0
Pertes et charges sur risques financiers	0	0	0	0
Charges pour dépréciations et provisions à court terme à caractère financier (voir note 30)	0	0	0	0
TOTAL : FRAIS FINANCIERS	**6 500 000**	**5 000 000**	**1 500 000**	**30%**
Intérêts de prêts et créances diverses	5 000 000	3 000 000	2 000 000	66,67%
Revenus de participations et autres titres immobilisés	0	0	0	0
Escomptes obtenus	0	0	0	0
Revenus de placement	0	0	0	0
Intérêts dans loyers de location-financement	0	0	0	0
Gains de change financiers	5 000 000	4 000 000	1 000 000	25%
Gains sur cessions de titres de placement	0	0	0	0
Gains sur risques financiers	0	0	0	0
Transferts de charges financières	0	0	0	0
Reprises de charges pour dépréciations et provisions à court terme à caractère financier (voir note 30)	0	0	0	0
TOTAL : REVENUS FINANCIERS	**10 000 000**	**7 000 000**	**3 000 000**	**42,86**

Commentaire : l'augmentation des charges et revenus financiers est due à l'augmentation générale de l'activité de l'entité à but lucratif.

6.4.42- Notes 32 : autres charges et produits HAO

Libellés	Année 2023	Année 2022	Variation en	
			Valeur	%
Charges H.A.O. constatées (compte 831)	1 800 000	1 500 000	300 000	20%
Dons en nature (compte 832) à détailler (1) :	0	0	0	0
(1) non affectés :………	0	0	0	0
(1) affectés :………	0	0	0	0
Pertes sur créances HAO	0	0	0	0
Abandons de créances consentis	0	0	0	0
Charges pour dépréciations et provisions pour risques à court terme HAO	0	0	0	0
Dotations hors activités ordinaires	7 300 000	10 500 000	- 3 200 000	- 30,48%
TOTAL : AUTRES CHARGES HAO	**9 100 000**	**12 000 000**	**- 2 900 000**	**- 27,17%**
Produits H.A.O. constatés (compte 841)	5 000 000	4 000 000	1 000 000	25%
Contributions volontaires en nature (compte 842) à détailler (1) :	0	0	0	0
(1) Dons en nature non affectés………	0	0	0	0
(1) Prestations de services en nature………	0	0	0	0
(1) Dons en nature affectés………	0	0	0	0
Contributions volontaires en numéraire	0	0	0	0
Transferts de charges HAO	0	0	0	0
Reprises des charges pour dépréciations et provisions à court terme HAO	0	0	0	0
Reprises d'amortissements, provisions et dépréciations H.A.O.	0	0	0	0
Subventions d'équilibre	0	0	0	0
TOTAL : AUTRES PRODUITS HAO	**5 000 000**	**4 000 000**	**1 000 000**	**25%**

Commentaire : Les dotations HAO sont en diminution alors que les produits HAO sont en augmentation en 2023.

6.4.43- Notes 33 : fiche de synthèse des principaux indicateurs financiers

(EN MILLIERS DE FRANCS)	Année 2023	Année 2022	Variation en	
			Valeur	%
ANALYSE DE L'ACTIVITE				
SOLDES INTERMEDIAIRES DE GESTION				
Résultat des activités ordinaires	30 300	20 000	10 300	51,5%
Résultat hors activités ordinaires	-12 344	-8 000	4 344	54,30%
Résultat net	17 956	12 000	5 956	49,63%
Capacité d'autofinancement globale (CAFG) (a)	21 156	15 000	6 156	41,04%
Ratio de cotisations acquises = Cotisations/Charges de l'exercice (b)	0,40	0,20	20 pts	100%
Ratio d'utilisation des dons = Sommes versées directement aux bénéficiaires/Sommes collectées brutes	0	0	0	0
ANALYSE DE LA STRUCTURE FINANCIERE				
+ Fonds propres et assimilés	84 956	60 000	24 956	41,59%
+ Dettes financières* et ressources assimilées (c)	16 000	10 000	6 000	60%
= RESSOURCES STABLES	100 956	70 000	30 956	44,22%
- Actif immobilisé (c)	55 300	27 600	27 700	100,36%
= FONDS DE ROULEMENT (1)	45 656	42 400	3 256	7,70%
+ Actif circulant d'exploitation (c)	71 200	70 100	1 100	1,57%
- Passif circulant d'exploitation (c)	52 644	45 800	6 844	14,94%
= BESOIN DE FINANCEMENT D'EXPLOITATION (2)	18 556	24 300	-5 744	-23,64%
+ Actif circulant HAO (c).	0	2 500	-2 500	-100%
- Passif circulant HAO (c)	7 000	8 000	-1 000	12,5%
= BESOIN DE FINANCEMENT HAO (3)	**-7 000**	**-5 500**	**-1 500**	**27,27%**
BESOIN DE FINANCEMENT GLOBAL (4) = (2) + (3)	**11 556**	**18 800**	**-7 244**	**-38,53%**
TRESORERIE NETTE (5) = (1) - (4)	**34 100**	**23 600**	**10 500**	**44,49%**
CONTRÔLE : TRESORERIE NETTE = (TRESORERIE - ACTIF) - (TRESORERIE - PASSIF)	**34 100**	**23 600**	**10 500**	**44,49%**
ANALYSE DE LA SOLVABILITE				
Ratio de liquidité générale = Créances **+ Trésorerie-actif/Passif circulant	0,52	0,59	-7 pts	-11,86%
ANALYSE DE LA VARIATION DE LA TRESORERIE				
Flux de trésorerie des activités opérationnelles	28 400	20 000	8 400	42%
Flux de trésorerie des activités d'investissement	-30 900	-25 000	-5 900	23,6%
Flux de trésorerie des activités de financement	13 000	10 000	3 000	30%
= VARIATION DE LA TRESORERIE NETTE DE LA PERIODE	**10 500**	**5 000**	**5 500**	**110%**

6.4.44- Notes 34 : liste des informations sociales, environnementales et sociétales

L'entité à but lucratif a un effectif de 55 < 250. Par conséquent, elle ne peut pas présenter la liste des informations sociales, environnementales et sociétales.

6.4.45- Notes 35 : tableau d'exécution budgétaire

Tableau suivi exécution budgétaire du 01/01/2023 au 31/12/2023

Code	Libellés	Budget de l'exercice	Décaissement	Engagement	Réalisation	Crédit disponible	Exécution budgétaire (%)
		1	**2**	**3**	**4 = 2+3**	**5 = 1-4**	**4/1**
IT	Investissement	50 000 000	36 000 000	5 000 000	41 000 000	9 000 000	82%
FT	Fonctionnement	230 000 000	179 700 000	20 544 000	200 244 000	29 756 000	87,06%
Total		**280 000 000**	**215 700 000**	**25 544 000**	**241 244 000**	**9 000 000**	**86,16%**

CHAPITRE 9

ETATS FINANCIERS DES PROJETS DE DEVELOPPEMENT ET ASSIMILES

Les projets de développement et assimilés, en contexte de l'OHADA, disposent un nombre plus important d'états financiers que les associations et ordres professionnels. Cela est dû principalement à la spécificité de leur fonctionnement et du suivi de l'exécution de leurs budgets. Les entités à but non lucratif qui sont considérées comme des projets de développement, sont celles financées en général par les bailleurs bilatéraux, multilatéraux, privés et/ou par l'Etat partie et qui ont pour but l'amélioration du niveau économique d'un pays, ainsi que l'amélioration des conditions du niveau de vie des populations locales d'un pays.
Les états financiers des projets de développement et assimilés comprennent :
- Le Tableau emplois ressources ;
- Le Tableau d'exécution budgétaire ;
- Le Tableau de réconciliation de trésorerie ;
- Le Bilan ;
- Le Compte d'exploitation ;
- Les Notes annexes.

1- LE TABLEAU EMPLOIS RESSOURCES

Le tableau d'emplois et de ressources des projets, présente la situation en début et en fin d'exercice, de l'ensemble des apports des bailleurs, de l'Etat bénéficiaire et d'autres apports divers. Ce tableau fait également le recensement de tous les investissements ainsi que des dépenses de fonctionnement d'exploitation, depuis le début du projet jusqu'à la fin de l'exercice qui fait l'objet d'inventaire. Il est structuré comme suit :

Tableau emplois ressources au…………………...

REF	Désignation	Solde cumulé Début Exercice N	Exercice N	Solde cumulé Fin exercice N
FA	Fonds reçu, bailleurs…			
FB	Fonds reçu, bailleurs…			
FC	Fonds contrepartie Etat			
FD	Autres fonds reçus			

GR	**I. RESSOURCES**			
FE	Immobilisations incorporelles			
FF	Terrains			
FG	Bâtiments			
FH	Aménagements, agencements et installations			
FI	Matériel, mobiliers et actif biologiques			
FK	Avances et acomptes sur immobilisations			
FL	Immobilisations financières			
GS	**A- TOTAL DES IMMOBILISATIONS**			
FM	Achats de biens et services			
FN	Transports			
FO	Services extérieurs			
FP	Impôts et taxes			
FQ	Autres charges			
FR	Charges de personnel			
FS	Charges financières			
FT	Avances sur charges (à justifier)			
GT	**B- TOTAL DES CHARGES DE FONCTIONNEMENT**			
GU	**II. EMPLOIS (A+B)**			
GV	**III. EXCEDENT/DEFICIT DES FONDS REÇUS SUR LES EMPLOIS (I-II)**			
FU	Fonds Bailleurs en début d'exercice N			
FV	Fonds de contrepartie Etat en début d'exercice N			
FW	Autres fonds en début d'exercice N			
GW	**IV. FONDS DISPONIBLE EN DEBUT D'EXERCICE**			
GX	**V. MONTANT NET DE L'ENCAISSE DISPONIBLE (III+IV)**			
FX	Fonds Bailleurs en fin exercice N			
FY	Fonds de contrepartie Etat en fin exercice N			
FZ	Autres fonds en fin exercice N			
GY	**VI. FONDS DISPONIBLE EN FIN EXERCICE**			
GZ	**VII. CONTROLE : TOTAL V = TOTAL VI**			

2- LE TABLEAU D'EXECUTION BUDGETAIRE

À la suite du tableau d'emplois et de ressources, le tableau de suivi de l'exécution budgétaire fait l'état des éléments constitutif du budget global du projet. Il expose donc pour chaque sous budget les chiffres relatifs au budget de l'exercice, les décaissements, les engagements, les réalisations, les crédits disponibles et les pourcentages d'avancement. Le système comptable des entités à but non lucratif a prévu la présentation ci-dessous de ce tableau.

Tableau suivi exécution budgétaire du...... au.......

Code	Libellés	Budget de l'exercice	Décaissement	Engagement	Réalisation	Crédit disponible	Exécution budgétaire (%)
		1	2	3	4 = 2+3	5 = 1-4	4/1
Total							

3- LE TABLEAU DE RECONCILIATION DE TRESORERIE

Le tableau de réconciliation de la trésorerie présente la situation de la trésorerie au cours de l'exercice. À cet effet, il présente le niveau de la trésorerie en début d'exercice, les flux de trésorerie d'entrée et de sortie de la période et le solde des comptes de trésorerie en fin d'exercice. Sa structure est la suivante :

Tableau de réconciliation de la trésorerie du...... au.......

LIBELLES		MONTANTS
TRESORERIE EN DEBUT EXERCICE N	A	
FONDS REÇUS DES BAILLEURS AU COURS DE L'EXERCICE N	B	
INTERETS REÇUS AU COURS DE L'EXERCICE N	C	
AUTRES FONDS REÇUS AU COURS DE L'EXERCICE N	D	
VIREMENTS SUR COMPTES OPERATIONNELS	E	
DEPENSES DE L'EXERCICE N	F	

TRESORERIE EN FIN D'EXERCICE N (A+B+C+D-E-F)	**G**	
PAIEMENT EN INSTANCE	H	
TRESORERIE NETTE DES PAIEMENTS EN INSTANCE (G-H)	**I**	

4- BILAN

Le bilan des projets de développement se distingue de celui des associations du fait qu'il ne ressort pas pour la partie de l'actif, la colonne de montants bruts et celle des amortissements et dépréciations. En ce sens, il est donc un bilan simplifié. Sa structure et son tableau de correspondance sont indiqués ci-après.

4.1- Le bilan du système normal des projets de développement et assimiles

REF	ACTIF	Note	EXERCICE AU 31/12/ N	EXERCICE AU 31/12/N-1	REF	PASSIF	Note	EXERCICE AU 31/12/N	EXERCICE AU 31/12/N-1
AA	Immobilisations incorporelles	2			CA	Fonds affectés aux investissements	8		
AB	Terrains et bâtiments	2			CB	Report à nouveau (+ ou -)			
AC	Aménagements, agencements et installations	2			CC	Résultat net de l'exercice (excédent + ou déficit -)			
AD	Matériel, mobilier et actifs biologiques	2			CD	Subventions d'investissement	9		
AE	Matériel de transport	2			CZ	**TOTAL RESSOURCES PROPRES ET ASSIMILEES**			
AF	Avances et acomptes versés sur immobilisations	2			DA	Emprunts et dettes assimilées	10		
AG	Dépôts et cautionnements	2			DB	Provisions pour risques et charges	10		
AH	Autres immobilisations corporelles et financières	2			DC	**TOTAL DETTES FINANCIERES ET RESSOURCES ASSIMILEES**			
AZ	**TOTAL ACTIF IMMOBILISE**				**DD**	**TOTAL RESSOURCES STABLES**			

BA	Actif circulant HAO	3			**DE**	Dettes circulantes HAO	3		
BB	Stocks et encours	4			DF	Fonds d'administration	8		
BC	Fournisseurs débiteurs	5			DG	Fournisseurs	**11**		
BD	Clients-usagers	5			**DH**	Autres dettes	**11**		
BE	Autres créances	5			**DI**	Provisions pour risques et charges à court terme	**20**		
BF	**TOTAL ACTIF CIRCULANT**				**DJ**	**TOTAL PASSIF CIRCULANT**			
BV	Valeurs à encaisser	6							
BW	Banques, établissements financiers, caisses et assimilés	6			DW	Banques, établissements financiers et crédits de trésorerie	12		
BX	**TOTAL TRESORERIE ACTIF**				**DX**	**TOTAL TRESORERIE PASSIF**			
BY	Ecart de conversion-Actif	**7**			**DY**	Ecart de conversion-Passif	7		
BZ	**TOTAL GENERAL**				**DZ**	**TOTAL GENERAL**			

4.2- Le tableau de correspondance du bilan des projets de développement

REF	ACTIF	NUMEROS DE COMPTES A INCORPORER DANS LES POSTES	REF	PASSIF	NUMEROS DE COMPTES A INCORPORER DANS LES POSTES
AA	Immobilisations incorporelles	**21**	CA	Fonds affectés aux investissements	**16**
AB	Terrains et bâtiments	**22, 231, 232, 233, 2391, 2392, 2393, 2396**	CB	Report à nouveau (+ ou -)	**12**
AC	Aménagements, agencements et installations	**234, 235, 238, 2394, 2395, 2398**	CC	Résultat net de l'exercice (excédent + ou déficit -)	**13 (131 ou 139)**
AD	Matériel, mobilier et actifs biologiques	**24 (sauf 245 et 2495)**	CD	Subventions d'investissement	**14**
AE	Matériel de transport	**245, 2495**	CZ	TOTAL RESSOURCES PROPRES ET ASSIMILEES	
AF	Avances et acomptes versés sur immobilisations	**25**	DA	Emprunts et dettes assimilées	**18**
AG	Dépôts et cautionnements	**275**	DB	Provisions pour risques et charges	**19**
AH	Autres immobilisations corporelles et financières	**26, 27 (sauf 275)**	DC	**TOTAL DETTES FINANCIERES ET RESSOURCES ASSIMILEES**	
AZ	**TOTAL ACTIF IMMOBILISE**		**DD**	**TOTAL RESSOURCES STABLES**	
BA	Actif circulant HAO	**485**	**DE**	**Dettes circulantes HAO**	**481, 484, 4998**
BB	Stocks et encours	**31, 32, 33, 34, 36, 38**	DF	Fonds d'administration	**46**

BC	Fournisseurs débiteurs	**409**	DG	Fournisseurs	**40 (sauf 409)**
BD	Clients-usagers	**41 (sauf 411 et 419)**	DH	Autres dettes	**419, Soldes créditeurs : 42, 43, 44, 47 (sauf 479), 499 (sauf 4998), 599**
BE	Autres créances	**Soldes débiteurs : 42, 43, 44, 46, 47 (sauf 478)**	DI	Provisions pour risques et charges à court terme	**4991**
BF	**TOTAL ACTIF CIRCULANT**		**DJ**	**TOTAL PASSIF CIRCULANT**	
BV	Valeurs à encaisser	**51**			
BW	Banques, établissements financiers, caisses et assimilés	**Soldes débiteurs : 52, 53, 55, 57**	DW	Banques, établissements financiers et crédits de trésorerie	**56, Soldes créditeurs 52, 53**
BX	**TOTAL TRESORERIE ACTIF**		**DX**	**TOTAL TRESORERIE PASSIF**	
BY	Ecart de conversion-Actif	**478**	**DY**	Ecart de conversion-Passif	479
BZ	**TOTAL GENERAL**		**DZ**	**TOTAL GENERAL**	

5- LE COMPTE D'EXPLOITATION

Le compte d'exploitation, l'équivalent du compte de résultat des associations et des entités à but lucratif, est un tableau qui présente la situation des comptes de gestion conduisant à la détermination du résultat net encore appelé solde des opérations de l'exercice. Il est relativement très simple dans sa présentation. Car, il permet de calculer seulement le total des revenus et celui des charges de fonctionnement donc la différence constitue le résultat net. La présentation et le tableau de correspondance du compte d'exploitation sont indiqués ci-dessous.

5.1- Le compte d'exploitation du système normal

REF	LIBELLES	NOTE	EXERCICE AU 31/12/N	EXERCICE AU 31/12/N-1
			NET	NET
RA	Fonds d'administration	8		
RB	Ventes de marchandises, produits finis et prestations de services	13		
RC	Subventions d'exploitation	13		
RD	Autres produits et transferts de charges	13		
RE	Reprises de provisions	21		
XA	**REVENUS (Somme RA à RE)**			
TA	Achats de biens, marchandises, matières premières et fournitures liées	14		
TB	Autres achats	14		
TC	Variation de stocks de biens, marchandises, matières et fournitures et autres	4		
TD	Transports	15		
TG	Services extérieurs	16		
TH	Impôts et taxes	17		
TI	Autres charges	18		
TJ	Charges de personnel	19		
TK	Frais financiers et charges assimilées	20		
TJ	Dotations aux provisions	21		
TK	Produits H.A.O.	22		
TL	Charges H.A.O.	22		
XB	**CHARGES DE FONCTIONNEMENT (somme de TA à TL)**			
XC	**Solde des opérations de l'exercice (XA-XB)**			

5.2- Le tableau de correspondance du compte d'exploitation

REF	LIBELLES	NUMEROS DE COMPTES A INCORPORER DANS LES POSTES	
RA	Fonds d'administration	+	702
RB	Ventes de marchandises, produits finis et prestations de services	+	705
RC	Subventions d'exploitation	+	71
RD	Autres produits et transferts de charges	+	707, 72, 73 (+/-), 75, 77, 78
RE	Reprises de provisions	+	79
XA	**REVENUS (Somme RA à RE)**		
TA	Achats de biens, marchandises, matières premières et fournitures liées	-	601, 602
TB	Autres achats	-	604, 605, 606, 608
TC	Variation de stocks de biens, marchandises, matières et fournitures et autres	+/-	603
TD	Transports	-	61
TG	Services extérieurs	-	62, 63
TH	Impôts et taxes	-	64
TI	Autres charges	-	65
TJ	Charges de personnel	-	66
TK	Frais financiers et charges assimilées	-	67
TJ	Dotations aux provisions	-	69
TK	Produits H.A.O.	+	82, 84, 86, 88
TL	Charges H.A.O.	-	81, 83, 85, 87 (+/-)
XB	**CHARGES DE FONCTIONNEMENT (somme de TA à TL)**		
XC	**Solde des opérations de l'exercice (XA-XB)**		

6- LES NOTES ANNEXES

Les états financiers des projets de développements disposent de 24 notes annexes. Ces notes expliquent au mieux, les différents éléments constitutifs des cinq premiers états financiers en général, et plus particulièrement le bilan et le compte d'exploitation. La fiche récapitulative des notes annexes présentées ci-dessous donne une lecture exhaustive des numéros et des noms de ces notes.

FICHE RECAPITULATIVE DES NOTES ANNEXES PRESENTEES

NOTES	INTITULES	A	N/A
Partie 1 : Informations générales			
NOTE 1	INFORMATIONS OBLIGATOIRES		
NOTE 2	**Partie 2 : Notes sur le : Tableau emplois ressources, Tableau d'exécution budgétaire, Tableau de réconciliation de trésorerie**		
Partie 3 : Notes sur le bilan			
NOTE 3A	IMMOBILISATIONS BRUTES		
NOTE 3B	BIENS PRIS EN LOCATION – ACQUISITION		
NOTE 4	ACTIF CIRCULANT ET DETTES CIRCULANTES HAO		
NOTE 5	STOCKS ET ENCOURS		
NOTE 6	CLIENTS-USAGERS ET AUTRES CREANCES		
NOTE 7	DISPONIBILITES		
NOTE 8	ECARTS DE CONVERSION		
NOTE 9	FONDS DU BAILLEUR		
NOTE 10	SUBVENTIONS		
NOTE 11	DETTES FINANCIERES ET RESSOURCES ASSIMILEES		
NOTE 12	DETTES FOURNISSEURS ET ASSIMILEES, DETTES FISCALES ET SOCIALES		
NOTE 13	BANQUES, CREDIT D'ESCOMPTE ET DE TRESORERIE		
Partie 3 : Notes sur le compte de résultat			
NOTE 14	REVENUS ET AUTRES PRODUITS		
NOTE 15	ACHATS		
NOTE 16	TRANSPORTS		
NOTE 17	SERVICES EXTERIEURS		
NOTE 18	IMPOTS ET TAXES		
NOTE 19	AUTRES CHARGES		
NOTE 20A	CHARGES DE PERSONNEL		
NOTE 20B	EFFECTIFS, MASSE SALARIALE ET PERSONNEL EXTERIEUR		
NOTE 21	CHARGES ET REVENUS FINANCIERS		
NOTE 22	DOTATIONS ET CHARGES POUR PROVISIONS		
NOTE 23	AUTRES CHARGES ET PRODUITS HAO		
NOTE 24	TABLEAU D'EXECUTION BUDGETAIRE		

(1) les Notes non documentées ne doivent pas être jointes aux états financiers. Leur contenu peut être amélioré par les entités. Par ailleurs, dans une note, les lignes non chiffrées doivent être supprimées. Par exemple, dans la Note 16 Services extérieurs, lorsque la ligne sous-traitance générale n'est pas chiffrée, elle ne doit pas figurer dans cette note.

A : Applicable

N/A : Non applicable
Par exemple pour une entité qui n'a pas de stocks et en-cours, elle doit cocher à l'intersection ('ligne "NOTE6" & "colonne N/A")

N.B : Les différentes notes annexes des projets de développement prévues par le système comptable des entités à but non lucratif, sont données dans leur intégralité en annexes 2 de cet ouvrage.

7- CAS DE SYNTHESE DE DES ETATS FINANCIERS DES PROJETS DE DEVELOPPEMENT ET ASSIMILES

Le PEZONUDAN est un projet de l'électrification des zones non urbaines dans l'arrondissement de NGOMEDZAP, créé le 18/01/2023 à MBALMAYO. Sa mission est de permettre aux habitants de l'arrondissement de NGOMEDZAP d'avoir l'électricité. Elle emploie 50 personnes titulaires et 20 bénévoles. Elle utilise les moyens provenant des ressources propres. Au terme des travaux d'inventaire de fin d'exercice 2024, du projet PEZONUDAN immatriculée au numéro PO67PD, la balance ci-dessous a été dressée pour l'établissement des états financiers de synthèse.

N° de Cptes	Libellés	Soldes d'ouverture		Mouvements de l'exercice		Soldes de clôture	
		Débiteurs	**Créditeurs**	**Débits**	**Crédits**	**Débiteurs**	**Créditeurs**
12	Report à nouveau				3 000 000		3 000 000
13	Résultat		30 000 000	30 000 000			
14	Subventions d'investissement		408 000 000		9 000 000		417 000 000
16	Fonds affectés		324 600 000	21 600 000	189 300 000		492 300 000
19	Provision pour R et C				900 000		900 000
2128	Autres concessions			1 200 000	240 000	960 000	
213	Logiciels et sites internet			8 400 000		8 400 000	
22	Terrains	60 000 000			21 000 000	39 000 000	
23	Bâtiments	240 000 000		150 000 000		390 000 000	
245	Mat de transport	45 000 000				45 000 000	
26	Titre de participation			26 850 000		26 850 000	
293	Dépréciations des Bâtiment		138 000 000	16 500 000	36 000 000		157 500 000
2945	Dépréciation du Mat de transport		15 000 000		9 600 000		24 600 000
31	Stocks des biens liés à l'activité	222 900 000		375 510 000	222 900 000	375 510 000	
391	Dépréciation des B LA				3 000 000		3 000 000
4011	Fournisseur				132 900 000		132 900 000
44	Etat	1 140 000		5 190 000	29 640 000		23 310 000
46	Bailleurs, fonds d'administration	306 600 000		429 000 000	414 900 000	320 700 000	
476	Charges constatées d'avance	3 300 000		300 000	3 300 000	300 000	

477	Produits constatés d'avance				600 000		600 000
4781	Ecarts de conversion-actif			900 000		900 000	
481	Fournisseurs d'investissement				4 500 000		4 500 000
496	Dépréciations des CBFA				4 800 000		4 800 000
499	Provisions pour RCCT				12 000 000		12 000 000
51	Valeurs à encaisser	3 600 000		4 500 000	3 600 000	4 500 000	
521	Banques	30 000 000		482 130 000	450 900 000	61 230 000	
571	Caisses	3 660 000		190 200 000	165 000 000	28 860 000	
591	Dépréciations des VAA		600 000	600 000			
601	Achat de biens liés à l'activité			126 360 000		126 360 000	
6031	Variation stocks des B et S LA			350 000 000	392 000 000		42 000 000
605	Autres achats			30 000 000		30 000 000	
61	Transports			3 800 000		3 800 000	
62	Services extérieurs			40 000 000		40 000 000	
63	Autres services extérieurs			9 570 000		9 570 000	
64	Impôts et taxes			29 100 000		29 100 000	
65	Autres charges			25 800 000		25 800 000	
66	Charges du personnel			113 700 000		113 700 000	
67	Frais financiers et CA			29 100 000		29 100 000	
69	Dotations aux provisions			48 240 000		48 240 000	
702	QP de Fonds d'administration				400 000 000		400 000 000
7052	Services vendus				800 000		800 000

707	Produits accessoires				900 000		900 000
71	Subventions d'exploitation				50 000 000		50 000 000
75	Autres produits				6 900 000		6 900 000
77	Revenus financiers et PA				600 000		600 000
781	Transfert de charges				2 400 000		2 400 000
79	Reprises de provisions				10 000		10 000
83	Charges HAO			31 500 000		31 500 000	
	Totaux	916 200 000	916 200 000	2 570 690 000	2 570 690 000	1 780 020 000	1 780 020 000

Par ailleurs, les charges et les revenus de fonctionnement suivants concernent l'exercice 2023 :
- Achats de biens et services liés à l'activité : 120 000 000 F CFA ;
- Les autres achats (Achats d'études, prestations de services, de travaux matériels et équipements) : 20 000 000 F CFA ;
- Variation de stocks de biens : 70 000 000 F CFA ;
- Transports (transport administratif) : 3 000 000 F CFA ;
- Services extérieurs (Entretien, réparations et maintenance) : 40 500 000 F CFA ;
- Impôts et taxes (Impôts et taxes directs) : 26 000 000 F CFA ;
- Autres charges (Autres charges diverses) : 18 000 000 F CFA ;
- Charges de personnel : 105 000 000 F CFA ;
- Frais financiers (Escomptes accordés) : 22 000 000 F CFA ;
- charges HAO : 30 000 000 F CFA ;
- Subvention d'exploitation : 30 000 000 F CFA ;
- Services vendus 600 000 F CFA ;
- produits accessoires 500 000 F CFA ;
- Autres produits et transferts de charges d'exploitation : 5 000 000 F CFA ;
- Escomptes obtenus : 400 000 F CFA ;
- Produits H.A.O. : 4 000 000 F CFA.

Toutefois, les données ci-dessous ont été relevées au cours des travaux de fin d'exercice 2024 :
- Les fonds suivants ont été reçu : Banque Mondiale 400 000 000 F CFA (contre 444 900 000 F CFA en 2023) et la contrepartie de l'Etat du Cameroun 165 300 000 F CFA (contre 224 600 000 F CFA en 2023). Cependant les autres fonds disponibles en fin exercice N s'élève à 40 640 000 F CFA. La Banque Mondiale a décaissé pour l'investissement 150 000 000 F CFA et pour l'administration 500 000 000 F CFA. Ces fonds de la BM ont été versé par moitié aux dates suivantes : 15/02/2024 et 22/09/2024. Concernant les fonds reçus de la banque Mondiale, le projet a consacré 100 000 000 F CFA à l'investissement et 400 000 000 F CFA à l'administration ;
- Les fonds disponibles en début d'exercice sont les suivants : Fonds Bailleurs 280 000 000 F CFA, Fonds de contrepartie 255 300 000 F CFA, Autres fonds (subvention) 49 220 000 F CFA ;
- Le budget de l'entité à but non lucratif PEZONUDAN de l'année 2024 s'élève à 800 000 000 F CFA, réparti en budget d'investissement de 220 000 000 F CFA, de fonctionnement de 430 000 000 F CFA et d'exploitation de 150 000 000 F CFA. Les décaissements de l'investissement, du fonctionnement et de l'exploitation ont été respectivement de 160 000 000 F CFA, 355 000 000 F CFA,

100 900 000 F CFA avec des engagements également respectifs de 26 450 000 F CFA, 43 070 000 F CFA, 4 100 000 F CFA ;

- Le montant des autres fonds d'exploitation, financiers et hors activités ordinaires reçus est de 57 030 000 F CFA ;
- Les subventions ont été données par des entités publiques et privées de part égale. Leur échéance a leu en Fin 2026. Il n'y a aucun régime fiscal particulier pour ces subventions ;
- Les dépréciations et provisions concernent l'exploitation. Les reprises sont liées aux conditions favorables du marché des immobilisations concernées ;
- Le projet PEZONUDAN a fait l'achat le 25/06/2024, d'un matériel d'un bâtiment réglé pour une partie au comptant et le resté à crédit ;
- L'inventaire de la caisse a été effectué le 02/01/2025 ;
- L'état de rapprochement bancaire a été effectué le 03/01/2025 ;
- Les valeurs à encaissée ont déminué à cause de l'inflation de décembre 2024 ;
- Toutes les créances et dettes d'exploitation sont à court terme ;
-La créance ancienne de l'état concerne la TVA récupérable alors que la dette nouvelle sur l'état concerne la TVA due ;
- La dépréciation sur les créances concerne une partie des engagements des bailleurs qui n'a pas été honorée ;
- Les écarts de conversion-actif portent sur les créances. Ils ont été constitués à cause de la diminution du F CFA par rapport au dollar. Car les créances e question sont libellés en dollars ;
- La grande saison des pluies qui est s'est abattue de septembre à novembre 2024 a retardé l'exécution des travaux.
- La situation salariale des travailleurs du projet PEZONUDAN est la suivante :

Eléments	**Effectif**		**Masse salariale**	
	Masculin	**Féminin**	**Masculin**	**Féminin**
Cadres supérieurs	5	8	7 000 000	10 000 000
Techniciens sup et cadres moyens	7	10	9 000 000	13 000 000
Techniciens	9	6	15 000 000	13 700 000
Employés	15	10	24 000 000	22 000 000
Effectif permanent	20	30	40 000 000	62 000 000
Effectif saisonnier	7	13	3 700 000	8 000 000

Travail-à-faire : pour l'exercice 2024 au compte du projet PEZONUDAN :

1- Présenter le tableau d'emplois et de ressources ;

2- présenter le tableau de suivi de l'exécution budgétaire ;

3- présenter le tableau de réconciliation de la trésorerie ;

4- Présenter le bilan du projet ;

5- Présenter le compte d'exploitation ;

6- Présenter les notes annexes.

8- CORRECTION DU CAS PRATIQUE D'ETABLISSEMENT DES ETATS FINANCIERS DES PROJETS DE DEVELOPPEMENT ET ENTITES ASSIMILEES

8.1- Présentation du tableau d'emplois et de ressources

Tableau emplois ressources au 31/12/2024

REF	Désignation	Solde cumulé Début Exercice 2024	Exercice 2024	Solde cumulé Fin exercice 2024
FA	Fonds reçu, bailleurs Banque Mondiale	444 900 000	400 000 000	844 900 000
FB	Fonds reçu, bailleurs…	0	0	0
FC	Fonds contrepartie Etat du Cameroun	224 600 000	165 300 000	389 900 000
FD	Autres fonds reçus (Subvention)	30 000 000	50 000 000	80 000 000
GR	**I. RESSOURCES**	**699 500 000**	**615 300 000**	**1 314 800 000**
FE	Immobilisations incorporelles	0	9 600 000	9 360 000
FF	Terrains	60 000 000	0	39 000 000
FG	Bâtiments	240 000 000	150 000 000	390 000 000
FH	Aménagements, agencements et installations	0	0	0
FI	Matériel, mobiliers et actif biologiques	45 000 000	0	45 000 000
FK	Avances et acomptes sur immobilisations	0	0	0
FL	Immobilisations financières	0	26 850 000	26 850 000
GS	**A- TOTAL DES IMMOBILISATIONS**	**345 000 000**	**186 450 000**	**510 210 000**
FM	Achats de biens et services	140 000 000	156 360 000	296 360 000
FN	Transports	3 000 000	3 800 000	6 800 000
FO	Services extérieurs	40 500 000	49 570 000	90 070 000
FP	Impôts et taxes	26 000 000	29 100 000	55 100 000
FQ	Autres charges	18 000 000	25 800 000	43 800 000
FR	Charges de personnel	105 000 000	113 700 000	218 700 000
FS	Charges financières	22 000 000	29 100 000	51 100 000
FT	Avances sur charges (à justifier)	0	0	0
GT	**B- TOTAL DES CHARGES DE FONCTIONNEMENT**	**354 500 000**	**407 430 000**	**761 930 000**
GU	**II. EMPLOIS (A+B)**	**699 500 000**	**593 880 000**	**1 272 140 000**

GV	**III. EXCEDENT/DEFICIT DES FONDS REÇUS SUR LES EMPLOIS (I-II)**	**0**	**21 420 000**	**42 660 000**
FU	Fonds Bailleurs en début d'exercice N	444 900 000	280 000 000	724 900 000
FV	Fonds de contrepartie Etat en début d'exercice N	224 600 000	255 300 000	479 900 000
FW	Autres fonds en début d'exercice N	30 000 000	49 220 000	79 220 000
GW	**IV. FONDS DISPONIBLE EN DEBUT D'EXERCICE**	**699 500 000**	**584 520 000**	**1 284 020 000**
GX	**V. MONTANT NET DE L'ENCAISSE DISPONIBLE (III+IV)**	**699 500 000**	**605 940 000**	**1 305 440 000**
FX	Fonds Bailleurs en fin exercice N	444 900 000	400 000 000	844 900 000
FY	Fonds de contrepartie Etat en fin exercice N	224 600 000	165 300 000	389 900 000
FZ	Autres fonds en fin exercice N	30 000 000	40 640 000	70 640 000
GY	**VI. FONDS DISPONIBLE EN FIN EXERCICE**	**699 500 000**	**605 940 000**	**1 305 440 000**
GZ	**VII. CONTROLE : TOTAL V = TOTAL VI**	**699 500 000**	**605 940 000**	**1 305 440 000**

8.2- Présentation du tableau de suivi de l'exécution budgétaire

Tableau suivi exécution budgétaire du 01/01/2024 au 31/12/2024

Code	Libellés	Budget de l'exercice	Décaissement	Engagement	Réalisation	Crédit disponible	Exécution budgétaire (%)
		1	**2**	**3**	**4 = 2+3**	**5 = 1-4**	**4/1**
IT	Investissement	220 000 000	160 000 000	26 450 000	186 450 000	33 550 000	84,75 %
FT	Fonctionnement	430 000 000	355 000 000	43 070 000	398 070 000	31 930 000	92,57 %
EXP	Exploitation	150 000 000	100 900 000	4 100 000	105 000 000	45 000 000	70 %
Total		**800 000 000**	**615 900 000**	**73 620 000**	**689 520 000**	**110 480 000**	**86,19 %**

8.3- Présentation du tableau de réconciliation de la trésorerie

Tableau de réconciliation de la trésorerie du 01/01/2024 au 31/12/2024

LIBELLES		MONTANTS
TRESORERIE EN DEBUT EXERCICE N	**A**	**33 660 000**
Banques		30 000 000
Caisses		3 660 000
FONDS REÇUS DES BAILLEURS AU COURS DE L'EXERCICE N	**B**	**565 300 000**
Fonds reçu, bailleurs Banque Mondiale		300 000 000
Fonds contrepartie Etat du Cameroun		265 300 000
INTERETS REÇUS AU COURS DE L'EXERCICE N	**C**	**0**
AUTRES FONDS REÇUS AU COURS DE L'EXERCICE N	**D**	**107 030 000**
Subvention d'exploitation		50 000 000
Autres fonds d'exploitation, financiers et hors activités ordinaires reçus		57 030 000
VIREMENTS SUR COMPTES OPERATIONNELS	**E**	**0**
DEPENSES DE L'EXERCICE N	**F**	**615 900 000**
Investissement		160 000 000
Fonctionnement		355 000 000
Exploitation		100 900 000
TRESORERIE EN FIN D'EXERCICE N (A+B+C+D-E-F)	**G**	**90 090 000**
Banques		61 230 000
Caisses		28 860 000
PAIEMENT EN INSTANCE	**H**	**73 620 000**
Sur investissement		26 450 000
Sur fonctionnement		43 070 000
Sur exploitation		4 100 000
TRESORERIE NETTE DES PAIEMENTS EN INSTANCE (G-H)	**I**	**16 470 000**

8.4- Présentation du bilan du projet PEZONUDAN

REF	ACTIF	Note	EXERCICE AU 31/12/2024	EXERCICE AU 31/12/2023	REF	PASSIF	Note	EXERCICE AU 31/12/2024	EXERCICE AU 31/12/2023
AA	Immobilisations incorporelles	**2**	9 360 000	0	CA	Fonds affectés aux investissements		492 300 000	324 600 000
AB	Terrains et bâtiments	**2**	271 500 000	162 000 000	CB	Report à nouveau (+ ou -)		3 000 000	0

AC	Aménagements, agencements et installations	**2**	0	0	CC	Résultat net de l'exercice (excédent + ou déficit -)		16 440 000	30 000 000
AD	Matériel, mobilier et actifs biologiques	**2**	0	0	CD	Subventions d'investissement		417 000 000	408 000 000
AE	Matériel de transport	**2**	20 400 000	30 000 000	CZ	**TOTAL RESSOURCES PROPRES ET ASSIMILEES**		**928 740 000**	**762 600 000**
AF	Avances et acomptes versés sur immobilisations	**2**	0	0	DA	Emprunts et dettes assimilées		0	0
AG	Dépôts et cautionnements	**2**	0	0	DB	Provisions pour risques et charges		900 000	0
AH	Autres immobilisations corporelles et financières	**2**	26 850 000	0	DC	**TOTAL DETTES FINANCIERES ET RESSOURCES ASSIMILEES**		**900 000**	**0**
AZ	**TOTAL ACTIF IMMOBILISE**		**318 750 000**	**192 000 000**	**DD**	**TOTAL RESSOURCES STABLES**		**929 640 000**	**762 600 000**
BA	Actif circulant HAO	**3**	0	0	**DE**	Dettes circulantes HAO		4 500 000	0

BB	Stocks et encours	**4**	372 510 000	222 900 000	DF	Fonds d'administration		0	0
BC	Fournisseurs débiteurs	**5**	0	0	DG	Fournisseurs		132 900 000	0
BD	Clients-usagers	**5**	0	0	**DH**	Autres dettes		23 910 000	0
BE	Autres créances	**5**	316 200 000	311 040 000	**DI**	Provisions pour risques et charges à court terme		12 000 000	0
BF	**TOTAL ACTIF CIRCULANT**		**688 710 000**	**533 940 000**	**DJ**	**TOTAL PASSIF CIRCULANT**		**173 310 000**	**0**
BV	Valeurs à encaisser	6	4 500 000	3 000 000					
BW	Banques établissements financiers, caisses et assimilés	6	90 090 000	33 660 000	DW	Banques, établissements financiers et crédits de trésorerie		0	0
BX	**TOTAL TRESORERIE ACTIF**		**94 590 000**	**36 660 000**	**DX**	**TOTAL TRESORERIE PASSIF**		**0**	**0**
BY	Ecart de conversion-Actif	**7**	900 000	0	**DY**	Ecart de conversion -Passif		0	0
BZ	**TOTAL GENERAL**		**1 102 950 000**	**762 600 000**	**DZ**	**TOTAL GENERAL**		**1 102 950 000**	**762 600 000**

8.5- Présentation du tableau compte d'exploitation

REF	LIBELLES	NOTE	EXERCICE AU 31/12/2024	EXERCICE AU 31/12/2023
			NET	NET
RA	Fonds d'administration	8	400 000 000	444 900 000
RB	Ventes de marchandises, produits finis et prestations de services	13	800 000	600 000
RC	Subventions d'exploitation	13	50 000 000	30 000 000
RD	Autres produits et transferts de charges	13	10 800 000	5 000 000
RE	Reprises de provisions	21	10 000	
XA	**REVENUS (Somme RA à RE)**		**461 610 000**	**480 500 000**
TA	Achats de biens, marchandises, matières premières et fournitures liées	14	126 360 000	120 000 000
TB	Autres achats	14	30 000 000	20 000 000
TC	Variation de stocks de biens, marchandises, matières et fournitures et autres	4	(42 000 000)	70 000 000
TD	Transports	15	3 800 000	3 000 000
TG	Services extérieurs	16	49 570 000	40 500 000
TH	Impôts et taxes	17	29 100 000	26 000 000
TI	Autres charges	18	25 800 000	18 000 000
TJ	Charges de personnel	19	113 700 000	105 000 000
TK	Frais financiers et charges assimilées	20	29 100 000	22 000 000
TJ	Dotations aux provisions	21	48 240 000	
TK	Produits H.A.O.	22	0	- 4 000 000
TL	Charges H.A.O.	22	31 500 000	30 000 000
XB	**CHARGES DE FONCTIONNEMENT (somme de TA à TL)**		**445 170 000**	**450 500 000**
XC	**Solde des opérations de l'exercice (XA-XB)**		**16 440 000**	**30 000 000**

8.6- présentation des notes annexes du projet PEZONUDAN

8.6.1- Note 1 : informations obligatoires du projet

A - IDENTITE, ORGANISATION
Le projet PEZONUDAN a été créé le 18/01/2023 à MBALMAYO. Son projet est d'électrifier les zones rurales. Sa mission est de permettre aux habitants de l'arrondissement de NGOMEDZAP d'avoir l'électricité. Le projet PEZONUDAN emploie 50 personnes titulaires et 20 bénévoles. Ses revenus annuels de l'année 2024 s'élèvent à 461 610 000 F CFA. Elle utilise les moyens provenant des ressources propres.
B - DECLARATION DE CONFORMITE AU SYSTEME COMPTABLE DES ENTITES A BUT NON LUCRATIF ET FAITS MARQUANTS DE L'EXERCICE
Les états financiers sont établis en conformité au système comptable et l'Acte uniforme des entités à but non lucratif de l'OHADA. L'exercice a été davantage marqué par l'augmentation de ses revenus, des charges et la diminution du résultat.
C- REGLES, METHODES COMPTABLES ET DEROGATION AUX PRINCIPES COMPTABLES
Les états financiers ont été confectionné par le respect des postulats, des conventions et des règles d'évaluation édictées par le système comptable et l'Acte uniforme des entités à but non lucratif de l'OHADA.
D - INFORMATIONS COMPLEMENTAIRES RELATIVES AU BILAN ET AU COMPTE D'EXPLOITATION
Les charges hors activités du compte de résultat de l'exercice 2024 sont importantes.

8.6.2- Note 2 : Informations spécifiques

A – TABLEAU EMPLOIS RESSOURCES
Au cours de l'exercice 2024, il n'y a pas eu investissement sur les emplois suivants : Aménagements, agencements et installations, Matériel, mobiliers et actifs biologiques, Avances et acomptes sur immobilisations.
B – TABLEAU D'EXECUTION BUDGETAIRE
Le budget de fonctionnement est plus important que le budget des investissements et de celui d'exploitation sur tous les aspects, à cause des différentes charges nécessaires pour la réalisation des objectifs annuels du projet.
C- TABLEAU DE RECONCILIATION DE TRESORERIE
La trésorerie de début de l'exercice 2024 (33 660 000 F CFA) est supérieure à la trésorerie de fin d'exercice 2024 (16 470 000 F CFA). Cet écart est dû à de nombreux engagements et règlements qui ont été effectués au cours de l'exercice 2024.

8.6.3- Note 3A : Immobilisations brutes

SITUATIONS ET MOUVEMENTS / **RUBRIQUES**	**A**	**AUGMENTATIONS B**			**DIMINUTIONS C**		**D = A + B - C**
	Montant Brut à L'ouverture De l'exercice	**Acquisitions Apports Créations**	**Virement De Poste à poste**	**Suite à une réévaluation pratiquée au cours de l'exercice**	**Cessions Scissions Hors service**	**Virement De Poste à poste**	**Montant Brut à la Clôture De l'exercice**
IMMOBILISATIONS INCORPORELLES							
Brevets, licences, logiciels, et droits similaires	0	9 600 000	0	0	240 000	0	9 360 000
Avances et acomptes sur immobilisations incorporelles	0	0	0	0	0	0	0
Autres immobilisations incorporelles	0	0	0	0	0	0	0
IMMOBILISATIONS CORPORELLES							**0**
Terrains hors immeuble de placement	60 000 000	0	0	0	21 000 000	0	39 000 000
Terrains - immeuble de placement							0
Bâtiments hors immeuble de placement	240 000 000	150 000 000	0	0	0	0	390 000 000
Bâtiments- immeuble de placement							0

Aménagements, agencements et installations							0
Matériel, mobilier et actifs biologiques							0
Matériel de transport	45 000 000	0	0	0	0	0	45 000 000
Avances et acomptes sur immobilisations corporelles	0	0	0	0	0	0	0
IMMOBILISATIONS FINANCIERES							0
Dépôts et cautionnement	0	0	0	0	0	0	0
Autres immobilisations financières	0	26 850 000	0	0	0	0	26 850 000
TOTAL GENERAL	**345 000 000**	**186 450 000**	**0**	**0**	**21 240 0 00**	**0**	**510 210 000**

8.6.4- Note 3B : Biens pris en location-acquisition

COMMENTAIRE : aucun bien pris en location-acquisition.

8.6.5- Note 4 : Actif circulant et dettes circulantes HAO

Actif circulant HAO

Commentaire : aucun Actif circulant HAO

Dettes circulantes HAO

Libellés	**Année 2024**	**Année 2023**	**Variation en**	
			Valeur	**%**
Fournisseurs d'investissements	4 500 000	0		
Autres dettes hors activités ordinaires	0	0		
TOTAL	**4 500 000**	**0**		

Commentaire : le bâtiment a été acheté le 25/06/2024.

8.6.6- Note 5 : Stocks et encours

Libellés	**Année 2024**	**Année 2023**	**Variation de Stock en Valeur Absolue**	**Variation en**	
				Valeur	**%**
Biens liés à l'activité	375 510 000	222 900 000	152 610 000	0,6846	68,46%
Marchandises	0	0	0	0	0
Matières premières et fournitures liées	0	0	0	0	0
Autres approvisionnements	0	0	0	0	0
Produits en cours	0	0	0	0	0
Services en cours	0	0	0	0	0
Produits finis	0	0	0	0	0
Produits intermédiaires	0	0	0	0	0
Stocks en cours de route, en consignation ou en dépôt	0	0	0	0	0
TOTAL STOCKS ET ENCOURS	**375 510 000**	**222 900 000**	**152 610 000**	**0,6846**	**68,46%**
Dépréciations des stocks	3 000 000	0	0	0	0
TOTAL NET DE DEPRECIATIONS	**372 510 000**	**222 900 000**	**149 610 000**	**0,5983**	**59,83**

Commentaire : Le stock des biens liés à l'activité a considérablement augmenté à cause de la fourniture du matériel devant servir à la réalisation du projet.

8.6.7- Note 6 : Clients - usagers et autres créances

Libellés	Année 2024	Année 2023	Variation en		Créances à un an au plus	Créances à plus d'un an et à deux ans au plus	Créances à plus de deux ans
			Valeur	%			
Fournisseurs, débiteurs	0	0	0	0	0	0	0
Clients-usagers	0	0	0	0	0	0	0
Personnel	0	0	0	0	0	0	0
Organismes sociaux	0	0	0	0	0	0	0
Etat et Collectivités publiques	0	1 140 000	-1 140 000	-100%	0	0	0
Autres débiteurs divers	321 000 000	309 900 000	11 100 000	03,58 %	321 000 000	0	0
TOTAL BRUT	**321 000 000**	**311 040 000**	**9 960 000**	**03,20 %**	**321 000 000**	**0**	**0**
Dépréciations des créances	4 800 000	0	4 800 000		4 800 000	0	0
TOTAL NET DE DEPRECIATIONS	**316 200 000**	**311 040 000**	**5 160 000**	**01,65 %**	**316 200 000**	**0**	**0**

Commentaire :

- Les créances anciennes concernent les engagements que les bailleurs ont pris envers le projet, les charges constatées d'avances et la TVA récupérable ;
- la dépréciation concerne une partie des engagements des bailleurs qui n'a pas été honorée.

8.6.8- Note 7 : Disponibilités

Libellés	Année 2024	Année 2023	Variation en	
			Valeur	%
Chèques à encaisser	4 500 000	3 600 000	900 000	25%
Chèques à l'encaissement	0	0	0	0
Cartes de crédit à encaisser	0	0	0	0
Autres valeurs à encaisser	0	0	0	0
TOTAL VALEURS A ENCAISSER	**4 500 000**	**3 600 000**	**900 000**	**25%**

Banques locales	61 230 000	30 000 000	31 230 000	104,1%
Banques autres états région	0	0	0	0
Banques, dépôt à terme et assimilés	0	0	0	0
Autres Banques	0	0	0	0
Banques intérêts courus	0	0	0	0
Banques Postales	0	0	0	0
Autres établissement financiers	0	0	0	0
Etablissement financiers intérêts courus	0	0	0	0
Instruments de monnaie électronique	0	0	0	0
Caisse	28 860 000	3 660 000	25 200 000	688,52%
TOTAL BANQUES ET CAISSES	**90 090 000**	**33 660 000**	**56 430 000**	**167,64%**
Dépréciations	0	600 000	-600 000	-100%
TOTAL NET DE DEPRECIATIONS	**94 590 000**	**36 660 000**	**57 330 000**	**156,38**

Commentaire :
- L'état de rapprochement bancaire a été effectué le 03/01/2025 ;
- L'inventaire de la caisse a été effectué le 02/01/2025 ;
- l'inflation de décembre 2024 a conduit à la dépréciation des valeurs à encaisser.

8.6.9- Note 8 : Ecarts de conversion

Libellés	**Devises**	**Montant en devises**	**Cours UML Année acquisition**	**Cours UML 31/12**	**Variation en**	
					Valeur	**%**
Ecarts de conversion-actif : détailler les créances et dettes concernées						
Sur les créances	Dollar	900 000	600	550	-50	-09,09%
Ecart de conversion-passif : détailler les créances et dettes concernées						

UML : Unités Monétaires légales

Commentaire : La parité entre le dollar et le F CFA a diminué.

8.6.10- Note 9 : Fonds du bailleur

Date des décaissements	Bailleur/sous projet 1 (1) (Bailleur Banque Mondiale)			% d'utilisation Des fonds
	Montant décaissé	Montant consommé	Solde restant	
Fonds d'investissement				
15/02/2024	75 000 000	-	-	-
22/09/2024	75 000 000	-	-	-
TOTAL FONDS D'INVESTISSEMENT	**150 000 000**	**100 000 000**	**50 000 000**	**66,67%**
Fonds d'administration (2)				
15/02/2024	250 000 000	-	-	-
22/09/2024	250 000 000	-	-	-
TOTAL FONDS D'ADMINISTRATION	**500 000 000**	**400 000 000**	**100 000 000**	**80%**
TOTAL DES FONDS DU BAILLEUR	**650 000 000**	**500 000 000**	**150 000 000**	**76,92%**

Commentaire : Les retards sont dus à la grande saison des pluies.

8.6.11- Note 10 : Subventions

Libellés	Année 2024	Année 2023	Variation en		Régime Fiscal	Échéance
			Valeur	%		
État	0	0	0	0	-	-
Région	0	0	0	0	-	-
Département	0	0	0	0	-	-
Communes et collectivités publiques décentralisées	0	0	0	0	-	-
Entités publiques ou mixtes	208 500 000	204 000 000	4 500 000	2,21%	-	Fin 2026
Entités et organismes privés	208 500 000	204 000 000	4 500 000	2,21%	-	Fin 2026
Organismes internationaux	0	0			-	-
Autres	0	0			-	-
TOTAL SUBVENTIONS	**417 000 000**	**408 000 000**	**9 000 000**	**2,21%**	**-**	**Fin 2026**

8.6.12- Note 11 : Dettes financières et ressources assimilées

Commentaire : aucune dette financière et ni de ressource assimilée dans l'exercice 2024.

8.6.13- Note 12 : Dettes fournisseurs et assimilées, fiscales et sociales

Libellés	Année 2024	Année 2023	Variation en		Dettes à un an au plus	Dettes à plus d'un an et à deux ans au plus	Dettes à plus de deux ans
			Valeur	%			
Fournisseurs	132 900 000	0	132 900 000		132 900 000	0	0
Clients-usagers créditeurs	0	0	0		0	0	0
DETTES FOURNISSEURS ET ASSIMILEES	**132 900 000**	**0**	**132 900 000**		**132 900 000**	**0**	**0**
Personnel, rémunérations dues	**0**	**0**	**0**		**0**	**0**	**0**
Personnel, congés à payer	**0**	**0**	**0**		**0**	**0**	**0**
Charges sociales sur congés à payer	**0**	**0**	**0**		**0**	**0**	**0**
Autres personnel	**0**	**0**	**0**		**0**	**0**	**0**
Caisse de sécurité sociale	**0**	**0**	**0**		**0**	**0**	**0**
Caisse de retraite	**0**	**0**	**0**		**0**	**0**	**0**
Mutuelle de santé	**0**	**0**	**0**		**0**	**0**	**0**
Assurance Retraite	**0**	**0**	**0**		**0**	**0**	**0**
Autres charges sociales à payer	**0**	**0**	**0**		**0**	**0**	**0**
Autres cotisations et organismes sociaux	**0**	**0**	**0**		**0**	**0**	**0**
TOTAL DETTES SOCIALES	**0**	**0**	**0**		**0**	**0**	**0**
Etat, impôts sur les bénéfices	0	0	0		0	0	0
Etat, autres impôts et taxes	0	0	0		0	0	0
Etat, TVA	23 310 000	0	23 310 000		23 310 000	0	0
Etat, impôts retenus à la source	0	0	0		0	0	0
Autres dettes Etat	0	0	0		0	0	0
TOTAL DETTES FISCALES	**23 310 000**	**0**	**23 310 000**		**23 310 000**	**0**	**0**
0							
TOTAL DETTES FOURNISSEURS ET	**156 210 000**	**0**	**23 310 000**		**156 210 000**	**0**	**0**

ASSIMILEES, DETTES FISCALES ET SOCIALES							

Commentaire : il n'y a pas de dettes anciennes.

8.6.14- Note 13 : Banques, crédit d'escompte et de trésorerie

Commentaire : il n'y a pas de comptes Banques, crédit d'escompte et de trésorerie.

8.6.15- Note 14 : Revenus et autres produits

Libellés	Année 2024	Année 2023	Variation en	
			Valeur	%
Ventes de marchandises	0	0	0	0
Ventes de produits fabriqués	0	0	0	0
Ventes de travaux et services	800 000	600 000	200 000	33,33%
Produits accessoires	900 000	500 000	400 000	80%
Production immobilisée	0	0	0	0
Subventions d'exploitation	50 000 000	30 000 000	20 000 000	66,67%
Autres produits et transferts de charges d'exploitation	9 900 000	5 000 000	4 900 000	98%
TOTAL : REVENUS ET AUTRES PRODUITS	**61 600 000**	**36 100 000**	**25 500 000**	**70,64%**

Commentaire : L'augmentation des autres produits et des produits accessoires grâce aux opérations annexes que le projet effectue.

8.6.16- Note 15 : Achats

Libellés	Année 2024	Année 2023	Variation en	
			Valeur	%
Achats de biens et services liés à l'activité	126 360 000	120 000 000	6 360 000	5,30%
Achats de marchandises	0	0	0	0
Achats de matières premières et fournitures liées	0	0	0	0
Matières consommables	0	0	0	0
Matières combustibles	0	0	0	0
Produits d'entretien	0	0	0	0
Fournitures d'atelier, d'usine et de magasin	0	0	0	0
Eau	0	0	0	0
Electricité	0	0	0	0
Autres énergies	0	0	0	0
Fourniture d'entretien	0	0	0	0
Fourniture de bureau	0	0	0	0

Petit matériel et outillages	0	0	0	0
Achats d'études, prestations de services, de travaux matériels et équipements	30 000 000	20 000 000	10 000 000	50%
Achats d'emballages	0	0	0	0
Frais sur achats	0	0	0	0
Remises rabais, et ristournes obtenus	0	0	0	0
TOTAL ACHATS	**156 360 000**	**140 000 000**	**16 360 000**	**11,68%**

8.6.17- Note 16 : Transports

Libellés	Année 2024	Année 2023	Variation en	
			Valeur	%
Transports sur ventes	0	0	0	0
Transports pour le compte de tiers	0	0	0	0
Transport du personnel	0	0	0	0
Transports de plis	0	0	0	0
Voyages et déplacements	0	0	0	0
Transports administratifs	3 800 000	3 000 000	800 000	26,67%
TOTAL	**3 800 000**	**3 000 000**	**800 000**	**26,67%**

8.6.18- Note 17 : Services extérieurs

Libellés	Année 2024	Année 2023	Variation en	
			Valeur	%
Sous-traitance générale	0	0	0	0
Locations et charges locatives	0	0	0	0
Redevances de location-acquisition	0	0	0	0
Entretien, réparations et maintenance	49 570 000	40 500 000	9 070 000	22,39%
Primes d'assurance	0	0	0	0
Etudes, recherches et documentation	0	0	0	0
Publicité, publications, relations publiques	0	0	0	0
Frais de télécommunications	0	0	0	0
Frais bancaires	0	0	0	0
Rémunérations d'intermédiaires et de conseils	0	0	0	0
Frais de formation du personnel	0	0	0	0
Redevances pour brevets, licences, logiciels, concessions et droits similaires	0	0	0	0
Cotisations	0	0	0	0
Rémunérations de personnel extérieur à l'entité	0	0	0	0
Autres charges externes	0	0	0	0
TOTAL	**49 570 000**	**40 500 000**	**9 070 000**	**22,39%**

8.6.19- Note 18 : Impôts et taxes

Libellés	Année 2024	Année 2023	Variation en	
			Valeur	%
Impôts et taxes directs	29 100 000	26 000 000	3 100 000	11,92%
Impôts et taxes indirects	0	0	0	0
Droits d'enregistrement	0	0	0	0
Pénalités et amendes fiscales	0	0	0	0
Autres impôts et taxes	0	0	0	0
Dégrèvements et annulations des impôts et taxes (1)	0	0	0	0
TOTAL	**29 100 000**	**26 000 000**	**3 100 000**	**11,92%**

8.6.20- Note 19 : Autres charges

Libellés	Année 2024	Année 2023	Variation en	
			Valeur	%
Pertes sur créances	0	0	0	0
Pertes sur autres débiteurs	0	0	0	0
Perte de change sur créances	0	0	0	0
Pénalités et amendes pénales	0	0	0	0
Dons et mécénat	0	0	0	0
Autres charges diverses	25 800 000	18 000 000	7 800 000	4,333%
Charges pour provisions pour risques à court terme d'exploitation	0	0	0	0
TOTAL	**25 800 000**	**18 000 000**	7 800 000	4,333%

8.6.21- Note 20A : Charges de personnel

Libellés	Année 2024	Année 2023	Variation en	
			Valeur	%
Rémunérations directes versées au personnel national	113 700 000	105 000 000	8 700 000	8,28%
Rémunérations directes versées au personnel non National	0	0	0	0
Indemnités forfaitaires versées au personnel	0	0	0	0
Charges sociales (personnel national)	0	0	0	0
Charges sociales (personnel non national)	0	0	0	0
Rémunération transférée de personnel extérieur	0	0	0	0
Autres charges sociales	0	0	0	0
Dégrèvements et annulations des charges sociales (1)	0	0	0	0
TOTAL	113 700 000	105 000 000	8 700 000	8,28%

Commentaire : Les contrats des employés sont à durée déterminée de 5 ans.

8.6.22- Note 20B : Effectifs, masse salariale et personnel extérieur

1- Personnel propre																	
REF	**EFFECTIF ET MASSE SALARIALE / QUALIFICATIONS**	**EFFECTIFS**							**MASSE SALARIALE**						
		Nationaux		**Autres Etats de La Région**		**Hors Région**		**TOTAL**	**Nationaux**		**Autres Etats de la Région**		**Hors Région**		**TOTAL**
		M	**F**	**M**	**F**	**M**	**F**		**M**	**F**	**M**	**F**	**M**	**F**	
YA	1. Cadres supérieurs	5	8	**0**	**0**	**0**	**0**	**13**	**7 000 000**	**10 000 000**	**0**	**0**	**0**		**17 000 000**
YB	2. Techniciens supérieurs et cadres moyens	7	10	**0**	**0**	**0**	**0**	**17**	**9 000 000**	**13 000 000**	**0**	**0**	**0**	**0**	**22 000 000**
YC	3. Techniciens, agents de maîtrise et ouvriers qualifiés	9	6	**0**	**0**	**0**	**0**	**15**	**15 000 000**	**13 700 000**	**0**	**0**	**0**	**0**	**28 700 000**
YD	4. Employés, manœuvres, ouvriers, et apprentis	15	10	**0**	**0**	**0**	**0**	**25**	**24 000 000**	**22 000 000**	**0**	**0**	**0**	**0**	**46 000 000**
YE	**TOTAL (1)**	**36**	**34**	**0**	**0**	**0**	**0**	**70**	**55 000 000**	**58 700 000**	**0**	**0**	**0**	**0**	**113 700 000**

YF	Permanents	20	30	**0**	**0**	**0**	**0**	**50**	**40 000 000**	**62 000 000**	**0**	**0**	**0**	**0**	**102 000 000**
YG	Saisonniers	7	13	**0**	**0**	**0**	**0**	**20**	**3 700 000**	**8 000 000**	**0**	**0**	**0**	**0**	**11 700 000**
2- Personnel extérieur									**Facturation à l'entité**		**M : Masculin** **F : Féminin**				
YH	1. Cadres supérieurs	**0**	**0**	**0**	**0**	**0**	**0**	**0**	**0**	**0**					
YI	2. Techniciens supérieurs et cadres moyens	**0**	**0**	**0**	**0**	**0**	**0**	**0**	**0**	**0**					
YJ	3. Techniciens, agents de maîtrise et ouvriers qualifiés	**0**	**0**	**0**	**0**	**0**	**0**	**0**	**0**	**0**					
YK	4. Employés, manœuvres, ouvriers, et apprentis	**0**	**0**	**0**	**0**	**0**	**0**	**0**	**0**	**0**					
YL	**TOTAL (2)**	**0**	**0**	**0**	**0**	**0**	**0**	**0**	**0**	**0**					
YM	Permanents	**0**	**0**	**0**	**0**	**0**	**0**	**0**	**0**	**0**					
YN	Saisonniers	**0**	**0**	**0**	**0**	**0**	**0**	**0**	**0**	**0**					
				0	**0**	**0**	**0**	**0**	**70**						
YO	**TOTAL (1 + 2)**			**0**	**0**	**0**	**0**	**0**							

Commentaire : pas de mouvements significatifs au cours de l'exercice 2024.

8.6.23- Note 21 : Charges et revenus financiers

Libellés	Année 2024	Année 2023	Variation en	
			Valeur	%
Intérêts des emprunts				
Intérêts dans loyers de location-acquisition				
Escomptes accordés	29 100 000	22 000 000	7 100 000	32,27%
Autres intérêts				
Pertes de change financières				
Pertes sur titres de placement				
Pertes et charges sur risques financiers				
Charges pour provisions à court terme à caractère financier				
TOTAL : FRAIS FINANCIERS	**29 100 000**	**22 000 000**	**7 100 000**	**32,27%**
Intérêts de prêts et créances diverses				
Revenus de participations et autres titres immobilisés				
Escomptes obtenus	600 000	400 000	200 000	50%
Revenus de placement				
Gains de change financiers				
Gains sur cessions de titres de placement				
Transferts de charges financières				
Reprises de charges pour provisions à court terme à caractère financier				
TOTAL : REVENUS FINANCIERS	**600 000**	**400 000**	**200 000**	**50%**

8.6.24- Note 22 : Dotations et charges pour provisions

SITUATIONS ET MOUVEMENTS / NATURE	A	B			C			D = A + B - C
	Provisions à l'ouverture de l'exercice	**Augmentations : dotations**			**Diminutions : reprises**			**Provisions à la clôture de l'exercice**
		EXP	**FI**	**HAO**	**EXP**	**FI**	**HAO**	
Provisions pour risques et charges	0	900 000	0	0	0	0	0	900 000
Dépréciations des immobilisations	153 000 000	16 500 000	0	0	45 600 000	0	0	182 100 000
TOTAL : DOTATIONS	**153 000 000**	**17 400 000**	**0**	**0**	**45 600 000**	**0**	**0**	**183 000 000**
Provisions pour risques à court terme d'exploitation	0	12 000 000	0	0	0	0	0	12 000 000

Provisions pour risques à court terme HAO	0	0	0	0	0	0	0	0
Provisions pour risques à court terme à caractère Financier	0	0	0	0	0	0	0	0
TOTAL : CHARGES POUR PROVISIONS A COURT TERME	**0**	**12 000 000**	**0**	**0**	**0**	**0**	**0**	**12 000 000**
TOTAL	**153 000 000**	**29 400 000**	**0**	**0**	**45 600 000**	**0**	**0**	**195 000 000**

Commentaire : Les reprises sont liées aux conditions favorables du marché des immobilisations concernées.

8.6.25- Note 23 : Autres charges et produits HAO

Libellés	**Année 2024**	**Année 2023**	**Variation en**	
			Valeur	**%**
Charges H.A.O. constatées (compte 831)	31 500 000	30 000 000	1 500 000	5%
Dons en nature (compte 832) à détailler (1) :	0	0	0	0
(1) non affectés :………	0	0	0	0
(1) affectés :………	0	0	0	0
Pertes sur créances HAO	0	0	0	0
Abandons de créances consentis	0	0	0	0
Charges pour provisions pour risques à court terme HAO	0	0	0	0
TOTAL : AUTRES CHARGES HAO	**31 500 000**	**30 000 000**	**1 500 000**	**5%**
Produits H.A.O. constatés (compte 841)	0	0	0	0
Contributions volontaires en nature (compte 842) à détailler (1) :	0	0	0	0
(1) Dons en nature non affectés………	0	0	0	0
(1) Prestations de services en nature………	0	0	0	0
(1) Dons en nature affectés………	0	0	0	0
Contributions volontaires en numéraire	0	0	0	0
Transferts de charges HAO	0	0	0	0
Reprises des charges pour provisions à court terme HAO	0	0	0	0

Reprises de provisions H.A.O.	0	0	0	0
Subventions d'équilibre	0	0	0	0
TOTAL : AUTRES PRODUITS HAO	**0**	**0**	**0**	**0**

8.6.26- Note 24 : Tableau d'exécution budgétaire

Tableau suivi exécution budgétaire du 01/01/2024 au 31/12/2024

Code	Libellés	Budget de l'exercice	Décaissement	Engagement	Réalisation	Crédit disponible	Exécution budgétaire (%)
		1	**2**	**3**	**4 = 2+3**	**5 = 1-4**	**4/1**
IT	Investissement	220 000 000	160 000 000	26 450 000	186 450 000	33 550 000	84,75 %
FT	Fonctionnement	430 000 000	355 000 000	43 070 000	398 070 000	31 930 000	92,57 %
EXP	Exploitation	150 000 000	100 900 000	4 100 000	105 000 000	45 000 000	70 %
Total		**800 000 000**	**615 900 000**	**73 620 000**	**689 520 000**	**110 480 000**	**86,19 %**

CHAPITRE 10

LES ETATS FINANCIERS DU SYSTEME MINIMAL DE TRESORERIE

Les entités à but non lucratif appartenant au système minimal de trésorerie, présentent une comptabilité simplifiée de trésorerie. Elle est essentiellement orientée vers la présentation des états financiers modestes. Dans le cadre d'une comptabilité simplifiée de trésorerie, le fait générateur de l'enregistrement comptable est l'encaissement (recette) ou le décaissement (dépense). Toutefois, ces entités devront produire un tableau récapitulatif des dettes et des créances de façon extra-comptable en fin d'exercice. Les états financiers annuels du Système Minimal de Trésorerie (S.M.T) sont constitués des documents suivants :

- le Bilan ;
- le Compte de résultat ;
- les Notes annexes.

1- LE BILAN DU SYSTEME MINIMAL DE TRESORERIE

Le bilan du système minimal de trésorerie des entités à but non lucratif, est présenté sur la base des soldes des comptes du patrimoine en fin d'exercice, sur la base des travaux d'inventaire. Sa structure est la suivante :

REF	ACTIF	NOTE	MONTANT		REF	PASSIF	NOTE	MONTANT	
			EXERCICE N	EXERCICE N-1				EXERCICE N	EXERCICE N-1
GA	Immobilisations (1)	1			HA	Dotations	5		
GB	Stocks	2			HB	Résultat de l'exercice (en + ou en -)			
GC	Adhérents, clients usagers et autres débiteurs	3			HC	Autres fonds propres			
GD	Caisse	4			HD	Fournisseurs et autres créditeurs	3		
GE	Banque (en + ou en -)	4							
GZ	**Total actif**				HZ	**Total passif**			

(1) A faire figurer sur l'état de situation si elles correspondent à des montants significatifs.

2- LE COMPTE DE RESULTAT

Le compte de résultat du système minimal de trésorerie des entités à but non lucratif, est un document simplifié de charges et de revenus, qui conduit à la détermination du résultat d'exploitation.

Il se présente comme suit :

REF	LIBELLES	NOTE	MONTANT	
			EXERCICE N	EXERCICE N-1
KA	Revenus encaissés	4		
KB	Autres recettes sur activités	4		
KX	**TOTAL DES REVENUS ENCAISSES (A)**			
JA	Dépenses sur achats	4		
JB	Dépenses sur loyers	4		
JC	Dépenses sur salaires	4		
JD	Dépenses sur impôts et taxes	4		
JE	Charges d'intérêts	4		
JF	Autres dépenses sur activités	4		
JX	**TOTAL DEPENSES SUR CHARGES (B)**			
KZ	**SOLDE : excédent (+) ou insuffisance (-) de recettes (C = A-B)**			
VA	+ Variations des stocks sur les achats [N - (N-1)]			
VB	+Variation des créances [N - (N-1)]			
VC	- Variation des dettes d'exploitation [N - (N-1)]			
JG	DOTATIONS AUX AMORTISSEMENTS			
KZC	**RESULTAT DE L'EXERCICE**			

3- NOTES ANNEXES

Le système minimal de trésorerie des entités à but non lucratif, possède cinq notes annexes dont quatre portent sur le bilan et une concerne le compte de résultat. La fiche récapitulative ci-dessous permettent d'identifier chacune de ces notes annexes.

FICHE RECAPITULATIVE DES NOTES ANNEXES PRESENTEES

NOTES	INTITULES	A	N/A
Partie 1 : Notes sur le bilan			
Note 1	Tableau d'acquisition et de suivi du matériel, du mobilier et des cautions		
Note 2	Etat des stocks		
Note 3	Etat des créances et des dettes non échues		
Note 5	Dotations		
Partie 2 : Notes sur compte de résultat			
Note 4	Journal unique de trésorerie		

N.B : Les différentes notes annexes du système minimal de trésorerie sont indiquées en annexe 3 de cet ouvrage.

4- CAS PRATIQUE SUR LE SYSTEME MINIMAL DE TRESORERIE APPLIQUE AUX ENTITES A BUT NON LUCRATIF

L'entité à but non lucratif AGARWAL (n° d'immatriculation : 1238A) installée à SOA est une association dont les revenus annuels (Cotisations, subventions…), sont inférieurs à 30 000 000 F CFA. Elle a été créée le 14 juillet 2020. Au début de l'année 2023 Son bilan se présente comme suit :

Actif	Montants	Passif	Montants
Immobilisations	1 000 000	Dotations	13 000 000
Stocks	500 000	Résultat net de l'exercice	4 000 000
Adhérents, Clients-usagers et autres débiteurs	2 500 000	Autres fonds propres	3 000 000
Caisse	6 000 000	Fournisseurs et autres créditeurs	2 000 000
Banque	12 000 000		
Total	22 000 000	**Total**	22 000 000

Au cours de l'année 2023, elle a réalisé les opérations suivantes :

- 02 / 02, cotisation des adhérents par virement bancaire 4 000 000 F CFA ;
- 05 / 04, achat de biens et services liés à l'activité par banque, des services liés à l'activité 4 000 000 F CFA ;
- 07 / 06, avis de crédit bancaire pour produits divers reçu 700 000 F CFA ;
- 09 / 08, règlement des impôts par banque 100 000 F CFA ;
- 11 / 09, paiement des salaires par banque 1 000 000 F CFA ;
- 13 /11, reçu en espèces des subventions 4 000 000 F CFA ;
- 15 / 12, règlement du loyer en espèces 100 000 F CFA.

Les travaux de fin d'exercice 2023 ont fourni des informations suivantes :

- Le 25/06/2023, les membres de l'association AGARWAL ont décidé d'incorporer le résultat de l'exercice 2022, dans le compte dotation ;
- Les dotations non consomptibles sont réparties ainsi :
  - MBILGUI (Camerounais) : 2 000 000 F CFA ;
  - SOMO (Camerounais) : 6 000 000 F CFA ;
  - ASSABA (Camerounais) : 1 500 000 F CFA ;
- AYANDA (Camerounais) et SARKA (Camerounais) ont des apports en dotations consomptibles de valeurs respectives de 4 500 000 F CFA et 3 000 000 F CFA ;
- Dotations aux amortissements : 200 000 F CFA ;
- Stocks final au 31/12/2023 : 1 100 000 F CFA. Il s'agit de 110 KG de biens liés à l'activité ;
- L'immobilisation à l'actif concerne le matériel de transport, qui a été acheté et comptabilisé le 31/12/2022. Mais son utilisation a débuté le 01/01/2023. Il est amorti au taux constant de 20%. La date prévue pour la fin de son utilisation est le 31/12/2027 ;
- Les adhérents BINGO et KOALA, sont redevables à l'association AGARWAL, respectivement des sommes suivantes : 1 000 000 F CFA et 1 500 000 F CFA.
- L'entité à but non lucratif AGARWAL, doit :
  - À l'Etat : 400 000 F CFA ;
  - À la CNPS 200 000 ;
  - Au fournisseur SALTA 1 400 000 F CFA.

Par ailleurs, les informations des comptes de gestion de l'exercice 2022 sont les suivantes :

- Revenu principal : 6 500 000 F CFA ;
- Autres revenus : 500 000 F CFA ;
- Achats de biens et services liés à l'activité : 2 900 000 F CFA ;
- Loyers : 100 000 F CFA ;
- Salaires : 760 000 F CFA ;
- Impôts et taxes : 40 000 F CFA ;
- Charges d'intérêts : 50 000 F CFA ;
- Autres dépenses : 150 000 F CFA ;
- Variation de Stocks 2022/2021 : 700 000 F CFA ;
- Variation des créances 2022/2021 : 1 300 000 F CFA ;
- Variation des dettes d'exploitation 2022/2021 : 1 000 000 F CFA.

Travail-à-faire :

1- présenter le bilan ;

2- Présenter le compte de résultat ;

3- Présenter les notes annexes ;

5- CORRECTION DU CAS PRATIQUE DE PRODUCTION DES ETATS FINANCIERS DES ENTITES A BUT NON LUCRATIF DU SYSTEME MINIMAL DE TRESORERIE

5. 1- Présentation du bilan

Bilan au 31 Décembre 2023 :

REF	ACTIF	Note	Montants		REF	PASSSIF	Note	Montant	
			Exercice 2023	**Exercice 2022**				**Exercice 2023**	**Exercice 2022**
GA	Immobilisations	1	800 000	1 000 000	HA	Dotations	5	17 000 000	13 000 000
GB	Stocks	2	1 100 000	500 000	HB	Résultat net de l'exercice (en + ou -)		+ 3 900 000	4 000 000
GC	Adhérents, Clients-usagers et autres débiteurs	3	2 500 000	2 500 000	HC	Autres fonds propres		3 000 000	3 000 000
GD	Caisse	4	9 900 000	6 000 000	HD	Fournisseurs et autres créditeurs	3	2 000 000	2 000 000
GE	Banque (en + ou -)	4	11 600 000	12 000 000					
GZ	**Total actif**		**25 900 000**	**22 000 000**	**HZ**	**Total passif**		**25 900 000**	**22 000 000**

5.2- Présentation du compte de résultat

RUBRIQUES	NOTE	MONTANT	
		EXERCICE 2023	EXERCICE 2022
Revenus encaissés	4	8 000 000	6 500 000
Autres revenus sur activités	4	700 000	500 000
TOTAL DES REVENUS ENCAISSÉS (A)	**A**	**8 700 000**	**7 000 000**
Dépenses sur achats de biens et services liés à l'activité	4	4 000 000	2 900 000
Dépenses sur loyers	4	100 000	100 000
Dépenses sur salaires	4	1000 000	760 000
Dépenses sur impôts et taxes	4	100 000	40 000
Charges d'intérêts		-	50 000
Autres dépenses sur activités		-	150 000
TOTAL DES DEPENSES SUR CHARGES (B)	**B**	**5 200 000**	**4 000 000**
SOLDES : Excédent (+) ou insuffisance (-) de recettes (C=A-B)	**C**	**+ 3 500 000**	**3 000 000**
+Variation de Stocks [N - (N-1)]	2	600 000	700 000
+Variation des créances [N - (N-1)]	3	-	1 300 000
- Variation des dettes d'exploitation [N - (N-1)]	3	-	-1 000 000
DOTATIONS AUX AMORTISSEMENTS	**F**	**- 200 000**	**-**
RESULTAT NET DE L'EXERCICE	**G**	**3 900 000**	**4 000 000**

5.3- Présentation des notes annexes

5.3.1- Note 1 : Tableau d'acquisition et de suivi du matériel, du mobilier et autres immobilisations

Date	Désignation	Montant	Date d'acquisition	Durée d'utilité	Date de sortie	Prix de cession
31/12/2023	Matériel de transport	1 000 000	31/12/2022	5 ans	31/12/2027	-

5.3.2- Note 2 : Etat des stocks

REFERENCE	DESIGNATION	QUANTITE	PRIX UNITAIRE	MONTANT
GB	Biens liés à l'activité	110 KG	10 000	1 100 000
VALEUR DU STOCK FINAL				**1 100 000**
VALEUR DU STOCK INITIAL				**500 000**

5.3.3- Note 3 : Etat des créances et des dettes non échues

DATE	NOM CLIENTS-USAGERS ET AUTRES DEBITEURS	Montant au 31 décembre N	Montant au 1er janvier N	Variation	
				Valeur	%
31/12/2023	BINGO	1 000 000	1 000 000	0	0
31/12/2023	KOALA	1 500 000	1 500 000	0	0
31/12/2023	**TOTAL DES CREANCES**	**2 500 000**	**2 500 000**	**0**	**0**
DATE	**NOM DES FOURNISSEURS ET AUTRES CRÉDITEURS**	**Montant au 31 décembre N**	**Montant au 1er janvier N**	**Variation**	
				Valeur	**%**
31/12/2023	Etat	400 000	400 000	0	0
31/12/2023	CNPS	200 000	200 000	0	0
31/12/2023	SALTA	1 400 000	1 400 000	0	0
31/12/2023	**TOTAL DES DETTES**	**2 000 000**	**2 000 000**	**0**	**0**

5.3.4- Note 4 : Journal de trésorerie

5.3.4.1- Présentation du journal de trésorerie de banque

Dates	Libellés	Recettes	Dépenses	Soldes	Ventilation des recettes		Ventilation des dépenses		
					Cotisations	Autres	Achats de Biens liés à L'activité	Salaires	Impôts
01/01/23	Report à Nouveau	-	-	12 000 000	-	-	-	-	-
02/02/23	Cotisations	4 000 000	-	16 000 000	4 000 000	-	-	-	-
05/04/23	Achats	-	4 000 000	12 000 000	-	-	4 000 000	-	-
07/06/23	Avis crédit	700 000	-	12 700 000	-	700 000	-	-	-
09/08/23	Règlement des impôts	-	100 000	12 600 000	-	-	-	-	100 000
11/09/23	Paiement des salaires	-	1 000 000	11 600 000	-	-	-	1 000 000	-
Solde à reporter				11 600 000					
TOTAUX		4 700 000	5 100 000	-	4 000 000	700 000	4 000 000	1 000 000	100 000

5.3.4.2- Présentation du journal de trésorerie de caisse

Dates	Libellés	Recettes	Dépenses	Soldes	Ventilation des recettes		Ventilation des dépenses		
					Subvention	Autres	Achats	Salaires	Loyer
01/01/23	Report à Nouveau	-	-	6 000 000	-	-	-	-	-
13/11/23	Subvention reçue	4 000 000	-	10 000 000	4 000 000	-	-	-	-
11/12/23	paiement	-	100 000	9 900 000	-	-	-	-	100 000
Solde à reporter				9 900 000					
TOTAUX		4 000 000	100 000	-	4 000 000	-	-	-	100 000

5.3.5- NOTE 5 : Dotation

Nom et prénoms des membres	Nationalité	Montant	Préciser avec droit d'entrée ou sans droit d'entrée
Dotation non consomptible			
MBILGUI	Camerounais	2 000 000	Sans droit d'entrée
SOMO	Camerounais	6 000 000	Sans droit d'entrée
ASSABA	Camerounais	1 500 000	Sans droit d'entrée
Droit d'entrée			
-			
-			
Dotation consomptible			
AYANDA	Camerounais	4 500 000	
SARKA	Camerounais	3 000 000	
TOTAL		**17 000 000**	

REFERENCES BIBLIOGRAPHIQUES

- Code général des impôts camerounais, *édition 2025.*

- Mvogo, Jean, Notes de cours de travaux de fin d'exercice et opérations spécifiques, BTS 1 CGE, AGENLA ACADEMY, Yaoundé, 2023.

- Mvogo, Jean, « La comptabilité de l'OHADA face au choix des spécificités des activités économiques », *Revue Internationale des Sciences de Gestion,* Vol. 4, : n° 3, 2021, p.617-631.

- Mvogo, Jean, *Comptabilité financière des entités à but non lucratif OHADA, Pratique quotidienne du SYCEBNL,* Editions Universitaires Européennes, Londres, 2023.

- OHADA, « Système comptable OHADA », *Guide d'application*, 2017, 237 pages.

- OHADA, « Acte Uniforme relatif au Système comptable des entités à but non lucratif », *Journal Officiel OHADA*, n° spécial, édition du 22 février, 2023, 438 pages.

- OHADA, Système comptable des entités à but non lucratif OHADA, *Guide d'application*, 2024, 37 pages.

- OHADA, « Acte Uniforme Portant Organisation et Harmonisation des Comptabilités des entreprises et système comptable OHADA (SYSCOHADA) », *Journal Officiel OHADA*, n°10, édition du 20 novembre 2000, Yaoundé, 752 p.

- OHADA, « Acte Uniforme relatif au droit comptable et à l'information financière et système comptable OHADA (SYSCOHADA) », *Journal Officiel OHADA*, n° spécial, édition du 15 février, Yaoundé, 2017, 1246 p.

ANNEXES

Annexe 1 : Notes annexes des associations et ordres professionnels

NOTE 1 : DETTES GARANTIES PAR DES SURETES REELLES, ENGAGEMENTS FINANCIERS ET CONTRIBUTIONS VOLONTAIRES EN NATURE

Libellés	**Notes**	**Montants bruts (1)**	**Suretés réelles (2)**		
			Hypothèques	**Nantissements**	**Gages/ Autres**
Emprunts et dettes financières diverses :	**18A**				
Emprunts obligataires					
Emprunts et dettes des établissements de crédit					
Autres dettes financières					
SOUS TOTAL (1)					
Dettes de location-acquisition :	**18A**				
Dettes de crédit-bail immobilier					
Dettes de crédit-bail mobilier					
Dettes sur contrats de location-vente					
Autres dettes sur contrats de location-acquisition					
SOUS TOTAL (2)					
Dettes du passif circulant :					
Fournisseurs et comptes rattachés	19				
Adhérents, clients-usagers créditeurs	9				
Personnel	20				
Organismes sociaux	20				
Etat et collectivités	20				
Fondateurs, apporteurs et comptes rattachés	21				
Bailleurs, Etat et autres organismes, fonds d'administration	21				
Créditeurs divers	21				
SOUS TOTAL (3)					
TOTAL (1) + (2) + (3)					

ENGAGEMENTS FINANCIERS	Engagements réciproques	Engagements donnés	Engagements reçus
Avals, cautions, garanties			
Hypothèques, nantissements, gages, autres			
Effets escomptés non échus			
Total			

CONTRIBUTIONS VOLONTAIRES EN NATURE	Ressources	Emplois
Dons en nature		
Secours en nature		
Mises à disposition gratuite des biens		
Prestations en nature		
Personnel bénévole		
Total		

Commentaire :

- Indiquer la raison d'être des sûretés ;
- Pour les contributions volontaires, faites une évaluation à la valeur actuelle.

NOTE 2 : INFORMATIONS OBLIGATOIRES

A - IDENTITE, ORGANISATION
L'entité doit : - décrire brièvement l'identité de l'entité (date de création, nature du projet associatif, activité ou mission réalisée) ; - décrire brièvement l'organisation de l'entité avec des données chiffrées (effectifs, nombre de bénévoles, total des revenus, moyens utilisés)
B - DECLARATION DE CONFORMITE AU SYSTEME COMPTABLE DES ENTITES A BUT NON LUCRATIF ET FAITS MARQUANTS DE L'EXERCICE
C- REGLES, METHODES COMPTABLES ET DEROGATION AUX PRINCIPES COMPTABLES
D - INFORMATIONS COMPLEMENTAIRES RELATIVES AU BILAN, AU COMPTE DE RESULTAT ET AU TABLEAU DES FLUX DE TRESORERIE

Commentaire :

- Décrire brièvement l'identité et l'organisation de l'entité ;
- Mentionner les faits marquants de l'exercice, les subventions ayant fait l'objet d'une restitution doivent être mentionnées dans cette rubrique après la déclaration de conformité ;

- Seuls les éléments ayant une incidence comptable significative ou qui nuisent à la comparabilité des exercices doivent être mentionnés (par exemples : des modifications significatives concernant une convention avec un bailleur, la création ou la suppression d'une nouvelle activité de l'entité…) ;
- Décrire les règles et méthodes utilisées pour l'établissement des états financiers.

NOTE 3 : EVENEMENTS POSTERIEURS A LA CLOTURE DE L'EXERCICE

Date d'arrêté des états financiers : .... **Organe ayant autorisé la publication des comptes : ....**
A - EVENEMENTS POSTERIEURS A LA DATE DE CLOTURE DONNANT LIEU A DES **AJUSTEMENTS DES ETATS FINANCIERS**
Commentaire : Indiquer la nature des événements postérieurs à la date de clôture donnant lieu à des ajustements des états financiers. Pour chaque événement, donnez des précisions sur les comptes qui ont fait l'objet d'un ajustement.
B - EVENEMENTS POSTERIEURS A LA DATE DE CLOTURE NE DONNANT PAS LIEU A DES **AJUSTEMENTS DES ETATS FINANCIERS**
Commentaire : Procéder à une estimation de l'impact financier de chaque événement ou l'indication que cette estimation ne peut être fournie.
C - EVENEMENTS REMETTANT EN CAUSE L'HYPOTHESE DE BASE DE CONTINUITE DE **L'EXPLOITATION**
Commentaire : Indiquer la nature de l'événement (ou des événements) ayant entraîné la remise en cause de la continuité d'exploitation. Donner des précisions sur les valeurs liquidatives retenues

NOTE 4 : CHANGEMENTS DE METHODES COMPTABLES, D'ESTIMATIONS ET CORRECTIONS D'ERREURS

A – CHANGEMENTS DE METHODES COMPTABLES

1. Changement de réglementation comptable

Commentaire :

- L'entité doit indiquer l'impact du changement de réglementation comptable (par exemple lors du passage au système comptable des entités à but non lucratif déterminé à l'ouverture en précisant les postes concernés) ;
- L'entité doit présenter les principaux postes des exercices antérieurs présentés, retraités selon la nouvelle méthode en cas de changement de réglementation comptable appliqué de manière rétrospective ;
- L'entité doit indiquer l'impact du changement sur les principaux postes concernés de l'exercice en cas de changement de réglementation comptable appliqué de manière prospective.

2. Changement de méthode comptable à l'initiative de l'entité

Commentaire :

- L'entité doit indiquer et justifier le changement de méthode comptable ;
- L'entité doit indiquer l'impact du changement de méthode comptable déterminé à l'ouverture en précisant les postes concernés ;
- L'entité doit présenter les principaux postes des exercices antérieurs présentés, retraités selon la nouvelle méthode en cas de changement de méthode comptable appliqué de manière rétrospective ;
- L'entité doit indiquer les raisons d'une application prospective et l'impact du changement sur les principaux postes concernés de l'exercice en cas de changement de méthode comptable appliqué de manière prospective.

B – CHANGEMENTS D'ESTIMATIONS

Commentaire : l'entité doit indiquer et justifier le changement d'estimation.

C – CORRECTIONS D'ERREURS

Commentaire :

- L'entité doit indiquer la nature des erreurs corrigées (erreurs commises et découvertes sur l'exercice en cours et erreurs d'un exercice antérieur) ;
- L'entité doit présenter les principaux postes des exercices antérieurs présentés, corrigés des erreurs d'un exercice antérieur.

NOTE 5A : DONS ET LEGS D'IMMOBILISATIONS NON REÇUS DESTINES A LA VENTE ET USUFRUIT TEMPORAIRE

SITUATIONS ET MOUVEMENTS / RUBRIQUES	A	AUGMENTATIONS B			DIMINUTIONS C		D = A + B – C
	Montant Brut à L'ouverture De l'exercice	**Acquisitions Apports Créations**	**Virement De Poste à poste**	**Suite à une réévaluation pratiquée au cours de l'exercice**	**Cessions Scissions Hors service**	**Virement De Poste à poste**	**Montant Brut à la Clôture De l'exercice**
IMMOBILISATIONS INCORPORELLES							
Usufruit							
Brevets, licences, logiciels, et droits similaires							
Autres immobilisations incorporelles							
IMMOBILISATIONS CORPORELLES							
Terrains							
Bâtiments							
Matériels destinés							

IMMOBILISATIONS FINANCIERES							
Titres de participation							
Autres immobilisations financières							
TOTAL GENERAL							

Commentaire :

- Toute variation significative doit être commentée ;
- Pour les banques, indiquer le nom de la banque le montant et la date d'échéance.

NOTE 5B : IMMOBILISATIONS BRUTES

SITUATIONS ET MOUVEMENTS / **RUBRIQUES**	**A**	**AUGMENTATIONS B**			**DIMINUTIONS C**		**D = A + B – C**
	Montant Brut à L'ouverture De l'exercice	**Acquisitions Apports Créations**	**Virement De Poste à poste**	**Suite à une réévaluation pratiquée au cours de l'exercice**	**Cessions Scissions Hors service**	**Virement De Poste à poste**	**Montant Brut à la Clôture De l'exercice**
IMMOBILISATIONS INCORPORELLES							
Brevets, licences et droits similaires							
Logiciels et sites internet							
Avances et acomptes sur immobilisations incorporelles							
Autres immobilisations incorporelles							
IMMOBILISATIONS CORPORELLES							
Terrains hors immeuble de placement							

Terrains - immeuble de placement							
Bâtiments hors immeuble de placement							
Bâtiments- immeuble de placement							
Aménagements, agencements et installations							
Matériel, mobilier et actifs biologiques							
Matériel de transport							
Avances et acomptes sur immobilisations corporelles							
IMMOBILISATIONS FINANCIERES							
Titres de participation							
Autres immobilisations financières							
TOTAL GENERAL							

Commentaire :

- Toute variation significative doit être commentée ;
- Pour les banques, indiquer le nom de la banque le montant et la date d'échéance ;
- Donner le détail des produits et charges liés aux immeubles de placement.

NOTE 5C : BIENS PRIS EN LOCATION-ACQUISITION

SITUATIONS ET MOUVEMENTS / **RUBRIQUES**	**Nature Du Contrat (I ; M ; A)** [1]	**A**	**AUGMENTATIONS B**			**DIMINUTIONS C**		**D = A + B - C**
		Montant Brut à L'ouverture De l'exercice	**Acquisitions Apports Créations**	**Virement De Poste à poste**	**Suite à une réévaluation pratiquée au cours de l'exercice**	**Cessions Scissions Hors service**	**Virement De Poste à poste**	**Montant Brut à la Clôture De l'exercice**
Terrains								
Bâtiments								
Matériels, mobiliers								
Matériel de transport								
TOTAL IMMOBILISATIONS EN LOCATION-ACQUISITION								

[1] I : Crédit-bail immobilier ; M : Crédit-bail mobilier ; A : Autres contrats (dédoubler le poste si montant significatifs)

COMMENTAIRE : indiquer la nature du bien, le nom du bailleur et la durée du bail.

NOTE 5D : DONS ET LEGS D'IMMOBILISATIONS NON REÇUS DESTINES A LA VENTE USUFRUIT TEMPORAIRE (AMORTISSEMENTS ET DEPRECIATIONS)

SITUATIONS ET MOUVEMENTS / RUBRIQUES	A	B	C		D	E = A + B – C – D
	Amortissements et dépréciations cumulés à L'ouverture De l'exercice	**Augmentations : dotations de l'exercice**	**Diminutions :**		**Virement De Poste à poste**	**Cumuls des amortissements et dépréciations à la Clôture De l'exercice**
			Amortissements et dépréciations relatifs aux éléments sortis de l'actif	**Reprises amortissements et dépréciations**		
Usufruit						
Brevets, licences, logiciels et droits similaires						
Autres immobilisations incorporelles						
SOUS TOTAL : IMMOBILISATIONS INCORPORELLES						
Terrains						
Bâtiments						
Matériel, mobilier						

SOUS TOTAL : IMMOBILISATIONS CORPORELLES						
TOTAL GENERAL						

NOTE 5E : IMMOBILISATIONS (AMORTISSEMENTS)

SITUATIONS ET MOUVEMENTS / **RUBRIQUES**	**A**	**B**	**C**		**D**	**E = A + B – C – D**
	Amortissements cumulés à L'ouverture De l'exercice	**Augmentations : dotations de l'exercice**	**Diminutions :**		**Virement De Poste à poste**	**Cumuls des amortissements à la Clôture De l'exercice**
			Amortissements relatifs aux éléments sortis de l'actif	**Reprises amortissements**		
Brevets, licences et droits similaires						
Logiciels et sites internet						
Autres immobilisations incorporelles						
SOUS TOTAL : IMMOBILISATIONS INCORPORELLES						

Terrains hors immeuble de placement						
Terrains - immeuble de placement						
Bâtiments hors immeuble de placement						
Bâtiments- immeuble de placement						
Aménagements, agencements et installations						
Matériel, mobilier et actifs biologiques						
Matériel de transport						
SOUS TOTAL : IMMOBILISATIONS CORPORELLES						
TOTAL GENERAL						

Commentaire : Indiquer ;

- les modes d'amortissement utilisés ;
- la durée d'utilité ou les taux d'amortissements utilisés.

NOTE 5F : IMMOBILISATIONS (DEPRECIATIONS)

SITUATIONS ET MOUVEMENTS	**A**	**B**	**C**	**D = A + B - C**
RUBRIQUES	**Dépréciations cumulées à L'ouverture De l'exercice**	**Augmentations : dotations de l'exercice**	**Diminutions : reprises de l'exercice**	**Cumuls des dépréciations à la Clôture De l'exercice**
Brevets, licences et droits similaires				
Logiciels et sites internet				
Avances et acomptes sur immobilisations incorporelles				
Autres immobilisations incorporelles				
SOUS TOTAL : IMMOBILISATIONS INCORPORELLES				
Terrains hors immeuble de placement				
Terrains - immeuble de placement				
Bâtiments hors immeuble de placement				

Bâtiments- immeuble de placement				
Aménagements, agencements et installations				
Matériel, mobilier et actifs biologiques				
Matériel de transport				
Avances et acomptes sur immobilisations corporelles				
SOUS TOTAL : IMMOBILISATIONS CORPORELLES				
Titres de participation				
Autres immobilisations financières				
SOUS TOTAL : IMMOBILISATIONS FINANCIERES				
TOTAL DES IMMOBILISATIONS DEPRECIEES				

Commentaire : Indiquer les événements et circonstances qui ont conduit à la dépréciation et à la reprise.

NOTE 5G : IMMOBILISATIONS : PLUS-VALUES ET MOINS-VALUES DE CESSION

SITUATIONS ET MOUVEMENTS RUBRIQUES	**Montant Brut A**	**Amortissements pratiqués B**	**Valeur comptable nette C = A - B**	**Prix de cession D**	**Plus-value ou moins-value E = D – C**
Brevets, licences et droits similaires					
Logiciels et sites internet					
Autres immobilisations incorporelles					
SOUS TOTAL : IMMOBILISATIONS INCORPORELLES					
Terrains					
Bâtiments					
Aménagements, agencements et installations					
Matériel, mobilier et actifs biologiques					
Matériel de transport					
SOUS TOTAL : IMMOBILISATIONS CORPORELLES					
Titres de participation					

Autres immobilisations financières					
SOUS TOTAL : IMMOBILISATIONS FINANCIERES					
TOTAL GENERAL					

Commentaire : mentionner la justification de la cession ainsi que la date d'acquisition et la date de sortie.

NOTE 5H : INFORMATIONS SUR LES REEVALUATIONS EFFECTUEES PAR L'ENTITE

Nature et date des réévaluations :			
Eléments réévalués par postes du bilan	**Montants en Coûts Historiques**	**Montants Réévalués**	**Ecarts et Provisions Spéciales Réévaluation**
TOTAL GENERAL			
Méthode de réévaluation utilisée :			
Traitement fiscal de l'écart de réévaluation et des amortissements supplémentaires :			
Montant de l'écart incorporé à la dotation :			

NOTES 6 : IMMOBILISATIONS FINANCIERES

Libellés	**Année N**	**Année N-1**	**Variation en %**	**Créances à un an au plus**	**Créances à plus d'un an et à deux ans au plus**	**Créances à plus de deux ans**
Titres de participation						
Prêts et créances						
Prêt au personnel						
Créances sur l'état						
Titres immobilisés						
Dépôts et cautionnements						
Intérêts courus						
Immobilisations financières diverses						
TOTAL BRUT						
Dépréciations des titres de participation						
Dépréciations des autres immobilisations financières						
TOTAL NET DE DEPRECIATIONS						

Commentaire :

- Justifier toute variation significative ;
- Commenter toutes les créances anciennes ;
- Indiquer le nombre et la date d'acquisition des actions ou des parts ;
- Dépréciations : indiquer les évènements et les circonstances qui ont motivé la dépréciation ou la reprise.

NOTES 7 : ACTIF CIRCULANT ET DETTES CIRCULANTES HAO

- ACTIF CIRCULANT HAO

Libellés	Année N	Année N-1	Variation en	
			Valeur	%
Créances sur cessions d'immobilisations				
Créances reçues par dons et legs d'immobilisations				
Autres créances hors activités ordinaires				
TOTAL BRUT				
Dépréciations des créances HAO				
TOTAL NET DE DEPRECIATIONS				

Commentaire :

- Commenter toute variation significative ;
- Dépréciations : indiquer les événements et les circonstances qui ont motivé la dépréciation ou la reprise.

- DETTES CIRCULANTES HAO

Libellés	Année N	Année N-1	Variation en	
			Valeur	%
Fournisseurs d'investissements				
Dettes des dons et legs d'immobilisations				
Créditeurs, dons nature HAO non consommés				
Autres dettes hors activités ordinaires				
TOTAL				

Commentaire :

- Indiquer la date et la nature de l'immobilisation achetée et/ou cédée ;
- Expliciter toute variation significative.

NOTES 8 : STOCKS ET ENCOURS

Libellés	Année N	Année N-1	Variation de Stock en Valeur Absolue	Variation en	
				Valeur	%
Biens et services liés à l'activité					
Marchandises, Matières premières					
Autres approvisionnements					
Dons en nature					
Produits finis					
Dons en nature HAO					
Autres stocks HAO					
TOTAL STOCKS ET ENCOURS					
Dépréciations des stocks					
TOTAL NET DE DEPRECIATIONS					

(1) Les stocks H.A.O. ne doivent être inscrits dans l'actif circulant H.A.O. que lorsque leur montant total est significatif (supérieur à 5 % du total de l'actif circulant).

Commentaire :

- Indiquer la date de prise d'inventaire et décrire brièvement la procédure les méthodes comptables adoptées pour évaluer le stock ;
- Commenter toute variation significative des stocks ;
- Indiquer le détail des stocks dépréciés ainsi que les événements et les circonstances qui ont conduit à la dépréciation et à la reprise.

NOTES 9 : ADHERENTS, CLIENTS-USAGERS

Libellés	Année N	Année N-1	Variation en		Créances à un an au plus	Créances à plus d'un an et à deux ans au plus	Créances à plus de deux ans
			Valeur	%			
Adhérents							
Clients-usagers							
Adhérents, clients-usagers, chèques, effets et autres valeurs impayés							
Adhérents, créances litigieuses ou douteuses							
Adhérents, clients-usagers, produits à recevoir							
TOTAL BRUT ADHERENTS, CLIENTS-USAGERS							
Dépréciations des comptes adhérents et clients-usagers							
TOTAL NET DE DEPRECIATIONS							
Adhérents, avances reçues							
Clients-usagers, avances et acomptes reçues							
Autres clients créditeurs							
TOTAL CLIENTS CREDITEURS							

Commentaire :

- Commenter toute variation significative ;
- Commenter les créances anciennes ;
- Indiquer les événements et les circonstances qui ont conduit à la dépréciation et à la reprise.

NOTES 10 : AUTRES CREANCES

Libellés	Année N	Année N-1	Variation en		Créances à un an au plus	Créances à plus d'un an et à deux ans au plus	Créances à plus de deux ans
			Valeur	%			
Personnel							
Organismes sociaux							
Etat et Collectivités publiques							
Fondateurs, apporteurs et comptes courants							
Bailleurs, Etat et autres organismes, fonds d'administration							
Débiteurs divers							
Autres débiteurs divers							
TOTAL BRUT							
Dépréciations des autres créances							
TOTAL NET DE DEPRECIATIONS							

Commentaire :

- Justifier toute variation significative ;
- Détailler les créances dont le montant est significatif ;
- Justifier les créances anciennes ;
- Indiquer les événements et les circonstances qui ont conduit à la dépréciation et à la reprise.

NOTES 11 : TITRES DE PLACEMENT

Libellés	Année N	Année N-1	Variation en	
			Valeur	%
Titres de trésor et bons de caisse à court terme				
Actions				
Obligations				
Bons de souscription				
Titres négociables hors région				
Intérêts courus				
Autres valeurs assimilées				
TOTAL BRUT				
Dépréciations des titres de placement				
TOTAL NET DE DEPRECIATIONS				

Commentaire :

- Justifier toute variation significative ;
- Pour les titres cotés à une bourse de valeur : indiquer le nombre, le prix unitaire d'acquisition et le cours de bourse au 31 décembre ;
- Faire ressortir les actions ou les parts propres et indiquer la date d'acquisition, le nombre de titres détenues ;
- Indiquer les événements et circonstances qui ont conduit à la dépréciation et à la reprise.

NOTES 12 : VALEURS A ENCAISSER

Libellés	Année N	Année N-1	Variation en	
			Valeur	%
Chèques à encaisser				
Chèques à l'encaissement				
Cartes de crédit à encaisser				
Autres valeurs à encaisser				
TOTAL BRUT				
Dépréciations des valeurs à encaisser				
TOTAL NET DE DEPRECIATIONS				

Commentaire :

- Commenter toute variation significative ;
- Indiquer les événements et les circonstances qui ont conduit à la dépréciation et à la reprise.

NOTES 13 : DISPONIBILITES

Libellés	Année N	Année N-1	Variation en	
			Valeur	%
Banques locales				
Banques autres états région				
Banques, dépôt à terme				
Autres Banques				
Banques intérêts courus				
Banques Postales				
Autres établissement financiers				
Etablissement financiers intérêts courus				
Instruments de monnaie électronique				
Caisse				
TOTAL BRUT				
Dépréciations				
TOTAL NET DE DEPRECIATIONS				

Commentaire :

- Indiquer la date de rapprochement des comptes bancaires ;
- Indiquer la date d'inventaire de la caisse et des instruments de monnaie électronique ;
- Justifier toute variation significative ;
- Détailler les instruments de monnaie électronique si le montant est significatif ;
- Indiquer les événements et circonstances qui ont conduit à la dépréciation et à la reprise.

NB : Banques et intérêts courus et Etablissement financiers intérêts courus figurent dans cette rubrique en négatif si le compte principal attaché est débiteur.

NOTES 14 : ECARTS DE CONVERSION

Libellés	Devises	Montant en devises	Cours UML Année acquisition	Cours UML 31/12	Variation en valeur absolue
Ecarts de conversion-actif : détailler les créances et dettes concernées					
Ecart de conversion-passif : détailler les créances et dettes concernées					

UML : Unités Monétaires légales
Commentaire : Faire un commentaire.

NOTES 15 : DOTATION

Nom et prénoms des membres	Nationalité	Montant	Préciser avec droit d'entrée ou sans droit d'entrée
Dotation non consomptible			
Droit d'entrée			
Dotation consomptible			
TOTAL			

NOTES 16 : RESERVES

Libellés	Année N	Année N-1	Variation en	
			Valeur	%
Réserves statutaires ou contractuelles				
Autres réserves				
TOTAL RESERVES				
Report à nouveau				

Commentaire :

Indiquer la date des délibérations ou des dispositions statutaires qui justifie la variation des réserves et du report à nouveau.

NOTES 17A : SUBVENTIONS ET PROVISIONS REGLEMENTEES

Libellés	**Note**	**Année N**	**Année N-1**	**Variation en**		**Régime Fiscal**	**Échéance**
				Valeur	**%**		
État							
Région							
Département							
Communes et collectivités publiques décentralisées							
Entités publiques ou mixtes							
Entités et organismes privés							
Organismes internationaux							
Autres subventions d'investissements							
TOTAL SUBVENTIONS							
PROVISIONS REGLEMENTEES							
TOTAL SUBVENTIONS ET PROVISIONS REGLEMENTEES							

Commentaire :

- Indiquer pour la subvention la date d'octroi, la nature, les obligations éventuelles ;
- Pour les provisions réglementées, indiquer le texte de référence, les obligations ;
- Commenter toute variation significative.

NOTES 17B : FONDS AFFECTES ET REPORTES

Libellés	**Note**	**Année N**	**Année N-1**	**Variation en Valeur**	**%**
Fonds affectés aux investissements					
Fonds non consommés en fin d'exercice destinés à un projet spécifique					
Fonds provenant des dons et legs d'immobilisations					
Autres fonds affectés					
TOTAL FONDS AFFECTES					
Donations et legs non encore reçus d'immobilisations destinés à la vente					
Donation temporaire d'usufruit					
Autres fonds reportés					
TOTAL FONDS REPORTES					
TOTAL FONDS AFFECTES ET REPORTES					

Commentaire :

- Indiquer la date d'affectation des fonds aux investissements et leur mode de reprise ;
- Indiquer la date de la donation et du legs des immobilisations ainsi que la nature et leur montant ;
- Indiquer la date de l'acte juridique de la donation et du legs non encore reçus des immobilisations destinées à la vente ;
- Indiquer la date juridique de la donation temporaire et la nature de l'usufruit, la durée de jouissance ;
- Justifier le caractère significatif du montant total de cette rubrique ;
- Commenter toute variation significative.

NOTES 18A : DETTES FINANCIERES ET RESSOURCES ASSIMILEES

Libellés	Année N	Année N-1	Variation en Valeur	Variation en %	Dettes à un an au plus	Dettes à plus d'un an et à deux ans au plus	Dettes à plus de deux ans
Emprunts obligataires							
Emprunts et dettes auprès des établissements de crédit							
Avances reçues de l'Etat							
Dépôts et cautionnements reçus							
Intérêts courus							
Autres emprunts et dettes							
TOTAL EMPRUNTS ET DETTES FINANCIERES							
Crédit-bail immobilier							
Crédit-bail mobilier							
Location-vente							
Intérêts courus							
Autres dettes de location-acquisition							
TOTAL DETTES DE LOCATION-ACQUISITION							
Provisions pour litiges							
Provisions pour charges sur donations et legs							
Provisions pour pertes de change							
Provisions pour pensions et obligations similaires							
Actif du régime de retraite (1)							
Autres provisions pour risques et charges							
TOTAL PROVISIONS FINANCIERES POUR RISQUES ET CHARGES							

(1) solde débiteur du compte

Commentaire :

- Pour chaque emprunt et dette de location-acquisition : mentionner la date d'octroi, le nom de l'organisme financier, le montant initial de l'emprunt ou de la dette, la durée du crédit, les garanties données par l'entité ;
- Indiquer les événements et circonstances qui ont conduit à la provision et à la reprise ;
- Pour les pensions et obligations de retraite, indiquer :
    - La méthode d'évaluation retenue ;
    - Le nom de la compagnie d'assurance ou du fonds de pension, le descriptif de la convention signée avec l'organisme, la périodicité des versements, le montant et la durée de la convention, pour les actifs du régime.
    -

NOTES 18B : ACTIFS ET PASSIFS EVENTUELS

Libellés	Année N	Année N-1
Actif éventuel		
Litiges		
....		
....		
Passif éventuel		
Litiges		
....		
....		

Commentaire :

Décrire les principales caractéristiques des actifs / passifs éventuels, l'horizon de temps auquel les encaissements / décaissements sont attendus et les éventuels remboursements à percevoir.

NOTES 19 : FOURNISSEURS D'EXPLOITATION

Libellés	Année N	Année N-1	Variation en		Dettes à un an au plus	Dettes à plus d'un an et à deux ans au plus	Dettes à plus de deux ans
			Valeur	%			
Fournisseurs, dettes en compte							
Fournisseurs, réserve de propriété							
Fournisseurs, retenue de garantie							

Fournisseurs effets à payer							
Fournisseurs factures non parvenues							
TOTAL FOURNISSEURS							
Fournisseurs, avances et acomptes							
Fournisseurs sous-traitants, avances et acomptes							
Autres fournisseurs débiteurs							
TOTAL FOURNISSEURS DEBITEURS							

Commentaire :

- Commenter toute variation significative ;
- Commenter les dettes anciennes.

NOTES 20 : DETTES FISCALES ET SOCIALES

Libellés	**Année N**	**Année N-1**	**Variation en**		**Dettes à un an au plus**	**Dettes à plus d'un an et à deux ans au plus**	**Dettes à plus de deux ans**
			Valeur	**%**			
Personnel, rémunérations dues							
Personnel, congés à payer							
Charges sociales sur congés à payer							
Autres personnel							
Caisse de sécurité sociale							
Caisse de retraite							
Mutuelle de santé							
Assurance Retraite							
Autres charges sociales à payer							
Autres cotisations et organismes sociaux							

TOTAL DETTES SOCIALES						
Etat, autres impôts et taxes						
Etat, TVA						
Etat, impôts retenus à la source						
Autres dettes Etat						
TOTAL DETTES FISCALES						
TOTAL DETTES SOCIALES ET FISCALES						

Commentaire :

- Commenter toute variation significative ;
- Commenter les dettes anciennes.

NOTES 21 : AUTRES DETTES ET PROVISIONS POUR RISQUES ET CHARGES A COURT TERME

Libellés	**Année N**	**Année N-1**	**Variation en**		**Dettes à un an au plus**	**Dettes à plus d'un an et à deux ans au plus**	**Dettes à plus de deux ans**
			Valeur	**%**			
Fonds d'administration des projets							
Bailleurs de fonds							
Etat							
Autres organismes de financement assimilés							
TOTAL BAILLEURS, FONDS D'ADMINISTRATION							
Créditeurs divers							
Créditeurs, dons en nature courants non consommées							

Versements restant à effectuer sur titres de placement non libérés							
Générosités financières à recevoir							
Autres créditeurs divers							
TOTAL CREDITEURS DIVERS							
TOTAL AUTRES DETTES							
Provisions pour risques et charges à court terme (voir note 30)							

Commentaire :

- de toute variation significative ;
- des dettes anciennes.

NOTES 22 : BANQUES, CREDIT D'ESCOMPTE ET DE TRESORERIE

Libellés	**Année N**	**Année N-1**	**Variation en**	
			Valeur	%
Escomptes de crédit de campagne				
Escomptes de crédit ordinaires				
TOTAL : BANQUES, CREDITS D'ESCOMPTE ET DE TRESORERIE				
Banques locales				
Banques autres états région				
Autres Banques				
Banques, intérêts courus				
Crédit de trésorerie				
TOTAL : BANQUES, CREDITS DE TRESORERIE				
TOTAL GENERAL				

Commentaire :

- Commenter toute variation significative ;

- Indiquer le nom de l'organisme, les conditions de crédit, le taux d'intérêt, la durée du crédit.

NB : « Banques et intérêts courus » figure dans cette rubrique si le compte principal attaché est créditeur.

NOTES 23 : REVENUS ET AUTRES PRODUITS

Libellés	**Année N**	**Année N-1**	**Variation en**	
			Valeur	**%**
Cotisations des adhérents				
Quote-part de fonds d'administration transférés				
Quote-part de dotation consomptible transférée				
Revenus liés à la générosité				
Ventes de marchandises, services et produits finis				
Revenus des manifestations				
Autres revenus				
TOTAL : REVENUS				
Subventions d'exploitation				
Autres produits et transferts de charges d'exploitation				
TOTAL : SUBVENTIONS D'EXPLOITATION ET AUTRES PRODUITS				
TOTAL GENERAL				

Commentaire :

- Justifier toute variation significative ;
- Détailler les revenus liés à la générosité.

NOTES 24 : ACHATS

Libellés	**Année N**	**Année N-1**	**Variation en**	
			Valeur	**%**
Achats de biens et services liés à l'activité dans l'Etat partie				
Achats de biens et services liés à l'activité dans les autres Etats parties de la Région				
Achats de de biens et services liés à l'activité hors Région				
TOTAL : ACHATS DE BIENS ET SERVICES LIES A L'ACTIVITE				
Achats de marchandises et matières premières dans l'Etat partie				
Achats de marchandises et matières premières dans les autres Etats parties de la Région				
Achats de marchandises et matières premières hors Région				

TOTAL : ACHATS MARCHANDISES ET MATIERES PREMIERES				
Matières consommables				
Matières combustibles				
Produits d'entretien				
Fournitures d'atelier, d'usine et de magasin				
Eau				
Electricité				
Autres énergies				
Fourniture d'entretien				
Fourniture de bureau				
Petit matériel et outillages				
Achats autres activités				
Achats études, prestations de services, de travaux matériels et équipements				
Achats d'emballages				
Frais sur achats				
Rabais, remises et ristournes obtenus				
TOTAL AUTRES ACHATS				

Commentaire :

- de toute variation significative ;
- Indiquer la nature des fournitures ;
- Détailler achats autres activités.

NOTES 25 : TRANSPORTS

Libellés	**Année N**	**Année N-1**	**Variation en**	
			Valeur	**%**
Transports sur ventes				
Transports pour le compte de tiers				
Transport du personnel				
Transports de plis				
Voyages et déplacements				
Transports administratifs				
Rabais, remises et ristournes obtenus				
TOTAL				

Commentaire : commenter toute variation significative.

NOTES 26 : SERVICES EXTERIEURS

Libellés	Année N	Année N-1	Variation en	
			Valeur	%
Sous-traitance générale				
Locations et charges locatives				
Redevances de location-acquisition				
Entretien, réparations et maintenance				
Primes d'assurance				
Etudes, recherches et documentation				
Publicité, publications, relations publiques				
Frais de télécommunications				
Frais bancaires				
Rémunérations d'intermédiaires et de conseils				
Frais de formation du personnel				
Redevances pour brevets, licences, logiciels, concessions et droits similaires				
Cotisations				
Frais de recherche de fonds				
Rémunérations de personnel extérieur à l'entité				
Autres charges externes				
TOTAL				

Commentaire : commenter toute variation significative.

NOTES 27 : IMPOTS ET TAXES

Libellés	Année N	Année N-1	Variation en	
			Valeur	%
Impôts et taxes directs				
Impôts et taxes indirects				
Droits d'enregistrement				
Pénalités et amendes fiscales				
Autres impôts et taxes				
Dégrèvements et annulations des impôts et taxes (1)				
TOTAL				

(1) Ce compte a un solde créditeur, son montant doit être précédé d'un signe (-)

Commentaire :

- Commenter toute variation significative ;
- Détailler les pénalités, les amendes et indiquer la cause.

NOTES 28 : AUTRES CHARGES

Libellés	Année N	Année N-1	Variation en	
			Valeur	%
Pertes sur créances adhérents				
Pertes sur Clients et autres débiteurs				
Subventions versées par l'entité				
Dons en nature courants à distribuer				
Pénalités et amendes pénales				
Autres charges diverses				
Charges pour dépréciations et provisions pour risques à court terme d'exploitation (voir note 30)				
TOTAL				

Commentaire :

- commenter toute variation significative ;
- Indiquer la nature et montant des provisions pour risques à court terme ;
- Indiquer les bénéficiaires des subventions.

NOTES 29A : CHARGES DE PERSONNEL

Libellés	Année N	Année N-1	Variation en	
			Valeur	%
Rémunérations directes versées au personnel national				
Rémunérations directes versées au personnel non National				
Indemnités forfaitaires versées au personnel				
Charges sociales (personnel national)				
Charges sociales (personnel non national)				
Habillement et équipement du personnel				
Rémunération transférée de personnel extérieur				
Autres charges sociales				
Dégrèvements et annulations des charges sociales [1]				
TOTAL				

[1] Ce compte a un solde créditeur, son montant doit être précédé d'un signe (-)

Commentaire :

- Commenter toute variation significative ;
- Indiquer la nature et la durée du contrat du personnel extérieur.

NOTES 29B : EFFECTIFS, MASSE SALARIALE ET PERSONNEL EXTERIEUR

1- Personnel propre															
REF	EFFECTIF ET MASSE SALARIALE / QUALIFICATIONS	EFFECTIFS							MASSE SALARIALE						
		Nationaux		Autres Etats de La Région		Hors Région		TOTAL	Nationaux		Autres Etats de la Région		Hors Région		TOTAL
		M	F	M	F	M	F		M	F	M	F	M	F	
YA	1. Cadres supérieurs														
YB	2. Techniciens supérieurs et cadres moyens														
YC	3. Techniciens, agents de maîtrise et ouvriers qualifiés														
YD	4. Employés, manœuvres, ouvriers, et apprentis														
YE	TOTAL (1)														
YF	Permanents														
YG	Saisonniers														
2- Personnel extérieur									Facturation à l'entité						

											M : Masculin F : Féminin
YH	1. Cadres supérieurs										
YI	2. Techniciens supérieurs et cadres moyens										
YJ	3. Techniciens, agents de maîtrise et ouvriers qualifiés										
YK	4. Employés, manœuvres, ouvriers, et apprentis										
YL	**TOTAL (2)**										
YM	Permanents										
YN	Saisonniers										
YO	**TOTAL (1 + 2)**										

Commentaire :

Faire un commentaire si nécessaire en cas de mouvement significatif du personnel.

NOTES 30 : DOTATIONS ET CHARGES POUR PROVISIONS ET DEPRECIATIONS

SITUATIONS ET MOUVEMENTS / NATURE	A	B			C			D = A + B - C
	Provisions à l'ouverture de l'exercice	**Augmentations : dotations**			**Diminutions : reprises**			**Provisions à la clôture de l'exercice**
		EXP	**FI**	**HAO**	**EXP**	**FI**	**HAO**	
Provisions réglementées								
Provisions pour risques et charges								
Dépréciations des immobilisations								
Dépréciations des dons et legs temporaire d'usufruit et d'immobilisations reçues destinées à la vente								
Dotation de fonds affectés à un projet non consommés								
TOTAL : DOTATIONS								
Dépréciations des stocks et en cours								
Dépréciations des comptes fournisseurs								
Dépréciations des comptes adhérents et clients								
Dépréciations autres créances d'exploitation								
Dépréciations des comptes de créances HAO								
Dépréciations des titres de placement								
Dépréciations des titres et valeurs à encaisser								
Dépréciations des comptes banques								

Dépréciations des comptes établissements financiers et Assimilés								
Dépréciations des comptes d'instruments de monnaie électronique								
Provisions pour risques à court terme d'exploitation								
Provisions pour risques à court terme HAO								
Provisions pour risques à court terme à caractère Financier								
TOTAL : CHARGES POUR DEPRECIATIONS ET PROVISIONS A COURT TERME								
TOTAL								

Commentaire :

Indiquer les événements et circonstances qui ont conduit à la constitution et à la reprise de la dépréciation et/ou de la provision.

NOTES 31 : CHARGES ET REVENUS FINANCIERS

Libellés	**Année N**	**Année N-1**	**Variation en**	
			Valeur	**%**
Intérêts des emprunts				
Intérêts dans loyers de location-acquisition				
Escomptes accordés				
Autres intérêts				
Pertes de change financières				
Pertes sur titres de placement				
Pertes et charges sur risques financiers				
Charges pour dépréciations et provisions à court terme à caractère financier (voir note 30)				
TOTAL : FRAIS FINANCIERS				
Intérêts de prêts et créances diverses				

Revenus de participations et autres titres immobilisés				
Escomptes obtenus				
Revenus de placement				
Intérêts dans loyers de location-financement				
Gains de change financiers				
Gains sur cessions de titres de placement				
Gains sur risques financiers				
Transferts de charges financières				
Reprises de charges pour dépréciations et provisions à court terme à caractère financier (voir note 30)				
TOTAL : REVENUS FINANCIERS				
TOTAL				

Commentaire :

- Commenter toute variation significative ;
- Indiquer la nature des provisions pour risques à court terme.

NOTES 32 : AUTRES CHARGES ET PRODUITS HAO

Libellés	**Année N**	**Année N-1**	**Variation en**	
			Valeur	**%**
Charges H.A.O. constatées (compte 831)				
Dons en nature (compte 832) à détailler (1) :				
(1) non affectés :.........				
(1) affectés :.........				
Pertes sur créances HAO				
Abandons de créances consentis				
Charges pour dépréciations et provisions pour risques à court terme HAO				
Dotations hors activités ordinaires				
TOTAL : AUTRES CHARGES HAO				
Produits H.A.O. constatés (compte 841)				
Contributions volontaires en nature (compte 842) à détailler (1) :				
(1) Dons en nature non affectés.........				
(1) Prestations de services en nature.........				
(1) Dons en nature affectés.........				
Contributions volontaires en numéraire				
Transferts de charges HAO				
Reprises des charges pour dépréciations et provisions à court terme HAO				

Reprises d'amortissements, provisions et dépréciations H.A.O.				
Subventions d'équilibre				
TOTAL : AUTRES PRODUITS HAO				
TOTAL				

Commentaire : Commenter toute variation significative.

NOTES 33 : FICHE DE SYNTHESE DES PRINCIPAUX INDICATEURS FINANCIERS

(EN MILLIERS DE FRANCS)	**Année N**	**Année N-1**	**Variation en**	
			Valeur	**%**
ANALYSE DE L'ACTIVITE				
SOLDES INTERMEDIAIRES DE GESTION				
Résultat des activités ordinaires				
Résultat hors activités ordinaires				
Résultat net				
Capacité d'autofinancement globale (CAFG) (a)				
Ratio de cotisations acquises = Cotisations/Charges de l'exercice (b)				
Ratio d'utilisation des dons = Sommes versées directement aux bénéficiaires/Sommes collectées brutes				
ANALYSE DE LA STRUCTURE FINANCIERE				
+ Fonds propres et assimilés				
+ Dettes financières* et ressources assimilées (c)				
= RESSOURCES STABLES				
- Actif immobilisé (c)				
= FONDS DE ROULEMENT (1)				
+ Actif circulant d'exploitation (c)				
- Passif circulant d'exploitation (c)				
= BESOIN DE FINANCEMENT D'EXPLOITATION (2)				
+ Actif circulant HAO (c).				
- Passif circulant HAO (c)				
= BESOIN DE FINANCEMENT HAO (3)				
BESOIN DE FINANCEMENT GLOBAL (4) = (2) + (3)				
TRESORERIE NETTE (5) = (1) - (4)				
CONTRÔLE : TRESORERIE NETTE = (TRESORERIE - ACTIF) - (TRESORERIE - PASSIF)				
ANALYSE DE LA SOLVABILITE				
Ratio de liquidité générale = Créances **+ Trésorerie-actif/Passif circulant				

ANALYSE DE LA VARIATION DE LA TRESORERIE				
Flux de trésorerie des activités opérationnelles				
Flux de trésorerie des activités d'investissement				
Flux de trésorerie des activités de financement				
= VARIATION DE LA TRESORERIE NETTE DE LA PERIODE				

a) capacité d'autofinancement globale = Résultat net + Dotations aux amortissements aux dépréciations, provisions et autres - Reprises d'amortissements, de dépréciations provisions et autres + valeurs comptables des cessions d'immobilisations - Produits des cessions d'immobilisations.

b) Les variations des ratios doivent être exprimées en nombre de points (par exemple de 2% à 5% = 3points).

c) Les écarts de conversion doivent être éliminés afin de ramener les créances et les dettes concernées à leur valeur initiale.

* dettes financières : emprunts et dettes financières diverses + dettes de location-acquisition

** Créances = Fournisseurs avances versées + Adhérents + Autres créances.

NOTES 34 : LISTE DES INFORMATIONS SOCIALES, ENVIRONNEMENTALES ET SOCIETALES

(Note obligatoire pour les entités ayant un effectif de plus de 250 personnes y compris les bénévoles)

INFORMATIONS SOCIALES
Emploi : • l'effectif total et la répartition des salariés par sexe, âge et zone géographique ; • les embauches et les licenciements ; • les rémunérations et leur évolution.
Relations sociales : • l'organisation du dialogue social ; • le bilan des accords collectifs.
Santé et sécurité : • les conditions de santé et de sécurité au travail ; • le bilan des accords signés avec les organisations syndicales ou les représentants du personnel en matière de santé et de sécurité au travail.
Formation : • les politiques mises en œuvre en matière de formation ; • le nombre total d'heures de formation.
Égalité de traitement : • les mesures prises en faveur de l'égalité entre les femmes et les hommes ; • les mesures prises en faveur de l'emploi et de l'insertion des personnes handicapées ;
INFORMATIONS ENVIRONNEMENTALES
Politique générale en matière environnementale :

• l'organisation de la société pour prendre en compte les questions environnementales et, le cas échéant, les démarches d'évaluation ou de certification en matière d'environnement ;
• les actions de formation et d'information des salariés menées en matière de protection de l'environnement ;
• les moyens consacrés à la prévention des risques environnementaux et des pollutions.

Pollution et gestion des déchets :
• les mesures de prévention, de réduction ou de réparation de rejets dans l'air, l'eau et le sol affectant gravement l'environnement ;
• les mesures de prévention, de recyclage et d'élimination des déchets ;
• la prise en compte des nuisances sonores et de toute autre forme de pollution spécifique à une activité.

Utilisation durable des ressources :
• la consommation d'eau et l'approvisionnement en eau en fonction des contraintes locales ;
• la consommation de matières premières et les mesures prises pour améliorer l'efficacité dans leur utilisation ;
• la consommation d'énergie, les mesures prises pour améliorer l'efficacité énergétique et le recours aux énergies renouvelables.

Changement climatique :
• les rejets de gaz à effet de serre.

Protection de la biodiversité :
• les mesures prises pour préserver ou développer la biodiversité.

INFORMATIONS RELATIVES AUX ENGAGEMENTS SOCIÉTAUX EN FAVEUR DU DÉVELOPPEMENT DURABLE

Impact territorial, économique et social de l'activité de la société :
• en matière d'emploi et de développement régional ;
• sur les populations riveraines ou locales.

Relations entretenues avec les personnes ou les organisations intéressées par l'activité de l'entité (autres associations et fondations, établissements d'enseignement...) :
• les conditions du dialogue avec ces personnes ou organisations ;
• les actions de partenariat ou de mécénat.

Sous-traitance et fournisseurs :
• la prise en compte dans la politique d'achat des enjeux sociaux et environnementaux.

NOTES 35 : TABLEAU D'EXECUTION BUDGETAIRE

Tableau suivi exécution budgétaire du...... au.......

Code	Libellés	Budget de l'exercice	Décaissement	Engagement	Réalisation	Crédit disponible	Exécution budgétaire (%)
		1	2	3	4 = 2+3	5 = 1-4	4/1
Total							

Annexe 2 : notes annexes des projets de développement et assimiles

NOTE 1 : INFORMATIONS OBLIGATOIRES

A - IDENTITE, ORGANISATION
L'entité doit : - décrire brièvement l'identité de l'entité (date de début du projet, nature du projet de développement, activité ou mission réalisée) - décrire brièvement l'organisation de l'entité avec des données chiffrées (effectifs, total des ressources affectées au projet, moyens utilisés)
B - DECLARATION DE CONFORMITE AU SYSTEME COMPTABLE DES ENTITES A BUT NON LUCRATIF ET FAITS MARQUANTS DE L'EXERCICE
C- REGLES, METHODES COMPTABLES ET DEROGATION AUX PRINCIPES COMPTABLES
D - INFORMATIONS COMPLEMENTAIRES RELATIVES AU BILAN ET AU COMPTE D'EXPLOITATION

Commentaire :

- Seuls les éléments ayant une incidence comptable significative ou qui nuisent à la comparabilité des exercices doivent être mentionnés (par exemples : des modifications significatives concernant une convention avec un bailleur…) ;
- Décrire les règles et méthodes utilisées pour l'établissement des états financiers.

NOTE 2 : INFORMATIONS SPECIFIQUES

A – TABLEAU EMPLOIS RESSOURCES
B – TABLEAU D'EXECUTION BUDGETAIRE
C- TABLEAU DE RECONCILIATION DE TRESORERIE

Commentaire :

- Indiquer les faits marquants pour chaque état financier ;
- Expliquer les écarts significatifs entre budgets et réalisation du tableau d'exécution budgétaire.

NOTE 3A : IMMOBILISATIONS BRUTES

SITUATIONS ET MOUVEMENTS / RUBRIQUES	A	AUGMENTATIONS B			DIMINUTIONS C		D = A + B - C
	Montant Brut à L'ouverture De l'exercice	**Acquisitions Apports Créations**	**Virement De Poste à poste**	**Suite à une réévaluation pratiquée au cours de l'exercice**	**Cessions Scissions Hors service**	**Virement De Poste à poste**	**Montant Brut à la Clôture De l'exercice**
IMMOBILISATIONS INCORPORELLES							
Brevets, licences, logiciels, et droits similaires							
Avances et acomptes sur immobilisations incorporelles							
Autres immobilisations incorporelles							
IMMOBILISATIONS CORPORELLES							
Terrains hors immeuble de placement							
Terrains - immeuble de placement							

Bâtiments hors immeuble de placement							
Bâtiments- immeuble de placement							
Aménagements, agencements et installations							
Matériel, mobilier et actifs biologiques							
Matériel de transport							
Avances et acomptes sur immobilisations corporelles							
IMMOBILISATIONS FINANCIERES							
Dépôts et cautionnement							
Autres immobilisations financières							
TOTAL GENERAL							

Commentaire :

- Toute variation significative doit être commentée ;
- Joindre l'inventaire physique des immobilisations.

NOTE 3B : BIENS PRIS EN LOCATION-ACQUISITION

SITUATIONS ET MOUVEMENTS / RUBRIQUES	Nature Du Contrat (I ; M ; A) [1]	A	AUGMENTATIONS B			DIMINUTIONS C		D = A + B - C
		Montant Brut à L'ouverture De l'exercice	Acquisitions Apports Créations	Virement De Poste à poste	Suite à une réévaluation pratiquée au cours de l'exercice	Cessions Scissions Hors service	Virement De Poste à poste	Montant Brut à la Clôture De l'exercice
Terrains								
Bâtiments								
Matériels, mobiliers								
Matériel de transport								
TOTAL IMMOBILISATIONS EN LOCATION-ACQUISITION								

[1] I : Crédit-bail immobilier ; M : Crédit-bail mobilier ; A : Autres contrats (dédoubler le poste si montant significatifs)

COMMENTAIRE :

- Indiquer la nature du bien, le nom du bailleur et la durée du bail ;
- Joindre l'inventaire physique des immobilisations.

NOTE 4 : ACTIF CIRCULANT ET DETTES CIRCULANTES HAO

- ACTIF CIRCULANT HAO

Libellés	Année N	Année N-1	Variation en	
			Valeur	%
Créances sur cessions d'immobilisations				
Autres créances hors activités ordinaires				
TOTAL BRUT				
Dépréciations des créances HAO				
TOTAL NET DE DEPRECIATIONS				

Commentaire :

- Commenter toute variation significative ;
- Dépréciations : indiquer les événements et les circonstances qui ont motivé la dépréciation ou la reprise.

- DETTES CIRCULANTES HAO

Libellés	Année N	Année N-1	Variation en	
			Valeur	%
Fournisseurs d'investissements				
Autres dettes hors activités ordinaires				
TOTAL				

Commentaire :

- Indiquer la date et la nature de l'immobilisation achetée et/ou cédée ;
- Expliciter toute variation significative.

NOTE 5 : STOCKS ET ENCOURS

Libellés	Année N	Année N-1	Variation de Stock en Valeur Absolue	Variation en	
				Valeur	%
Biens liés à l'activité					
Marchandises					
Matières premières et fournitures liées					
Autres approvisionnements					
Produits en cours					
Services en cours					
Produits finis					
Produits intermédiaires					

Stocks en cours de route, en consignation ou en dépôt					
TOTAL STOCKS ET ENCOURS					
Dépréciations des stocks					
TOTAL NET DE DEPRECIATIONS					

Commentaire : Commenter toute variation significative des stocks.

NOTE 6 : CLIENTS - USAGERS ET AUTRES CREANCES

Libellés	**Année N**	**Année N-1**	**Variation en**		**Créances à un an au plus**	**Créances à plus d'un an et à deux ans au plus**	**Créances à plus de deux ans**
			Valeur	%			
Fournisseurs, débiteurs							
Clients-usagers							
Personnel							
Organismes sociaux							
Etat et Collectivités publiques							
Autres débiteurs divers							
TOTAL BRUT							
Dépréciations des créances							
TOTAL NET DE DEPRECIATIONS							

Commentaire :

- Justifier toute variation significative ;
- Détailler les créances dont le montant est significatif ;
- Justifier les créances anciennes ;
- Indiquer les événements et les circonstances qui ont conduit à la dépréciation et à la reprise.

NOTE 7 : DISPONIBILITES

Libellés	Année N	Année N-1	Variation en	
			Valeur	**%**
Chèques à encaisser				
Chèques à l'encaissement				
Cartes de crédit à encaisser				
Autres valeurs à encaisser				
TOTAL VALEURS A ENCAISSER				
Banques locales				
Banques autres états région				
Banques, dépôt à terme et assimilés				
Autres Banques				
Banques intérêts courus				
Banques Postales				
Autres établissement financiers				
Etablissement financiers intérêts courus				
Instruments de monnaie électronique				
Caisse				
TOTAL BANQUES ET CAISSES				
Dépréciations				
TOTAL NET DE DEPRECIATIONS				

Commentaire :

- Indiquer la date de rapprochement des comptes bancaires ;
- Indiquer la date d'inventaire de la caisse et des instruments de monnaie électronique ;
- Justifier toute variation significative ;
- Détailler les instruments de monnaie électronique si le montant est significatif ;
- Indiquer les événements et circonstances qui ont conduit à la dépréciation et à la reprise.

NB : Banques et intérêts courus et Etablissement financiers intérêts courus figurent dans cette rubrique en négatif si le compte principal attaché est débiteur.

NOTE 8 : ECARTS DE CONVERSION

Libellés	Devises	Montant en devises	Cours UML Année acquisition	Cours UML 31/12	Variation en	
					Valeur	%
Ecarts de conversion-actif : détailler les créances et dettes concernées						
Ecart de conversion-passif : détailler les créances et dettes concernées						

UML : Unités Monétaires légales

Commentaire : Faire un commentaire.

NOTE 9 : FONDS DU BAILLEUR

Date des décaissements	Bailleur/sous projet 1 (1)			Bailleur/sous projet 1 (1)		
	Montant décaissé	Montant consommé	Solde restant	Montant décaissé	Montant consommé	Solde restant
Fonds d'investissement						
TOTAL FONDS D'INVESTISSEMENT						
Fonds d'administration (2)						
TOTAL FONDS D'ADMINISTRATION						
TOTAL DES FONDS DU BAILLEUR						

(1) Le nombre de colonnes est fonction du nombre de bailleurs et/ou sous projets ;

(2) Le montant consommé au titre d'un exercice représente le solde du compte 702 Quote-part de fonds d'administration transférés qu'il convient de subdiviser par nature du projet.

Commentaire :

- indiquer pour chaque projet, le niveau d'utilisation des fonds affectés en pourcentage par catégorie de fonds (fonds d'investissement et fonds d'administration) et de façon globale ;
- Expliquez les motifs liés aux éventuels retards dans le cadre de l'exécution des projets.

NOTE 10 : SUBVENTIONS

Libellés	Année N	Année N-1	Variation en		Régime Fiscal	Échéance
			Valeur	%		
État						
Région						
Département						
Communes et collectivités publiques décentralisées						
Entités publiques ou mixtes						
Entités et organismes privés						
Organismes internationaux						
Autres						
TOTAL SUBVENTIONS						

NOTE 11 : DETTES FINANCIERES ET RESSOURCES ASSIMILEES

Libellés	Année N	Année N-1	Variation en		Dettes à un an au plus	Dettes à plus d'un an et à deux ans au plus	Dettes à plus de deux ans
			Valeur	%			
Emprunts et dettes auprès des établissements de crédit							
Avances reçues de l'Etat							
Dépôts et cautionnements reçus							
Intérêts courus							
Autres emprunts et dettes							
TOTAL EMPRUNTS ET DETTES FINANCIERES							
Crédit-bail immobilier							
Crédit-bail mobilier							
Location-vente							
Intérêts courus							

Autres dettes de location-acquisition							
TOTAL DETTES DE LOCATION-ACQUISITION							
Provisions pour litiges							
Provisions pour pertes de change							
Provisions pour pensions et obligations assimilées							
Provisions pour amendes et pénalités							
Autres provisions							
TOTAL PROVISIONS FINANCIERES POUR RISQUES ET CHARGES							

(1) solde débiteur du compte

Commentaire :

- Pour chaque emprunt et dette de location-acquisition : mentionner la date d'octroi, le nom de l'organisme financier, le montant initial de l'emprunt ou de la dette, la durée du crédit, les garanties données par l'entité ;
- Indiquer les événements et circonstances qui ont conduit à la provision et à la reprise ;
- Pour les pensions et obligations de retraite, indiquer :
    - La méthode d'évaluation retenue ;
    - Le nom de la compagnie d'assurance ou du fonds de pension, le descriptif de la convention signée avec l'organisme, la périodicité des versements, le montant et la durée de la convention, pour les actifs du régime.

NOTE 12 : DETTES FOURNISSEURS ET ASSIMILEES, FISCALES ET SOCIALES

Libellés	**Année N**	**Année N-1**	**Variation en**		**Dettes à un an au plus**	**Dettes à plus d'un an et à deux ans au plus**	**Dettes à plus de deux ans**
			Valeur	**%**			
Fournisseurs							
Clients-usagers créditeurs							
DETTES FOURNISSEURS ET ASSIMILEES							
Personnel, rémunérations dues							
Personnel, congés à payer							
Charges sociales sur congés à payer							
Autres personnel							
Caisse de sécurité sociale							
Caisse de retraite							
Mutuelle de santé							
Assurance Retraite							
Autres charges sociales à payer							
Autres cotisations et organismes sociaux							
TOTAL DETTES SOCIALES							
Etat, impôts sur les bénéfices							
Etat, autres impôts et taxes							
Etat, TVA							
Etat, impôts retenus à la source							
Autres dettes Etat							
TOTAL DETTES FISCALES							
TOTAL DETTES FOURNISSEURS ET							

ASSIMILEES, DETTES FISCALES ET SOCIALES							

Commentaire :

- Commenter toute variation significative ;
- Commenter les dettes anciennes.

NOTE 13 : BANQUES, CREDIT D'ESCOMPTE ET DE TRESORERIE

Libellés	**Année N**	**Année N-1**	**Variation en**	
			Valeur	**%**
Escomptes de crédit de campagne				
Escomptes de crédit ordinaires				
TOTAL : BANQUES, CREDITS D'ESCOMPTE ET DE TRESORERIE				
Banques locales				
Banques autres états région				
Autres Banques				
Banques, intérêts courus				
Crédit de trésorerie				
TOTAL : BANQUES, CREDITS DE TRESORERIE				
TOTAL GENERAL				

Commentaire :

- Commenter toute variation significative ;
- Indiquer le nom de l'organisme, les conditions de crédit, le taux d'intérêt, la durée du crédit.

NB : « Banques et intérêts courus » figure dans cette rubrique si le compte principal attaché est créditeur.

NOTE 14 : REVENUS ET AUTRES PRODUITS

Libellés	**Année N**	**Année N-1**	**Variation en**	
			Valeur	**%**
Ventes de marchandises				
Ventes de produits fabriqués				
Ventes de travaux et services				
Produits accessoires				
Production immobilisée				
Subventions d'exploitation				
Autres produits et transferts de charges d'exploitation				
TOTAL : REVENUS ET AUTRES PRODUITS				

Commentaire :
- Justifier toute variation significative ;
- Détailler produits intermédiaires, produits résiduels, produits accessoires, autres produits si significatifs.

NOTE 15 : ACHATS

Libellés	Année N	Année N-1	Variation en	
			Valeur	%
Achats de biens et services liés à l'activité				
Achats de marchandises				
Achats de matières premières et fournitures liées				
Matières consommables				
Matières combustibles				
Produits d'entretien				
Fournitures d'atelier, d'usine et de magasin				
Eau				
Electricité				
Autres énergies				
Fourniture d'entretien				
Fourniture de bureau				
Petit matériel et outillages				
Achats d'études, prestations de services, de travaux matériels et équipements				
Achats d'emballages				
Frais sur achats				
Remises rabais, et ristournes obtenus				
TOTAL ACHATS				

Commentaire : commenter toute variation significative.

NOTE 16 : TRANSPORTS

Libellés	Année N	Année N-1	Variation en	
			Valeur	%
Transports sur ventes				
Transports pour le compte de tiers				
Transport du personnel				
Transports de plis				
Voyages et déplacements				
Transports administratifs				
TOTAL				

Commentaire : commenter toute variation significative.

NOTE 17 : SERVICES EXTERIEURS

Libellés	Année N	Année N-1	Variation en	
			Valeur	%
Sous-traitance générale				
Locations et charges locatives				
Redevances de location-acquisition				
Entretien, réparations et maintenance				
Primes d'assurance				
Etudes, recherches et documentation				
Publicité, publications, relations publiques				
Frais de télécommunications				
Frais bancaires				
Rémunérations d'intermédiaires et de conseils				
Frais de formation du personnel				
Redevances pour brevets, licences, logiciels, concessions et droits similaires				
Cotisations				
Rémunérations de personnel extérieur à l'entité				
Autres charges externes				
TOTAL				

Commentaire : commenter toute variation significative.

NOTE 18 : IMPOTS ET TAXES

Libellés	Année N	Année N-1	Variation en	
			Valeur	%
Impôts et taxes directs				
Impôts et taxes indirects				
Droits d'enregistrement				
Pénalités et amendes fiscales				
Autres impôts et taxes				
Dégrèvements et annulations des impôts et taxes (1)				
TOTAL				

(1) Ce compte a un solde créditeur, son montant doit être précédé d'un signe (-)

Commentaire :

- Commenter toute variation significative ;
- Détailler les pénalités, les amendes et indiquer la cause.

NOTE 19 : AUTRES CHARGES

Libellés	Année N	Année N-1	Variation en	
			Valeur	%
Pertes sur créances				
Pertes sur autres débiteurs				
Perte de change sur créances				
Pénalités et amendes pénales				
Dons et mécénat				
Autres charges diverses				
Charges pour provisions pour risques à court terme d'exploitation				
TOTAL				

Commentaire :

- commenter toute variation significative ;
- Indiquer les organismes bénéficiaires des dons.

NOTES 20A : CHARGES DE PERSONNEL

Libellés	Année N	Année N-1	Variation en	
			Valeur	%
Rémunérations directes versées au personnel national				
Rémunérations directes versées au personnel non National				
Indemnités forfaitaires versées au personnel				
Charges sociales (personnel national)				
Charges sociales (personnel non national)				
Rémunération transférée de personnel extérieur				
Autres charges sociales				
Dégrèvements et annulations des charges sociales (1)				
TOTAL				

(1) Ce compte a un solde créditeur, son montant doit être précédé d'un signe (-)

Commentaire :

- Commenter toute variation significative ;
- Indiquer la nature et la durée du contrat du personnel extérieur.

NOTES 20B : EFFECTIFS, MASSE SALARIALE ET PERSONNEL EXTERIEUR

1- Personnel propre															
REF	EFFECTIF ET MASSE SALARIALE / QUALIFICATIONS	EFFECTIFS							MASSE SALARIALE						
		Nationaux		Autres Etats de La Région		Hors Région		TOTAL	Nationaux		Autres Etats de la Région		Hors Région		TOTAL
		M	F	M	F	M	F		M	F	M	F	M	F	
YA	1. Cadres supérieurs														
YB	2. Techniciens supérieurs et cadres moyens														
YC	3. Techniciens, agents de maîtrise et ouvriers qualifiés														
YD	4. Employés, manœuvres, ouvriers, et apprentis														
YE	**TOTAL (1)**														
YF	Permanents														
YG	Saisonniers														

2- Personnel extérieur									Facturation à l'entité		M : Masculin F : Féminin
YH	1. Cadres supérieurs										
YI	2. Techniciens supérieurs et cadres moyens										
YJ	3. Techniciens, agents de maîtrise et ouvriers qualifiés										
YK	4. Employés, manœuvres, ouvriers, et apprentis										
YL	**TOTAL (2)**										
YM	Permanents										
YN	Saisonniers										
YO	**TOTAL (1 + 2)**										

Commentaire : Faire un commentaire si nécessaire en cas de mouvement significatif du personnel.

NOTES 21 : CHARGES ET REVENUS FINANCIERS

Libellés	Année N	Année N-1	Variation en	
			Valeur	%
Intérêts des emprunts				
Intérêts dans loyers de location-acquisition				
Escomptes accordés				
Autres intérêts				
Pertes de change financières				
Pertes sur titres de placement				
Pertes et charges sur risques financiers				
Charges pour provisions à court terme à caractère financier				
TOTAL : FRAIS FINANCIERS				
Intérêts de prêts et créances diverses				
Revenus de participations et autres titres immobilisés				
Escomptes obtenus				
Revenus de placement				
Gains de change financiers				
Gains sur cessions de titres de placement				
Transferts de charges financières				
Reprises de charges pour provisions à court terme à caractère financier				
TOTAL : REVENUS FINANCIERS				
TOTAL				

Commentaire : Commenter toute variation significative.

NOTES 22 : DOTATIONS ET CHARGES POUR PROVISIONS

SITUATIONS ET MOUVEMENTS / NATURE	**A**	**B**			**C**			**D = A + B - C**
	Provisions à l'ouverture de l'exercice	**Augmentations : dotations**			**Diminutions : reprises**			**Provisions à la clôture de l'exercice**
		EXP	**FI**	**HAO**	**EXP**	**FI**	**HAO**	
Provisions pour risques et charges								
Dépréciations des immobilisations								
TOTAL : DOTATIONS								
Provisions pour risques à court terme d'exploitation								

Provisions pour risques à court terme HAO								
Provisions pour risques à court terme à caractère Financier								
TOTAL : CHARGES POUR PROVISIONS A COURT TERME								
TOTAL								

Commentaire : Indiquer les événements et circonstances qui ont conduit à la constitution et à la reprise de la provision.

NOTES 23 : AUTRES CHARGES ET PRODUITS HAO

Libellés	**Année N**	**Année N-1**	**Variation en**	
			Valeur	**%**
Charges H.A.O. constatées (compte 831)				
Dons en nature (compte 832) à détailler (1) :				
(1) non affectés :………				
(1) affectés :………				
Pertes sur créances HAO				
Abandons de créances consentis				
Charges pour provisions pour risques à court terme HAO				
TOTAL : AUTRES CHARGES HAO				
Produits H.A.O. constatés (compte 841)				
Contributions volontaires en nature (compte 842) à détailler (1) :				
(1) Dons en nature non affectés………				
(1) Prestations de services en nature………				
(1) Dons en nature affectés………				
Contributions volontaires en numéraire				
Transferts de charges HAO				
Reprises des charges pour provisions à court terme HAO				
Reprises de provisions H.A.O.				
Subventions d'équilibre				
TOTAL : AUTRES PRODUITS HAO				
TOTAL				

Commentaire : Commenter toute variation significative.

NOTES 24 : TABLEAU D'EXECUTION BUDGETAIRE

Tableau suivi exécution budgétaire du...... au.......

Code	Libellés	Budget de l'exercice	Décaissement	Engagement	Réalisation	Crédit disponible	Exécution budgétaire (%)
		1	2	3	4 = 2+3	5 = 1-4	4/1
Total							

Remplir, code et libellé selon la nomenclature du projet.

Annexe 3 : Notes annexes des entités à but non lucratif appartenant au système Minimal de Trésorerie

NOTE 1 : TABLEAU D'ACQUISITION ET DE SUIVI DU MATERIE DU MOBILIER ET AUTRES IMMOBILISATIONS

Date	**Désignation**	**Montant**	**Date d'acquisition**	**Durée d'utilité**	**Date de sortie**	**Prix de cession**

NOTE 2 : ETAT DES STOCKS

REFERENCE	**DESIGNATION**	**QUANTITE**	**PRIX UNITAIRE**	**MONTANT**
VALEUR DU STOCK FINAL				
VALEUR DU STOCK INITIAL				

NOTE 3 : ETAT DES CREANCES ET DES DETTES NON ECHUES

DATE	NOM CLIENTS-USAGERS ET AUTRES DEBITEURS	Montant au 31 décembre N	Montant au 1er janvier N	Variation	
				Valeur	%
	TOTAL DES CREANCES				
DATE	**NOM DES FOURNISSEURS ET AUTRES CRÉDITEURS**	**Montant au 31 décembre N**	**Montant au 1er janvier N**	**Variation**	
				Valeur	**%**
	TOTAL DES DETTES				

NOTE 4 : JOURNAL UNIQUE DE TRESORERIE

Date	Libellés	Recettes	Dépenses	Solde	Ventilation recettes			Ventilation dépenses						
					Cotisations	Subventions	Autres	Matériel Mobilier Et Autres	Achats de Biens liés à l'activité	Autres Achats	Transport	Services Extérieurs	Salaires	Autres
	Report à nouveau													
	Solde à reporter													

NB : Prévoir un journal par banque et un journal pour la caisse. Les colonnes « ventilation recettes et dépenses » peuvent être complétées en cas de besoin par des rajouts notamment « Charges d'intérêts. Il est possible si nécessaire, de regrouper les opérations mensuellement dans un seul journal de trésorerie.

NOTE 5 : DOTATION

Nom et prénoms des membres	Nationalité	Montant	Préciser avec droit d'entrée ou sans droit d'entrée
Dotation non consomptible			
Droit d'entrée			
Dotation consomptible			
TOTAL			

www.ingramcontent.com/pod-product-compliance
Lightning Source LLC
LaVergne TN
LVHW052250200926
848481LV00002B/330